쉽게 배우는
대학 글쓰기

쉽게 배우는 대학 글쓰기

초판 1쇄 발행 2022년 8월 25일

지은이 이란
펴낸이 장길수
펴낸곳 지식과감성⁵
출판등록 제2012-000081호

교정 이혜지
디자인 정슬기
편집 정한나
검수 양수진, 이현
마케팅 고은빛, 정연우

주소 서울시 금천구 벚꽃로298 대륭포스트타워6차 1212호
전화 070-4651-3730~4
팩스 070-4325-7006
이메일 ksbookup@naver.com
홈페이지 www.knsbookup.com

ISBN 979-11-392-0622-7(03190)
값 15,000원

• 이 책의 판권은 지은이에게 있습니다.
• 이 책 내용의 전부 또는 일부를 재사용하려면 반드시 지은이의 서면 동의를 받아야 합니다.
• 잘못된 책은 구입하신 곳에서 바꾸어 드립니다.

지식과감성⁵
홈페이지 바로가기

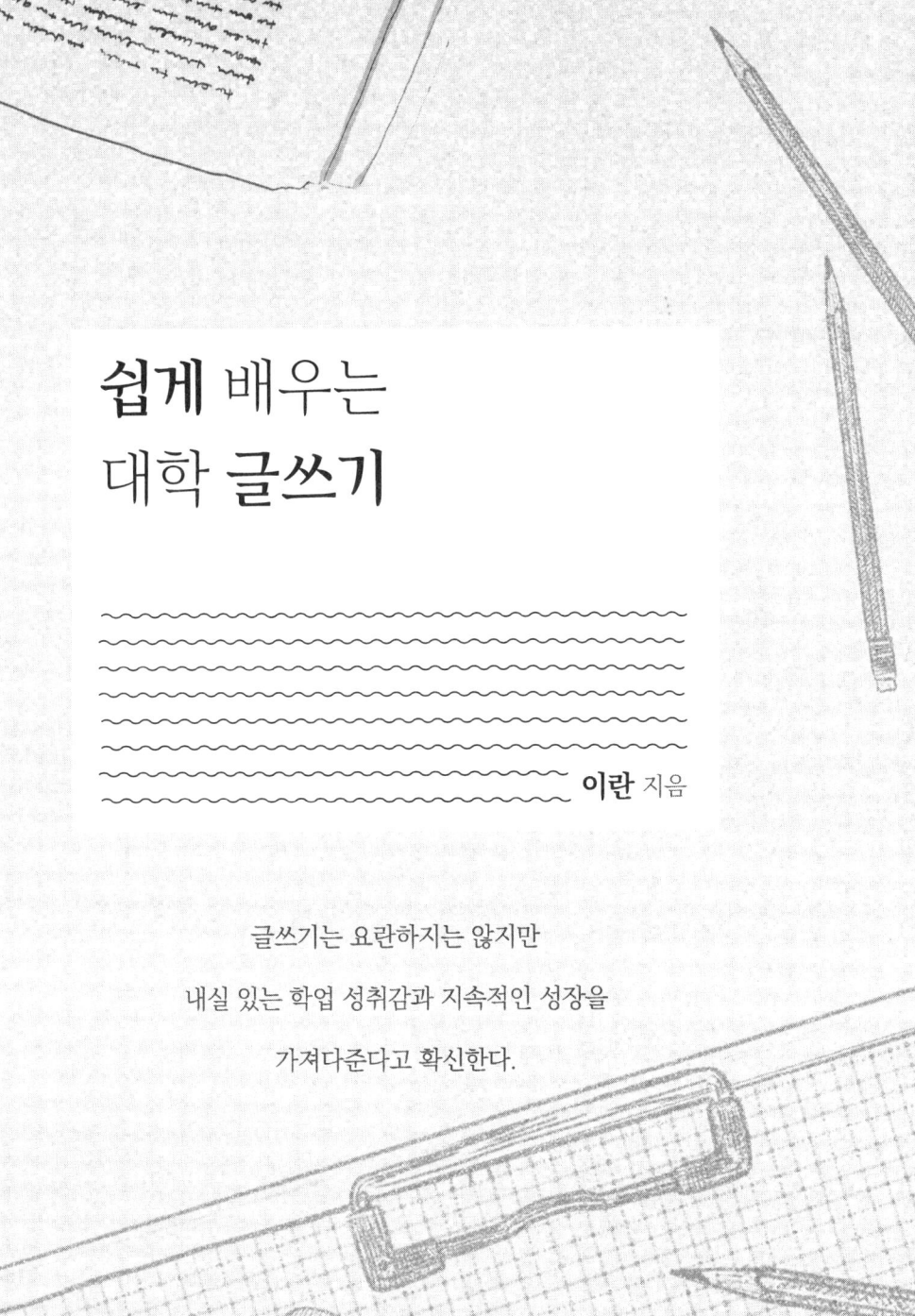

쉽게 배우는 대학 글쓰기

이란 지음

글쓰기는 요란하지는 않지만
내실 있는 학업 성취감과 지속적인 성장을
가져다준다고 확신한다.

들어가는 글

다양한 글쓰기 책이 나와 있다. 대중들을 위한 글쓰기 전략서들도 한때 유행을 했지만 틀리기 쉬운 문법이나 맞춤법 등을 정리한 책들도 매우 유용하게 읽히고 있다. 대학원생 이상을 위한 논문작성법은 말할 것도 없고 대학가에서 붐이 일기 시작한 기초 교양 글쓰기 교재들도 이미 서점의 책장 한 부분을 점령하고 있다.

이 책은 대학 신입생들이 대학에서 쓰는 글쓰기 과제들을 어떻게 준비하고 해결해야 하는지에 대한 해답을 주는 내용으로 구성되었다. 글쓰기 전략이나 과제 작성법들이 중심을 이루고 있으므로 누구나 편하게 읽음으로써 대학 글쓰기에 대한 부담을 줄이고 자신감 있게 글쓰기를 할 수 있도록 격려, 조언하는 글이라 할 수 있다.

동시에 이 도서는 대학 글쓰기 교재로 활용될 수 있도록 토론 문제와 연습 활동을 추가하였다. 토론은 사전지식 활성화나 생각 모으기 활동 등으로 활용되거나 생각거리를 구술로 표현해 보는 글쓰기 전(前)단계의 과정으로 활용되었으면 한다. 물론 글쓰기는 설명이나 사변보다는 실제적인 연습이 대량 필요한 교과목으로서 글쓰기 '연습'에 강조를 두는 특정 수업에서라면 교수자가 더 추가적인 예문들을 준비할 필요도 있다. 그러나 이 도서는 기초교양으로서의 대학 글쓰기라는 교과목의 시수 제한 안에서 충분히 검토되어야 할 필수적인 내용들을 포함하

고 있으며 한 학기 15회 수업 분량으로 나누어 집필되어 한 주 2-3시간의 수업 안에서 한 단원씩 활용되기에 넘치거나 부족함이 없는 내용들로 채워졌다.

먼저 좋은 글과 효과적인 글쓰기 훈련법을 1부에서 살펴보았고 2부에서는 대학에서 많이 쓰는 장르별 글쓰기 전략을 제안하였다. 3부에서는 글쓰기의 단계를 따라 글쓰기의 인지적 과정을 기초부터 한 단계씩 익혀 가도록 안내하였다. 4부는 마지막 대단원으로서 글의 스타일과 인용, 참고문헌 서식 등의 부가적인 전략들을 기술하였다.

대학 글쓰기는 기초교양으로서 이후 대학 생활의 승패를 결정하는 중요한 의사소통 역량이다. 대학 입학을 앞두고 대학생활을 어떻게 준비할까 생각하고 있는 예비 신입생과 대학에 갓 입학한 새내기들이 방학 기간이나 학기 중에 곁에 두고 읽을 수 있는 필수 교양도서나 기초 글쓰기 수업에서의 교재로 알차게 활용되기를 기대한다.

CONTENTS

들어가는 글   4

제1부   좋은 글과 글쓰기

1. 좋은 글이란 어떤 글일까   10
2. 어떻게 글 쓰는 연습을 할까?   24

제2부   장르별 글쓰기 전략

1. 어떻게 요약을 할까?   42
2. 어떻게 보고서를 쓸까?   61
3. 어떻게 자기를 소개할까?   85
4. 어떻게 비평할까?   97
5. 어떻게 문학적 역량을 표현할까? – 1   116
6. 어떻게 문학적 역량을 표현할까? – 2   139

제3부 　　　　　　　　　과정별 글쓰기 전략

1. 주제와 글감 어떻게 고를까　　　　　　　　　162
2. 글의 골격 어떻게 짤까　　　　　　　　　　　182
3. 어떻게 단락을 쓸까　　　　　　　　　　　　 210
4. 어떻게 문장을 쓸까　　　　　　　　　　　　 231
5. 어떻게 첨삭을 할까　　　　　　　　　　　　 254

제4부 　　　　　　　　　　　　그 외 전략들

1. 어떻게 자신에게 맞는 스타일을 개발할까　　　278
2. 어떻게 자신의 글을 돋보이게 할까　　　　　　301

나가는 글　　　　　　　　　　　　　　　　　324

제1부
좋은 글과 글쓰기

좋은 글이란 무엇인가에 대한 생각은 사람마다 다양하다. 그러나 어느 정도 일치된 견해는 있다. 여기서는 특별히 대학생들이 대학에서 쓰고 제출하는 글의 성격을 염두에 두고 이에서 좋은 평가를 받을 수 있는 요건과 좋은 글을 쓰기 위한 평소의 훈련에 대한 이야기를 나눈다.

1. 좋은 글이란 어떤 글일까

좋은 글에는 반드시 어떤 이유가 있다. 자신이 선호하는 글을 하나 꺼내 보자. 그 글이 왜 좋은가. 이유가 있다. 감동이 있거나 문체가 마음에 들거나 구조가 잘 짜였거나 하는 어떤 이유를 생각해 낼 수 있다. 즉, 좋은 글에는 어떤 요건이 있다.

좋은 글은 공감력이 크다

글에는 **내용과 형식**이라는 두 가지 얼굴이 있다. 어떤 부류의 전문가들은 좋은 글이란 '좋은 내용을 담은 글'이라고 말하고 또 다른 분류는 '형식이 훌륭한 글'이라 한다. 글쓰기 교과목이라면 내용 중심 접근법을 취하기보다 형식적인 완성도를 추구하기 쉬울 것이다. 글의 내용이라는 것이 사람의 사전 지식에 의존하는 것이기 때문에 그것을 글쓰기 수업의 평가 기준으로 삼는 데에는 한계가 있기 때문이다. 다시 말해 '현재 가진 정보로 어떻게 쓸 것인가'를 학습하는 글쓰기 교과목에서 세상에 존재하는 지식을 현재 얼마나 알고 있느냐로 평가한다는 것은 맞지 않는다는 생각 때문이다.

그래서 글쓰기 교과목이 한창 붐처럼 일어나는 요사이에도 과연 글쓰기 수업에서 무엇을 가르칠 것인가에 대한 고민은 계속되고 있다. 글쓰기 교재들을 살펴보면 장르 중심적인 접근이 주를 이루고 있다. 글의 장르라고 하는 것은 일종의 형식이지만, 담화 공동체마다 각 장르의 형식을 규정하는 것이 조금씩 차이를 이루고 시대가 변하면 각 장르에 대한 개념에도 혁신이 일어난다. 따라서 글의 형식을 가르친다고 하는 것도 시대 한계적이거나 시공간적인 제약을 경험하는 일이 될 수 있다.

그렇다면 내용과 형식이라고 하는 것이 여전히 서로 만날 수 없는 물과 기름 같은 분리적 속성을 가진 것일까? 그렇지 않다. 좋은 글이란 내용에서도 오고 형식에서도 온다. 좋은 글의 속성을 **체계성, 교훈성, 감동, 창의성** 등에서 찾는다고 할 때 이 네 가지 속성은 동시에 한꺼번에 오는 경우가 의외로 많다. 신기하게도 체계성을 갖춘 글은 창의적일 때가 많고, 교훈을 갖춘 글이 감동을 줄 때가 있으며 창의적인 글이 교훈을 주는 경우가 많다. 이 네 가지가 갑자기 어디선가 나타나 한 가지로 합쳐지는 접점이 생길 때 그 자리에 글이 세워진다.

본인은 학생들에게 글 자체의 **형식이 주는 감동**도 있다는 말을 한다. 형식이 탄탄한 글을 보았는가? 단락 구분이 일정한 계산에 의해 잘 연주되는 교향곡의 악보처럼 질서정연할 때 바로크 음악이 주는 것과 같은 감동이 있다. 그러나 형식만 탄탄하다는 것이 과연 가능한가? 여기서 단락을 예로 들었지만 단락은 그야말로 '의미의 한 단위'이다. 단락이 과연 계산된 수학적 공식에 의해서만 진행된다는 것이 가능하겠는가 말이다. 그것은 '의미'의 끊임없는 탐구와 변주에 의해서 연결되고 변화하면서 의미의 곡선을 만들어 낸다. 다시 말해 내용과 형식은 결코 분리될 수 없는 불가분의 관계이다. 형식이 탄탄하다고 느낀다면 내용도 그러하기 때문이며, 내용이 우수하다고 느낀다면 형식이 그 내용과 의미를 잘 전달했기 때문에 가능한 것이다.

그럼 조금 다른 이야기를 해 보자. 형식과 내용이 동전의 양면처럼 같이 기능하는 존재들이라면 그것들이 함께 나타난다는 현상은 '글을 좀 쓴다' 하는 사람의 마음에 언제나 공존하는 현상이다. 글을 쓴다고 하면서 형식을 무시하고 내용만 전달하고자 하겠는가. 의미도 없이 형식만 어떻게 보여 줄 수 있겠는가. 이 두 가지를 마음에 품고 함께 멀티태스킹을 해 가는 과정이 글쓰기의 과정인데 오랜 연습으로 우리는 이 두 가지를 '한 가지 작업'처럼 행할 수 있게 되었다. 마치 피아노를 연습할 때 오른손 왼손을 따로 연습하지만 하나로 합쳐 곡을 연주할 때 '아~ 이게 되네. 어떻게 이게 같이 움직이지?' 하는 것과 마찬가지 현상인 것이다.

　독자는 내용과 형식을 함께 한 그릇으로 들이마신다. 마치 숭늉에 떠 있는 밥알을 구수한 밥물과 함께 들이마시듯이 말이다. 독자가 '공감한다'고 할 때 그 대상은 글의 속 알맹이인 내용을 주로 의미하는 것이겠지만 그 형식이 내용을 온전히 잘 드러내도록 기능했다는 의미도 되는 것이다. 따라서 공감한다는 의미는 내용과 형식에 모두 감동을 받았다는 의미에 다름 아니다.

　'공감'은 일반적으로 정서적인 동의를 일컫는다. 어떤 주장이나 논리를 대할 때도 이성적인 동의를 하게 되는데 이때도 정서적인 일치감이 없이는 불가능하다. 따라서 공감이라고 하는 것이 단순히 정서적으로 글의 내용과 통했다는 단순한 의미가 아님은 분명하다. 독자의 마음과 생각 모두와 통하지 않고 주변을 겉도는 글은 독자에게 감동을 줄 수가 없다. 포스트모던 시대를 사는 독자들은 주관적인 생각에 집중하고 감성적인 동의를 중시한다. 논리적인 글도 결국 독자의 '설득'을 목적으로 하는 것이며 문예문 역시 독자의 정서적 '동의'를 목적으로 한다는 점에서 독자의 이성과 감성 모두에서의 '공감'을 받지 않으면 모든 글의 상호작용적 자격은 성립되지 않는다.

자, 이번에는 학교에서 자주 쓰는 장르의 글을 살펴보자. 학교에서 자주 쓰는 장르란 한 장짜리든 여러 장의 정식 보고서든 결국 자신이 어떤 요구되는 과정을 잘 거쳤고 그 대상을 잘 이해했음을 보여 주는 글이다. 따라서 이런 경우 좋은 글을 쓴다고 하는 것도 독자가 요구하는 어떤 과제를 수행함으로써 그의 평가적 공감을 끌어낸다는 것을 의미하고 이때 독자의 공감은 형식과 내용 모두에서 온다. 우리는 보고서의 내용에만 관심을 가지는 경향이 있지만 보고서에도 일정한 형식이 있다. 이것을 숙지하고 연습하는 것은 대학생활의 승패를 결정짓는 중요한 선행조건이다. 여기서 보고서란 학교에서 페이퍼로 제출하는 모든 형태의 글쓰기라고 정의하고 다음의 논의를 진행하겠다.

A+를 받은 보고서에는 일정한 특징들이 있다

한번 생각해 보자. 글에 대하여 교수자들이 가지고 있는 평가기준의 공통적인 것은 무엇일까. 누구도 부정할 수 없는 A+ 보고서의 특징들은 반드시 있다. 다음의 사항들을 점검해 보면 될 것이다.

1. 교수자가 포함할 것을 요구한 내용요소들을 모두 포함하면서 그가 제시한 지침들을 지켰는가?
2. 부여된 주제에 관련된 가장 핵심적인 자료들을 성실하게 찾아 읽었으며 그것을 잘 이해하였는가?

3. 자료들을 자신의 관점으로 조직화하여 체계적으로 제시하면서도 그것을 해석하는 자신의 의견을 독창적으로 반영하였는가?
4. 문체가 깔끔하고 어법이 정확하게 표기되어 독자가 이해하는 데에 어려움이 없는가? 참고 자료들을 제시하는 방식이 원칙에 부합하는가?
5. 여러 가지 기준들 중에 특히 이 글만이 가진 특수성과 장점은 무엇인가?
6. 외관이 보기 좋고 학업의 양을 가늠할 수 있으며 작성에 많은 노력을 투자한 것이 엿보이는가?

누가 평가하느냐에 달렸다

위의 내용 중 1번 항목은 교수자, 즉 독자에 대한 고려가 있는지에 대한 항목이다.

잘 쓴 글에 대한 정의나 평가는 고정되었다기보다 매우 유동적일 수 있다. 어떤 사람은 논리적이고 체계적인 글을 높이 평가하고 어떤 평가자는 자료를 깔끔하게 잘 정리하여 제시한 글, 때에 따라서는 자료보다 자기 생각의 주관성이 명확하게 나타난 글을 훌륭하다 말한다.

대학생들 중 보고서를 제출하고서 자신이 왜 이러한 점수를 받았는지 의문을 가지는 경우도 많이 있는데 그것은 글을 평가하는 자가 '사람'이라는 사실을 상기하지 않았기 때문이다. 그 평가하는 사람은 글과 쓰기에 대한 오랜 경험을 축적해 왔고 그것으로 어떤 사람의 지성을 판단하거나 인품을, 성실성을, 비판력을, 논리력을, 때로는 글 쓰는 재능까지 평가해 왔다고 보아야 한다.

모든 사람에게는 모종의 편견이 있다. 자신이 좋아하는 문단 구성법이 있고 선호하는 필체가 있으며 관심 있는 주제가 있다. 이러한 편견을 과감히 인정할 때 우리의 보고서에 발전이 생기고 대처법이 마련된다. 이러한 점 때문에 본인은 학생들에게 보고서를 잘 쓰려면 그것을 읽는 독자, 즉 평가자가 어떤 사람인지를 먼저 생각해 보라고 전언한다. 그가 어떠한 글쓰기를 좋아했던 전력이 있는지, 그동안 선배들의 어떤 보고서에 관심을 가졌는지, 수업에서 보고서는 어떻게 작성하라고 이야기하는지 짧게 지나가는 코멘트 안에서도 중요한 단서를 잡을 수 있다.

읽어야 할 것을 읽었고 제대로 이해했다

 위의 2-3번 조항은 결국 학생들에게 공부를 시키려는 글쓰기 과제에는 특별한 **목적**이 있다는 것을 보여 준다. 주어진 주제에 적절한 자료를 읽고(또는 가장 적절한 조사방법을 통해서) 그 자료들을 자신이 이해한 방식으로 체계적으로 제시하는 것이 과제의 가장 기초적인 것이다. 위의 문장은 두 가지 조건을 포함하고 있다. 첫째, 읽어야 할 것을 읽는 것이다. 둘째, 읽은 것의 의미를 잘 파악하는 것이다.
 학교에서 제출하는 과제들은 일부 예외가 있지만 대부분 읽기(이해) 과제와 관련되어 있다. 읽기를 특별히 전제하지 않은 의견 보고서일지라도 우리는 자신의 의견을 준비하고 신뢰성 있게 전달하기 위해 다른 견해나 논의를 찾아보고 이에 기대어 표현하는 것이 일반적이다.
 상호텍스트성은 글쓰기의 기본 전략이다. 필자가 10장짜리 보고서를 쓰기 위해 4개의 단원으로 글을 분할하였다면 각 단원은 다른 단원과 상호텍스트 관계로 묶여 있다. 하나의 글 안에서도 서로가 서로를 참조해야만 의미 미로의 전체 구조를 파악할 수 있으며 전달 목표인

최종 출구를 찾을 수 있다.

  마찬가지로 세상과 동떨어진 나만의 의견이란 있을 수가 없다. 외계어를 쓰는 이들이라도 이 세상 속에 섞여 생존하기 위해서는 보디랭귀지라도 배워야 하듯이 필자가 타인과의 소통 방식이나 그들의 담론 관습에 발을 담그지 않으면, 그들이 쓰는 개념어와 어법에 기대어 논의를 풀어내지 않으면, 자신의 이야기 역시 그들이 이해해 주지 않을 것이기 때문이다. 읽은 것은 내게 '내용 스키마'도 되고 '형식 스키마'도 되어 내 글의 내용과 장르, 구조 형식을 쌓기 위한 토대가 되어 준다.

  따라서 어떤 보고서의 주제가 던져졌을 때 그것을 가장 잘 설명해 주거나 해석할 수 있는 적합한 도서를 찾아내는 역량부터가 요구된다고 할 수 있다. 필수적으로 읽어야 할 것을 선정하고 그것의 최선의 의미를 이해하는 것이 가장 먼저 해야 할 일이다. 제대로 이해하는 것과 글을 잘 쓰는 것의 관계는 앞으로도 계속 점검해 나가겠지만 학교에서 제출하는 과제에서 이와 관련하여 가장 중요한 목표 두 가지를 찾으라면 첫째는 **지식 이해**요, 둘째는 **적용과 표현**이다. 따라서 읽어야 할 것을 제대로 잘 이해했다면 절반의 성공을 거둔 셈이라 할 수 있다.

체계적으로 정리하고 깔끔하게 문서를 작성하였다

  이제 자신이 읽은 내용과 새로 얻은 지식을 잘 종합하여 체계적으로 정리하는 역량이 발휘되어야 한다. 읽어야 할 것을 읽었고 제대로 이해했다면 이제 적합하게 **표현**하는 일이 남았다. 먼저 자신이 읽고 이해한 내용을 몇 가지 의미 범주로 잘 묶어 체계적으로 정리한 후 이를 정갈하고 타당하게 제시하는 일에 관심을 둔다.

자료들을 잘 정리하는 것 이상 또 무엇이 필요할까. 자신의 **해석적 견해**를 효율적으로 표현하는 것이다. 물론 사실과 견해를 잘 분리하여 제시하여야 한다. 체계적으로 내용을 정리, 종합하는 것 이상의 효과는 보고서가 견지하는 견해에서 판별이 난다. 내가 그 사안에 대하여 어떤 의견을 가졌는가, 어떤 관점으로 그것을 바라보는가가 드러나야 한다. 또 자신만의 일정한 논리를 가지고 한 가지 주제를 향해 통일성 있는 글이 되도록 해야 한다.

이때 자신의 생각이 곧 문장의 의미가 되도록 하는 것이 관건이다. **'필자의 생각=문장의 의미'**. 물론 이 공식이 말처럼 쉬운 일은 아니다. 쉬운 일이 아니기에 글 조직력과 자신의 생각을 깔끔하게 표현할 수 있는 문장력을 요구하는 것도 보고서 과제의 중요한 도전일 것이다.

한 번에 완전한 문장을 쓰는 사람은 단 한 사람도 없다. 그러한 천재 문필가에 대한 이상은 신화(myths)일 뿐이다. 문장은 다듬을수록 빛이 나므로 반드시 글을 전체 수준의 논리에서부터 철자법까지 여러 차례 **첨삭**하는 것이 필요하다. 따라서 4번 항목은 표기법이나 문장, 문단 등을 마지막으로 첨삭하는 과정을 거쳤는가 하는 것에 대한 조항이라고도 할 수 있다.

잘 다듬은 문장을 **프레젠테이션**하는 방법도 관심을 가지라. 우리가 발표수업을 할 때 제시하는 ppt나 프레지의 디자인, 구성에도 관심을 가지는가? 왜 관심을 가지는가? 효과적인 전달을 위해서일 것이다. 그 안에 담긴 내용이 동일하더라도 발표자의 구술능력이나 제시해 보이는 도구 형식과 가독성이 청중의 집중력과 이해도를 결정할 수 있다. 그렇듯이 한낱 한글 워드로 작성하는 내용들일지라도 독자들이 어떻게 하면 내 의도와 생각을 정확하게 이해할 수 있을까에 관심을 가지면 글의 가치가 높아진다. 문서를 체계성 있게 조직하고, 깔끔하고 보기 좋게 제시하라.

어떻게 쓰는지 알고 있다. 그리고 내 방식대로 쓰겠다

자신의 글쓰기에 무엇이 강점이고 무엇이 문제점인지 평상시 객관적인 관찰을 해 두는 것이 좋다. 대학에서 쓰는 글은 조사 보고서인 경우가 많고 그 외의 경우는 자기소개서, 독서 감상문, 특정 과목에서의 문예문, 서술형 답안, 설명 및 논증문 등의 글일 수 있다. 각 장르를 고려할 때 글 쓰는 방식은 각 장르의 구성방식을 따르는 것이 맞다. 그럼에도 불구하고 자신의 생각과 방식이 깃들지 않은 글은 노트 필기 이상의 의미는 없다.

각 장르의 구성방식을 따라가더라도 자신의 문체는 어떤 글에서든 반드시 두드러지기 마련이다. 그것을 개성이라고도 할 수 있고 창의성이라고도 할 수 있을 것이다. 그것을 희생한 글은 평가자를 따분하게 하고 '그게 그거야'라는 상투적인 인상을 받게 한다. 따라서 어떤 장르의 구성방식을 따르더라도 자신의 **독자적인 문체** 특성은 반드시 살아나도록 조치하는 것이 좋다.

어떤 수업에서 논증적 글쓰기의 포맷을 가장 전형적인 형태로 일러 준 경우가 있다. 논증적 글쓰기의 포맷을 일정 양식으로 정해 놓는 일은 대학 이상의 글쓰기에서 피해야 할 방식임에도 불구하고 그렇게 했던 이유는 본격적인 글쓰기 수업이 아니었거니와, 이미 토론한 내용을 글쓰기로 옮기는 작업을 알려 주고 이를 기말 서술형 답안으로 연결하게 하려는 의도였다. 그래서 논증과 글쓰기를 어렵게 느끼지 않고 시도해 볼 만한 만만한 일로 제시하려는 심산으로 모범답안까지 제시하며 글쓰기를 장려하였다. 그리고 기말고사가 되어 학생들의 답안을 검토해 본 결과 학생들이 모범답안을 깊이 묵상하고 그것을 자신의 답안의 논리적 흐름에 반영한 것을 발견할 수 있었다. 어떻게 써야 할지 난감함 같은 것은 발견되지 않았다. 마치 '논증문은 이런 거야' 하는 듯, 문제가 해결된 것 같은 자신감 같은 것이 글에 배어 있었다.

그러나 학생은 다 같지 않다. 어떤 학생들은 교수자가 제시하는 논증의 방식이나 글 쓰는 방식에 대하여 진지하게 연구하고 적용하여 교수자가 원하는 답안을 내었다. 그것이 내가 원하는 바였을지도 모른다. 학생은 '독자'인 교수자, 즉 평가자를 깊이 고려한 것이다. 한편 글쓰기 강의에 함께 있었던 어떤 학생은 전혀 다른 방식으로 글을 써 내려갔다. 자신의 논점을 충분히 논의하고 자세하게 설명하라는 나의 언급이나, 예시를 들어 친절하게 상대를 설득하고 고사성어나 격언 등을 활용하여 인상적인 결말을 쓰라는 나의 권고는 하나도 고려하지 않았다.

순간 평가자는 화가 날 수 있다. 내 강의를 들었던가? 나에게 고의로 저항하는가? 이러한 생각이 평가자를 사로잡을 때 평가자는 최대한 감정을 가라앉히고 객관적인 평가를 하려고 노력한다. 본인은 그러한 글들을 두 번 세 번 다시 읽고 또 다시 읽는다. 그러한 글은 나에게 특별히 저항하려는 것이 아니라 자신의 필체에 대한 확신이 있기 때문에 나온다. 내가 읽은 그 학생의 글은 최소한의 간단한 설명과 속도가 빠른 진행을 통해서 명민하고 깔끔하게 사태를 정리하는 효과가 있는 글이었다. 그 점을 발견하는 순간 평가자는 당황하고 고민하게 된다. 본인의 경우, 고민하다가 그 학생에게도 좋은 점수를 주었다.

대학에서 평가란 학생들의 여러 가지를 고려하는 것이다. 물론 평가의 기준을 미리 제시하여 학생들이 그 기준에 따라 글을 쓰도록 하는 것, 그 기준에 따라 평가하는 것은 매우 중요하다. 그러나 글쓰기에 특출한 학생들을 선별하고 재능을 장려하는 것도 교수자가 해야 할 한 가지 사명이기도 하다. 원칙에 따라 성실하게 작성해 온 학생들의 글은 모든 평가기준에는 적합하지만 창의적인 전개나 자신의 필체에 대한 확신이 부족하였다. 제시된 기준보다 자신의 필체에 대한 고집이 있는 학생들은 자신만의 논리를 따라가며 어떤 면으로 보든 간에 신선한 도전을 줄 수 있었다. 이러한 점이 두 집단 모두를 우수 집단으로 고려하게 하였다. 물론 여기서 신선한 도전이라는 말이 의미하는 것은 여러 가지가 될 수 있지만 말이다.

원칙을 따랐다고 해서 모두 좋은 글은 아닌 것과 마찬가지로 신선하다고 해서 무조건적으로 좋은 점수를 줄 수는 없을 것이다. 그 이유는 보다 상세한 설명이 필요한 부분이다. 이 같은 내용들은 다음 장에서 더 이야기해 보도록 하자.

내가 잘할 수 있는 것은 이것이다

위에서 5번 항목은 조금 조심스럽지만 결코 배제할 수 없다는 것을 평가자라면 수긍할 것이다. 제시한 평가기준을 뛰어넘는 **무언가가 감지되는 글**, 이러한 글에도 평가자는 점수를 부여한다.

각 사람의 글쓰기는 접근방법과 기술방식, 관점과 해석이 모두 다르다. 내 글만이 가진 장점이 두드러지는 그런 글을 쓰면 좋다. 문체가 신선하다든지, 어휘가 남다르다든지, 조사방법이 남다르다면 부족한 다른 조항들이 생각나지 않을 정도로 몇 가지 특수성에 주목하게 만들기도 한다.

남다른 점에는 다양한 것이 있다. 똑같은 내용을 비슷비슷하게 썼는데도 어떤 글은 상투적이고 어떤 글은 신선하다. 어떤 글은 지루하고 어떤 글은 더 읽고 싶게 만든다. 어떤 요소가 작용할까. 어휘 사용, 조사 사용, 문법이나 문장 등도 그런 요소가 될 수 있다. 종결 어미 하나만으로도 분위기를 남다르게 만들 수 있다. 또 관점이 남다르거나 세계관이 특별할 수 있다. 그런 방식으로는 생각해 본 일이 없는 어떤 사안에 대하여 '저렇게도 생각할 수 있구나.' 하며 제안받을 수 있다. 나아가 모든 내용이 같은데 마지막에 제시한 대안 하나에 꽂힐 수도 있다. 남들은 쉽게 문헌연구만을 했는데 발로 뛰며 현장을 답사하고 인터뷰까지 시행하며 풍부하고 심층적인 정보를 제공하고 있다면 그 점이 새로울 수도 있다.

따라서 글을 쓸 때는 자신이 잘할 수 있는 것이 무엇인지 알고 그것을 최대화하는 일에 집중할 필요가 있다. 자신이 잘할 수 있는 것을 하라. 그것을 돋보이게 하라.

최선을 다해서 썼다

6번 항목은 위의 모든 것을 종합하는 서술이다. 본인은 보고서 강의에서 '이왕이면 다홍치마'라는 속담을 자주 인용한다. 언뜻 보면 두루뭉술하게 퉁치는 표현 같지만 정성이 들어간 보고서 표지, 정성스럽게 제본한 보고서 책자, 읽기 좋게 배려한 줄 간격과 글씨 크기, 표로 깔끔하게 정리해서 자신의 의견을 요약적으로 재제시한 배려에도 감동을 받는 것이 사람이다. 이러한 '파토스'적인 설득의 요소를 무시하는 사람들은 글의 내용이 훌륭한데도 좋은 점수를 얻지 못하는 경우가 많다.

안타까운 일이다.

어떤 글쓰기 교과서에서는 '논리적인 글'과 '정성이 들어간 글'을 동일선상에 놓고 좋은 글의 조건으로 제시한다. 정성은 사소한 것에서도 온다. 줄 간격이나 글자 크기, 서체를 가독성 있는 것으로 설정한다든지, 첨삭을 여러 차례 보아 오타가 전혀 없다든지, 자기가 설명한 내용을 평가자가 한눈에 볼 수 있도록 시각화하여 한 차례 더 설명해 주었다든지 하는 정성 등도 포함된다. 이는 마치 진학에 사용되는 포트폴리오 효과와도 유사하다. 성적결과가 있고 내신자료가 있어도 포트폴리오를 본다. 포트폴리오는 성적을 알기 위해서 보는 것이 아니라 그 사람이 그 전공 분야에 얼마나 관심이 있고 관련 활동에 적극 참여해 왔는지를 알기 위한 것이다. 어떤 경우 입상하지 못한 독후감이나 보람 있게 보낸 짧은 하루 일기도 첨부할 수 있다. 정성평가를 노리는 것이다. 당연히 성의를 가진 자의 포트폴리오의 분량은 늘어날 것이다. 정성평가란 그러한 성의의 분량을 수량화하겠다는 의도가 아닌가.

본인 역시 길이 제한 없는 과제에서 자신이 알고 있는 총량을 넘치도록 적어 온 학생에게 인색한 점수를 주지 못하는 나를 발견할 때가 있다. 기준과 원칙에 따라 평가하지만 그 학생이 남다르게 준비하고 노력한 어떤 결과물에는 $+\alpha$의 점수가 더 부여되기 마련이다. 어떻게 들릴지 모르지만 학생들에게 나는 '글쓰기에 재능이 없고 별로 논리적이지도 못하며 자신만의 창의적인 견해를 진술할 표현력도 없다'고 생각한다면 '정성이 들어간 글'에 도전하라고 말하곤 한다. 정성이 들어간 글에 부여하는 좋은 평가는 시간이 지나면 점점 발전할 것이라 믿어지는 '사람'에게 주는 격려의 평가인 줄로 믿는다.

이것만은!

1. 글쓰기 과제를 평가할 독자의 눈높이에 맞추어 쓰라. 평가자를 의식하라.
2. '읽어야 할 것'을 선정해 읽고 정확히 이해하며 자신의 관점과 함께 체계적으로 조직하여 기술하라.
3. 해당 장르의 글을 어떻게 쓰는지 알고 있다는 것을 보여 주고 그 위에 자신의 독창적인 무언가를 보여 주어라.
4. 잘 쓰는 사람이 대충 쓴 글과 보통 사람이 정성 들여 쓴 글을 독자는 구별할 줄 안다. 정성을 들이라.

토론 문제

1. 좋은 글의 요건에 또 무엇이 있을까? 생각나는 요건을 하나씩 제시해 보자.

2. 자신이 읽은 글 중 좋은 글이라고 느꼈던 글이 있는가? 소개해 보고 왜 그렇게 느꼈는지 이야기해 보자.

2. 어떻게 글 쓰는 연습을 할까?

그냥 써라

　어떻게 하면 글을 잘 쓸까에 대한 질문은 숱하게 받는 질문이다. 글을 잘 쓸 수 있는 해법이나 비법을 머리에 잘 농축시켜서 응고시킨 후 글을 쓸 때마다 어떤 능력처럼 그것을 풀어내는 일을 연상하는 것 같다. 나는 그럴 때마다 상대방이 무안할 정도로 한마디만 한다. "그냥 써라". 무엇을 묻지 말고 일단 그냥 쓰는 것이 가장 빠르고 효과적인 방법이다. 우리가 20살 정도가 되었으면 이미 상당한 글을 써 온 사람들이며 학교에서 학습해 온, 글짓기에 대한 어느 정도 공유된 지식이 있다. 글쓰기에 대한 여러 강의를 듣고 책을 읽어 보지만 더 물어서 얻어지는 특별한 해법이 있는 것은 아니다. 글을 잘 쓰는 법은 자신이 '쓰면서' 알게 된다. 쓰면서 어떤 글이 좋은지 나쁜지 알게 되는 것이 있는데 이것이 훨씬 더 실제적인 지식이며 그 지식을 직접 체험을 통해 품는 건 시간을 아끼는 방법이다.

　어떤 사람이 글을 잘 쓸까? 글 쓰는 것을 좋아하는 사람이 잘 쓴다. 상식적으로 글 쓰는 재능을 타고나는 경우가 있느냐고 질문하면 나는 '있다'고 대답한다. 시, 소설 등의 문예문의 범주에서 어느 정도 그러하다. 그 외의 실용문, 학술적인 글 등은 쓰기를 좋아하는 사람에게 성장의 기회가 비교적 공평하게 주어진다.

한번 생각해 보자. 글쓰기를 좋아하는 사람이 하루에 30분씩 시간을 내어 하루를 정리하는 글을 써 왔다고 해 보자. 전혀 쓰지 않고 10년을 살아온 창작 천재와 매일 30분씩을 쓰기에 즐겁게 투자해 온 범인(凡人) 중 누가 더 글쓰기에 능할까? 대답하는 일이 시간 낭비일 것이다.

글쓰기를 좋아하는 사람은 물론 재능이 있어서 좋아하게 될 수도 있다. 잘 써지니까 쓰는 것일 수 있다. 그러나 이유가 그렇게 단선적이고 순진하지만은 않다. 때로 우리는 '잘 쓰고 싶어서' 글을 쓰기도 하고 어떤 분야에서 '성공하기 위해서' 글쓰기 능력을 배양하기도 하며 조용히 하루를 정리해 보기 위하여, 상념과 묵상의 기록을 남기고 싶어서, 혹은 즐거워서 글을 쓰기도 할 것이다. 어떠한 이유에서든 글은 단순한 취미나 재능 이상의 의미가 있다. 내가 하루에 30분 이상 쓰기에 시간을 투자하고 있다면 '글이 글을 부르는' 희한한 상황을 마주할 가능성이 높아진다.

왜 30분일까? 글쓰기 책을 읽어 나가다 보면 어떤 법칙처럼 하루 30분 쓰기를 이야기한다. 왜 10분은 안 되고 1시간은 안 될까? 질문 자체가 어불성설 같지만 '30분'이라는 시간은 바쁜 일상을 살아가는 현대인들에게도 매우 부담이 없고 도전해 볼 만한 시간이다. '10분'이라고 하면 '그냥 메모하는 수준이네.' 하고 생각할 것이고 '1시간'이라고 하면 '좀 부담되는데.' 하고 생각하지만 '30분'이라고 하면 '음, 간단한 일기 정도 쓰라는 이야기군.' 하며 받아들일 것이다.

일기부터 시작하라

간단히 일기부터 시작하라. 일기는 어릴 때부터 학교 숙제로 해 온 누구나 만만하게 쓸 수 있는 장르가 아닌가. 그러나 일기에도 주제가 있고 내용이 있으며 심도가 있다. 어떤 학생들은 친구들과 공유할 학습 일기를 쓴다. 자신이 오늘 공부한 내용이 무엇인지 전체적으로 조망해 보는 일기이다. 어쩌면 학술적인 내용이 주가 되는 일기일 것이다. 어떤 교수자는 관찰 일기를 쓴다. 자신이 가르치고 있는 학생들이 학교에서 어떻게 행동하고 있으며 교수자가 어떤 처우를 했을 때 어떤 반응을 어떻게 하는지 관찰 일기를 쓴다. 이것은 이후에 논문 형식으로도 남겨질 수 있는 중요한 자료가 된다. 일기라고 해서 모두가 우습게 여길 만한 것은 아니다.

'안네의 일기'를 모두가 읽어 보았을 것이다. 난 그 일기를 읽으면서 그 배경의 암울함에도 관심을 가졌지만 우리가 일상적으로 쓰는 일기를 다시 쳐다보게 되었다. 안네가 그 일기를 쓸 때, 일정 시간이 지난 후 누군가 자신의 일기를 찾아 읽고 출판까지 하여 전 세계 사람들이 그것을 문학과 역사서로 읽으며 필수도서라는 귀한 가치를 부여하는 날이 오게 될 줄 과연 알았을까? 어린 나이에 읽으면서도, 내가 쓰고 있는 일기가 무섭기도 하고 나만 보고 있는 것이 아닐 수도 있다는 생각이 문장을 좀 더 정교하게 잘 써야겠다는 생각으로 옮아 가게도 하였다. 우리가 일상적으로 쓰고 있는 글이 결코 그 자체로서 정지되어 있지만은 않다. 일기, 아주 만만한 일기부터 시작해 보면 어떻겠는가.

타인과 자신의 글을 공유하라

무슨 성공의 욕심이 있어서 글을 쓰는 것은 아니고 개인적인 취미로 쓰기를 연습하는 개인들도 자신의 글을 수시로 타인에게 보여 주고 싶어 한다는 것은 재미있는 현상이다. 이 역시 연구해 보고 싶은 심리기제이다. 글쓰기 교실에 참여하는 많은 학생들은 자신의 글쓰기 노트를 조심스럽게 가져와 자신이 잘 쓰고 있는지, 재능이 있는지 물어보곤 한다. 혼자 쓰고 말 것이라면 재능 같은 것이 무슨 의미가 있는가? 말로는 그렇지 않다고 하지만 결국 문예전에 자신의 작품을 투고하고 만다. 문예대회에 자신의 작품을 투고하려고 작품의 입상 가능성 문의를 해 오는 학생들의 작품들이 항상 그럴듯하고 좋은 것은 아니다. 어떤 경우는 매우 평범한데 글을 쓰고 싶어 하고 점검받고 싶어 하는 학생들이 많다. 그런데 참 이상한 일은 미안하게도 입상작으로는 불충분하다고 판단하여 적당히 충고, 격려하여 돌려보낸 학생들이 몇 년 뒤에는 작품상을 반드시 받아 낸다는 사실이다. 그러니 글쓰기가 글쓰기를 부를 뿐 아니라 어떤 이유로든 글을 쓰다 보면 +1씩 성장한다는 논리가 과히 틀린 이야기는 아니다.

그래서 나는 '글을 잘 쓰는 사람들은 반드시 자신의 글을 타인과 공유하려는 특징을 가지고 있다'는 말을 공공연히 한다. 자신의 글을 꽁꽁 감싸고 절대 타인에게 보여 주지 않는 경우는 발전이 크지 않다. 조금 두려워도 타인 앞에서 공론화하고 함께 비평과 칭찬을 받아 보는 일은 어떤 무엇보다 값지다. 결국 글을 쓴다고 하는 것은 '표현 욕구'의 실현이다. 표현은 전달이 기본 목적이다. 스스로에게 띄워 보내는 편지처럼 재귀적 전달도 있지만 말이다.

요즘 유행하는 글의 분류 기준이 있다. '나를 향한 글쓰기', '세상을 향한 글쓰기'가 그것인데 이 둘을 자로 잰 듯 명확히 구분할 수 있는가 의문이 든다. 물론 전자가 표현의 욕구가 강하고 후자는 소통의 욕구가 강하게 영향을 미친다는 점은 인정하지만 결국 어떤 지점에 가면 이

둘은 조응하고 화합한다. SNS 글쓰기는 모순적인 두 가지가 만나는 대표적인 자리이다. 글쓰기 내용 자체는 매우 자기 표현적이지만 매체 자체는 상당히 소통 지향적이다. 자기 표현적 글들이 소통의 메시지가 되어 타인에게 도전을 준다. 또 학생들의 경우 자기 생각을 즐겨 표현하다 보면 학교 과제에 그 실력이 반영되고 교수자의 눈에 띄게 되면 그러한 자리로 자주 초대받는다. 그러한 자리에서 자신의 글을 발표하다 보면 이것이 곧 자신의 재능과 꿈이 되고 결국 그러한 일을 하게 되는 연쇄이다.

대회에 출품하라

문예작품전이나 글쓰기 대회, 조사 발표문 대회 등에 투고해 보는 일을 어려워하지 말자. 무엇에든 도전하는 일에는 성장이 있다. 각종 대회에 투고하기 전에 무엇을 하겠는가. 우선 기존에 출품된 글들, 입상 작품들을 찾아 읽어 보고 분석해 볼 것이다. 자신이 써 온 글과 비교해 보기도 할 것이다. 주제 관련 자료를 찾아 읽어 정리하고 어떻게 써야 할지 구도를 잡아 볼 것이다. 누군가를 찾아가 조언을 구하고 다 쓴 글은 첨삭이나 평가도 받아 볼 것이다. 이 모든 과정이 공부이다. 당장 입상되지 않아도 자신의 문제점을 분석해 보고 보완하여 다음번 대회에 출전한다면 반드시 좋은 기회가 오게 되어 있다.

이상하게도 작가가 되거나 글 쓰는 직업을 가지게 된 사람들에게는 소명을 가지고 글을 써야겠다고 마음먹은 어떠한 모멘트가 있다. 대부분은 자신의 실력이 공적으로 인정받았을 때이다. 자기 스스로는 자신감이 없고 늘 불분명하지만 타인들에게 인정을 받고 어떤 위상을 가지게 되면 그것이 자신을 끌고 가는 동력이 된다. 따라서 자신이 글쓰기를 좋아하는데 자신의 재능에 대한 의문이 있다면 자꾸 시도해 보라. 언젠가는 기회가 온다. 그리고 그것이 자신감의 원동력이 되어 더 잘 쓰게 될 것이다. 빈익빈 부익부의 원칙은 이러한 분야에서도 거름처럼 작동한다. 쓰는 사람은 더 잘 쓰게 되고, 안 쓰는 사람은 더 못 쓰게 된다.

글쓰기를 생활화하라

안타깝게도 글 쓰는 일은 단순한 취미나 선택사항이 아니라 대학생이라면 필수사항이라는 데 난감함이 있다. '난 대회에 출전하지 않는데'라든가 '난 글 쓰는 직업을 가지지 않을 건데' 하고 생각할 수도 있다. 그런데 글쓰기는 말하기와 동일하게 의사소통 수단이다. '난 말하지 않고 살겠어'가 성사가능성이 없듯이 '난 쓰지 않고 살겠어'는 이 세상을 사는 동안 불가능하다.

쓰는 일은 일상적인 일이다. 친구에게 메시지를 보내고, 쇼핑을 가기 위해 간단한 메모를 하고, 이메일로 구직의사를 밝히고, 이력서와 자기소개서를 작성하고, 스승에게 편지를 쓴다. 대학생이라면 과제의 90% 이상이 쓰기를 통한 평가이다. 대학원생은 보고서와 최종 논문으로 평가를 받으며 이후 취업과 연구를 할 생각이라면 이 문제는 더 심각한 상황이 된다.

하버드 대학에서는 교양 글쓰기 과목 이수를 의무화할 뿐 아니라 글쓰기 과목을 매 전공마다 연계한다. 전공 교수들 중에 글쓰기 지도에 특화된 교수가 따로 있다. 어떤 경우는 한 과목에 전공 교수, 글쓰기 교수가 협동으로 강의한다. MIT대학도 초기에는 글쓰기 과목이 없었으나 졸업생들이 기업에 취업하고 나서 일터에서 필요한 글쓰기 기초가 빈약하다는 것을 깨닫고 졸업한 학교에 글쓰기 강좌를 마련해 줄 것을 강하게 권고하여 지금은 글쓰기 과정이 필수과목으로 자리를 잡았다.

옥스퍼드를 비롯한 영국의 대학원들은 도제학습이다. 학습자들이 어떤 주제를 부여받고 혼자 관련 자료를 찾아 읽은 다음 생각을 정리하여 교수와 1:1로 혹은 소규모로 만나 토론을 한다. 이러한 제도에 대해 영국인들은 굉장한 자부심이 있다. 단순한 주입식 교육이 아니라 사고력을 키워 준다는 개념이기 때문이다. 1:1로 지도를 받기 때문에 훨씬 교육의 질도 살아 있다. 그러나 이것을 단순한 말하기 과제로 생각해서는 곤란하다. 이때 학생들은 자료들을 읽고 매주 한 편씩 논문형식의 페이퍼를 완성해 가야 한다. 이렇게 준비된 자료들을 토대로 자신의 논지를 방어하는 것이다. 개인적인 첨삭 지도까지 병행되니 말하기 교육이라기보다 읽고 쓰기 교육에 가깝다.

공부를 잘하는 방법 중의 하나는 읽은 내용을 잘 조직화해 정리하는 일이다. 이때도 쓰기는 주요 도구가 된다. 이렇게 보나 저렇게 보나 글쓰기가 피할 수 없는 과제라면 글쓰기를 그저 생활화해 보자. 끄적거리는 것을 밥 먹는 것처럼 일상화하고 음악을 듣는 일처럼 즐겁게 생각해 보자. 아무것도 아닌 끄적거림이 글쓰기 능력을 실제 향상시키기도 한다.

책을, 양서를 많이 읽어라

잘 쓰고 싶다면 양서를 많이 읽어라. 매우 상투적인 말처럼 들린다. 양서를 찾아 읽으면 그 내용이 자신의 마음에 담길 뿐 아니라 그 문체와 스타일도 내재화된다. 특히 좋아하는 작가가 있어 그 작가의 도서를 찾아 여러 권 읽다 보면 특별히 흉내 내 쓴 것이 아닌데도 내 문체가 그것과 닮아 있다는 생각을 하게 된다.

또한 잘 쓰고 싶다면 다양한 글을 읽어라. 예전에 한 정치인이자 기업가인 유명인이 자신의 어린 시절 독서 생활에 대한 이야기를 한 적이 있다. 그는 아예 학교나 동네 도서관에서 살았다고 하면서 자신은 양서만 읽지 않고 한 서가의 책 전체를 왼쪽 상단부터 오른쪽 하단까지 차례대로 전부 다 읽어 내려갔다고 이야기한 적이 있다. 양서를 선별할 눈이 있는 나이는 아니었을 테고 도서관이 양서가 아닌 책을 구비해 놓았을 가능성도 없지만 그저 책이 좋아 책을 읽은 작은 소년이 그려진다. 그의 이 같은 책 읽는 양식이 그를 작가로 만든 것은 아니지만 적어도 그에게 다방면의 지식과 교훈을 주었을 것은 안 봐도 뻔한 이야기이다.

아이들이 자라는 과정을 가까이서 지켜본 사람들은 아이들이 하늘만 보고 누워 있다가 뒤집기를 했을 때, 고작 뒤집기만 할 줄 알던 아이가 기어 다니기 시작했을 때, 일어나 앉았을 때, 갑자기 두 다리로 우뚝 일어나 섰을 때, 두 발로 가고 싶은 곳을 갈 수 있을 때, 뛰어서 빠르게 달릴 수 있을 때 아이들의 정신적 급성장을 느낄 수 있다. 나는 그것이 시선의 '높이'와 상관이 있다는 생각을 했다. 뒤집기만 해도 시선의 높이는 도약한다. 앉았을 때, 일어나 섰을 때 이들이 바라보는 세상은 이전과는 전혀 다른 구도, 각도일 것이라는 것을 생각해 본 적이 있는가? 나는 아이들이 이런 성장 단계를 겪으면서 점차 눈빛이 달라지고 자기 주도성이 생기기 시작하고 자기만의 세계가 열리기 시작한다는 것을 느낄 수 있었다.

내가 본 어떤 그림은 아이들이 자신이 읽은 책 무더기를 밟고 담 밖의 세상을 구경하는 그림이었다. 읽은 책이 적은 아이는 발돋움을 해도 담 밖 세계를 절반밖에 보지 못했지만 책 탑을 밟고 높이 올라간 아이는 세상을 거의 내려다보는 형국이었다. 쉽게 생각해도 두 아이가 어떻게 같은 세계관을 가질 수 있겠는가 싶다. 읽은 만큼 더 열리는 세계가 있다.

책을 많이 읽자. 글 쓰는 형식이라는 측면에서 보아도 한 작가의 글 쓰는 스타일을 집중 연구해 보는 방법도 미시적인 관점에서는 훌륭하지만, 다양한 글을 접하면서 자신에게 맞는 글의 전개방식, 마음에 드는 문체들을 찾아보고 하나씩 실험해 보는 작업도 과히 나쁜 것은 아니다.

내용에 집중하라

잘 쓴 글은 내용이 좋다. 그것은 틀린 말이 아니다. 잘 쓴 글은 읽으면 일단 내용이 좋다고 느껴져야 한다.

Tribble은 글쓰기에 필요한 지식을 언어구조지식, 맥락지식, 과정지식, 그리고 내용지식으로 구분하고 내용지식이란 자신이 쓰고자 하는 주제와 관련된 지식이라고 명명하였다.[1] 물론 내용지식은 관련 지식들을 글에 잘 엮어내는 표현에 있어서의 절차적 지식도 포함한 개념이다. 언뜻 생각하기에 '전공 관련 내용지식을 글쓰기 지도에서도 가르칠 수 있는가?' 의문이 들 수 있다. 적어도 어떻게 내용지식을 마련하고 자신의 글에 어떻게 효과적으로 엮어내는가 하는 기초는 다루어질 수 있다.

학생들이 글쓰기 지도를 받을 때 단순히 문법이나 문장 수정 정도를 기대하고 오는 것은 글에 대한 이해가 부족해서이다. 글이란 내용과 형식의 결합이며 어느 한쪽이 무너져서는 제 기능을 하지 못한다. 글에는 읽을거리가 있고, 읽고 나면 한 단계 업그레이드 된 지식이 머리에 맴맴 돌고 있어야 한다. 글의 내용은 필자의 사전 지식과 사고과정에서도 오지만 외부 자료를 통하여서도 보충이 될 수 있다.

나는 가끔 글의 스타일에만 관심을 두는 학생들에게 '나도 네 글을 통해 얻는 정보가 좀 있었으면 좋겠다'고 말하곤 한다. 스타일에 관심을 두는 학생들은 표현법이라든지 문장 양식 등에만 관심을 두기에 읽을거리를 풍성하게 제공해야 한다는 생각을 하지 않는다. 그런 경우 첨삭을 하는 교수자는 지치고 피곤해진다. 교수자도 학생들의 글이 재미있고 알차다고 느껴야 더 열심히 지도해 줄 수 있다. 즉, 인지 충돌을 일으키는 내용이 있고 토론할 거리가 글에 내재되어 있어야 한다. '그래? 왜 이렇게 생각하는데?' 이런 질문이 오고 가야 글쓰기 지도가 제대로 이루어진 것이다. 문장론이나 맞춤법 등은 글쓰기의 10분의 1에도 미치지 못하는 아주 작은 일부분일 뿐이다.

독창적인 글을 쓰려면 먼저 읽어라

이러한 면에서 잘 쓴 글을 쓰기 위해서는 먼저 많은 자료를 확보해야 하는데 그 자료는 집중적인 독서에서 온다. 어떤 학생들은 '독창성'을 지나치게 신봉한다. 그러나 독창성은 갑자기 하늘에서 뚝 떨어진, 난 곳도 없고 갈 곳도 없는 어떤 무개념을 지칭하는 말이 아니다. 독창성은 철저히 기존 지식에 바탕을 둔 상태에서 나온다.

나는 학생들에게 솔로몬의 잠언에 등장하는 '해 아래 새 것이 없나니 하나도 없도다'라는 어구를 자주 인용한다. 우리가 새로운 것에 대한 희망을 가지는 것은 일종의 선천적인 한계에 대한 인식이다. 솔로몬은 고대의 왕이지만 이미 그때에 부족한 것 없이 모든 것을 가지고 누렸던 왕이다. 그에게조차 세상에 신통해 보이고, 철저히 새롭고 독창적인 것은 발견되지 않은 모양이다. 그렇다면 첨단 학문과 수많은 학자들의 연구물들이 산적해 있는 오늘날에는 어떠하겠는가? 무언가 예전에는 전혀 없던 새 것이 갑자기 근원도 없이 출현할 수 있겠는가?

  이 질문에 섣불리 대답하기에 앞서 나는 학생이라면, 공부를 목적으로, 혹은 타인들이 읽고 마음에 남는 것이 있게 하려는 목적으로 글을 쓰고 싶다면 반드시 먼저 관련 담화의 세계에 깊이 들어가 그 용어와 주제를 섭렵하기를 바란다. 그 다음에 거기에 부족한 내용들, 비어 있는 지식의 공간이 있다면 내가 채우는 방식으로 겸손하게 글을 쓰게 되기를 바란다.

  내용면에서는 위의 말이 참말이고 옳다. 한편 형식면에서는 어떠한가. 좋은 글의 조건 중에 '창의적인 글'은 약방의 감초처럼 늘 나오는 조건이다. 다시 말하여, 같은 주제, 같은 내용을 전달하는 글인데도 어떤 글은 남다르고 참신하다. 예를 들어 표현 자체가 신선하고 창의적일 때가 있다. 수많은 시간의 흐름 속에서 어떤 장르들에 있어서는 형식상의 혁신이 있었고 누군가 변화를 꾀하지 않으면 이룩하지 못했을 형식의 진보가 있었다. 우리도 그 변화를 창조하는 한 사람으로 기능할 수 있다. 창의적이라고 하면 관점이 다르다든지 제시한 사례가 특별하다든지 하는 내용의 측면도 반드시 존재하지만, 표현상의 개성도 그에 못지않게 독자를 설득하는 측면이 있다. 먼저 장르별 형식에 능통해지고 **그것에 자신만의 색깔을 입히라.**

  위에서 '먼저 많이 읽어라' 하는 말은 글의 내용과 형식 모두에서 도움을 받기 위해서이다. 말과 글은 서로 다르다. 말을 잘하는 사람이 반드시 글을 잘 쓰는 사람이지 않고 그 반대도 마찬가지다. 물론 공집합은 아니지만, 말이 순발력이 강한 사람의 몫이라면 글은 신중하고 정확한 자의 몫이다. 글은 보다 사고에 오랜 시간을 요하고 정교하게 다듬을 시간이 주어지기 때문에 그 장점을 이용할 수 있다. 이렇게 생성된 글은 말보다 독자의 사고력을 향상시키고 세상에 더 오래 남아 영향력 있는 매체가 될 수 있다.

퇴고에 시간을 바쳐라

어떤 사람이 잘 쓰겠는가? 쓰기에 오랜 시간을 들인 사람이다. 5장짜리 독후감상문에 한 사람은 1시간을 썼고 한 사람은 일주일의 시간을 투자하였다. 누가 더 양질의 글을 썼을까? 물론 효율을 따지자면 후자가 시간을 허비한다고 비판할 수도 있을 것이다. '다른 공부에 좀 더 시간을 들이지 그 정도 글쓰기에 시간을 그토록 허비하는가' 하고 말이다. 그러나 글쓰기를 잘하는 사람의 또 하나의 특성은 다작(多作)의 효율보다는 한 편이라도 제대로 쓴 글을 남기려고 하는 것이다.

David Wiesner라는 그림책 작가가 있다. 그는 작품 활동 초기부터 Caldecot상의 수상자였다. 집중 조명을 받고 수많은 출판사들이 억대 계약을 제안하며 그에게 손을 내밀었지만 그는 일시 잠적하였다. 수많은 기자들이 그를 취재하려고 몰려다닐 때 그는 주로 가족들과 시간을 보내고 작업실에서 수많은 습작을 썼다. 어디에도 출판하지 않고 이야기가 제대로 만들어질 때까지 쓰고 그리고 또 쓰고 그렸다. 그 정도로 유명해진 작가라면 무슨 작품을 내놓아도 세상이 환호했을 것이다.

그러나 그는 그러지 않았다. 제대로 된 글은 일단 작가 자신의 마음에도 들어야 하기 때문이다. 고치고 또 고치는 작업은 무언가 부족해서 하는 작업이 아니다. 더 완성도 있는 작품을 쓰기 위한 노력이고 그 결과는 100편의 평작보다 가치가 있다.

쓰기에 공을 들여라. 쓰기 전에 읽고 탐색하고 구조를 짜고 쓰다가 또 다시 책을 찾아보고 연구하는 순환적 작업은 글 쓰는 사람에게는 일반적인 과정이다. 또 하나는 글을 다 쓰고 나면 다시 그 글을 독자의 입장에서 읽어 보는 습관을 가져라. 독자의 입장에서 읽어 보면서 어떤 부분에서 내 글을 좋게 평가해 줄까, 어떤 부분을 부족하게 느낄까 객관적으로 판단해 보자. 내용이 풍성하고 체계적인 구성을 갖추고 있으며 문체나 스타일도 신선하고 읽을 만한지 점검하고 또 점검해 보는 것이다. 부족한 부분이 보이면 다시 고치거나 새롭게 써 넣으면 되는 것이니 어려울 것이 없다.

이렇게 느끼는 점이 말에 능한 사람과 글에 능한 사람을 구분 짓는 한 기준이 된다. 말하기는 한번 엎질러진 물을 다시 주워 담기가 어렵다. 그러나 글쓰기는 쏟아진 내용물을 다시 주워 담고 걸레로 훔치면 감쪽같아진다. 틀린 문장이나 호응이 안 되는 문장, 잘못 끼워 넣은 문장, 내가 원래 표현하고자 했던 생각과 틀어진 문장들을 제거하고 다시 깨끗하게 고쳐 쓸 수 있기 때문에 글 쓰는 사람의 터전은 보다 안전하다. 이런 이유로 글쓰기형 인간들이 자신의 글에 들이는 시간 투자를 아까워하지 않고 신중하게 표현하기를 선호하며 늘 성실하게 후속과정을 밟아 나가는 스타일을 견지하게 되는 것이리라.

자기 글에 애착하라

　자신의 사고를 표현하는 일에 자신감이 없으면 써 놓고도 남의 글처럼 읽기 귀찮아하거나 다시는 쳐다보지 않는 예들도 많이 있다. 필자가 글쓰기라는 관점에서 학습자들을 관찰하다 보면 재미있는 사실들을 발견하게 된다. 이상하게도 글쓰기를 좋아하는 학생들은 자신의 사고와 글을 존중한다. 글 자체가 곧 자기이기라도 하듯이. 자신이 한 말에 대하여 굉장히 소중히 여기고 그 말에 책임을 지려고 논증하며 글 쓰는 실력을 갈고닦으려고 노력한다.

　그들에게 글은 바로 그 사람 자신이다. 자신의 사고를 꺼내 보고 나서야 자신이 무슨 말을 하고 싶은지, 자신이 누구인지, 자신의 필체가 어떤지 뒤늦게 발견하게 된다. 머릿속에 하고 싶은 말들이 많이 있을 때 이미 이러한 것들이 정리가 된다고 생각할 수 있으나 신기하게도 머릿속에서 이 생각들을 꺼내 놓으면 그때 '자신의 생각이 이러했구나' 하고 발견하는 때도 많이 있다. 그래서 글은 자기 발견이요, 자기와의 소통이라고 말하는 것이리라.

　대부분의 학생들은 그렇게 끄적거리거나 써 놓은 메모, 글들을 아무렇게나 방치하는 경우도 꽤 있을 것이다. 하지만 하나의 통찰을 얻기 위하여 글을 잘 쓰는 학생들을 관찰해 보고 그들이 가진 집필 전략이 어떠한지 이해해 보는 것도 글 쓰는 연습 중 하나이다.

　글을 잘 쓰는 학생들은 자신이 써 놓은 메모나 노트 등을 차곡차곡 모아 두고 때때로 이를 꺼내 보며 다시 읽는다. 자신이 무슨 생각을 하는지 다시 검토한다. 그리고 글을 자주 고치고 완전한 형태를 지향한다.

　즉, 글을 잘 쓰는 사람은 먼저 자신을 사랑하고 자신의 생각을 소중하게 꺼내 놓을 줄 안다. 그 생각이 자기 자신이기에 그 한 문장에 반영된 생각마저 가다듬으려고 노력한다. 이것이 다른 사람에게 읽힐 때에 오해를 사지 않기 위하여 최대한 자기 생각에 가깝게 쓰려고 노력한다. 글이 그렇다면 자신의 생각도 그런 줄로 알고 글을 단련하고 정화하면서 자신의 내면도 정화하려는 작업을 하는 것이다.

쓰는 데에 오랜 시간이 걸리는 사람들이 있다. '잘 쓰는 사람은 빨리 쓰겠지' 하는 생각은 어떤 점에서는 옳고 어떤 점에서는 그르다. 달변이거나 표현하기를 즐기는 사람일수록 초고 자체는 빨리 쓸 수 있다. 그러나 글을 잘 쓴다고 하는 것은 길고 긴 여정이다. **자신의 생각을 귀하게 여기라.** 남들의 평가에 연연해하지 말고 자신이 쓴 글을 애착하고 사랑하라. 글이 곧 자기 자신이라는 생각을 가지면, 이를 누적시키면서 점점 더 발전해 가는 글쓰기 역량과 더불어 더욱더 풍성해지는 내면의 풍경과 사고과정을 연대기적으로 확인하게 될 것이다.

이것만은!

1. 글을 잘 쓰려면 어떻게 잘 쓸까 고민하지 말고 일단 그냥 써라.
2. 글을 잘 쓰려면 글쓰기를 즐기고 자기의 글을 아끼고 애착하라.
3. 글을 잘 쓰려면 많이 읽고 늘상 고치며, 남에게 보여 주고 평가를 받으라.

〈토론 문제〉

1. 글을 잘 쓰려면 어떤 다른 훈련이 필요할까? 나만의 노하우를 나누어 보자.

2. 정체되어 있는 어떤 글쓰기의 한계의식에서 훌쩍 벗어난 적이 있는가? 어떤 계기가 있었는지 나누어 보라.

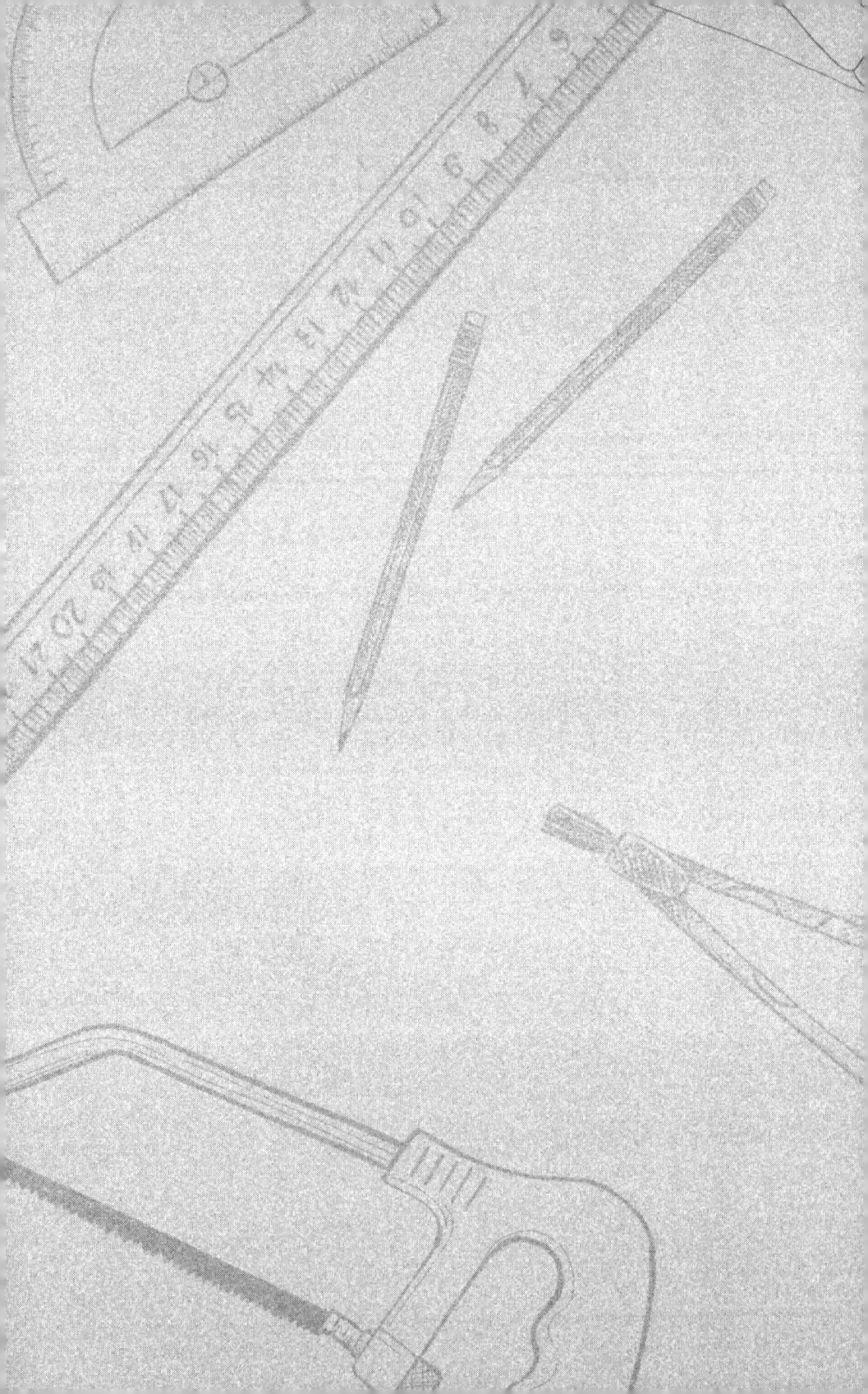

제2부
장르별 글쓰기 전략

글에는 다양한 장르가 있다. 학술적인 글을 잘 쓰는 사람들이 문예문을 잘 쓰기란 어렵다. 문예문을 쓰는 사람들이 학술적인 논문에도 강점이 있는 것은 아니다. 이 말은 자신의 주력분야가 있다는 뜻임과 동시에 자신이 글 쓰는 스타일을 조금 더 분석해 볼 필요가 있다는 뜻이다. 문예문을 쓰는 사람들이 쓴 학술적인 글은 모호하고 정확하지 못하다는 인상을 줄 수 있으며, 학술적인 글을 쓰는 사람들이 문예문을 쓰면 딱딱하고 문학적 은유가 약해 금방 질리고 만다. 일반적인 글쓰기 책에서 다루는 장르 구분은 설명하는 글, 논증문, 실용문, 문예문 정도이다. 이러한 구분을 존중하면서 여기서는 학교에 제출하는 글에 학생들이 중점을 두어야 할 영역이 어디인가에 초점을 맞추어 장르 구분을 해보려고 한다. 이 장에서는 대학에서 일반적으로 가장 많이 다루는 과제의 장르 글쓰기를 살핀다.

1. 어떻게 요약을 할까?

요약, 왜 다를까?

대학에서 쓰는 글 대부분이 어떤 분야의 지식이나 일련의 조사를 거쳐 얻은 결과를 사실적으로 제시하는 것에 기초한다. 이처럼 그저 한 권의 책에 제시된 지식을 체계적으로 정리, 요약하는 글을 쓰더라도 자신의 생각이 전혀 들어가 있지 않은 글은 애초에 존재하지 않는다. 순수하게 지식만을 요약한다는 것은 거의 불가능하다. 같은 자료를 제공해 요약하라는 과제를 주어도 전혀 다른 글쓰기 결과가 나온다.

한번은 학생들과 함께 어떤 책을 펼쳐 놓고, 그들에게 각 문단마다 가장 중요한 문장에 밑줄을 그어 보라는 요구를 해 보았다. 학생과 내가 같은 문장들을 찾아내었겠는가? 절대 그렇지 않다. 이 이야기는 가르치는 내가 맞고, 배우는 자네가 틀렸다는 의미가 아니다. 각 사람은 같은 서적을 읽고도 자신이 관심 있는 내용들을 자세히 읽고 나머지는 지나쳐 읽는다. 이것이 Skipping과 Scanning의 읽기 원리이다.[2]

학생들이 머릿속에 가지고 있는 '사전 지식'이, 글을 읽을 때 중요하며 중요하지 않은 내용을 선별해 내는 과정에 영향을 미치기 때문이다. 사전 지식은 독서에 있어 관심을 가지고 신중하게 읽거나 건너뛰어 지나쳐 버리는 내용 선호도에 대한 자기 선택의 과정을 종용한다. 학생들은 필자의 생각을 주체적으로 이해하며 종합해 내는 해석적 주체가 자기 자신임을 인식하고 있어야 한다.

어떤 학생들은 중요하지 않은 예시들에 집착한다. 예시는 필자가 자신의 주장을 증명하기 위해 가져온 도구적 장치에 불과하지만 자신이 평소에 관심이 많던 분야의 예시인 경우에는 그것을 요약문에 넣고 싶어 한다. 이 점 때문에 티격태격하다가 결국 학생이 하고 싶은 대로 하도록 두게 된다. 강제를 할 수 있는 영역이 아닌 경우가 많다. 그 정도로 우리가 가지고 있는 사전 지식의 역량은 크며 그 방향성은 상당히 주관적이다. 단순히 예시의 사례를 요약에 넣느냐 마느냐의 문제라기보다는 자신이 읽은 그 글의 어떤 부분을 부각하고 싶었는가 하는 해석의 문제로 들어가게 되는 순간도 있다.

고등학교 수준에서는 가장 중요한 문장을 하나 찾아내는 것도 주요 문제유형이었겠지만 어디 대학 공부가 그러하겠는가. 한 권의 책을 요약해 내라고 하면 이런 내용이 과연 책에 있었는가 하는 지엽적인 부분까지 요약해 오는 학생, 요점만 피해 요약해 오는 학생, 책에 실린 지식보다는 자신의 주관적인 생각을 피력하는 학생 등 다양한 학생들을 발견한다. 얼마나 많은 학생들이 동일한 글을 읽고도 이처럼 다양한 생각을 하고 다각적인 적용을 하는지 놀라울 때가 많이 있다.

먼저 정확하게 이해하라

지금 펼치고 있는 본인의 견해는 요약법이라는 게 전혀 없다는 뜻이 아니다. 독서를 잘하는 학생은 중요한 정보와 그렇지 않은 정보를 순간적으로 잘 구별하고 포착한다. 내가 학생들과 각 문단의 소주제들을 찾아 한 편의 요약문을 작성해 본 연습을 한 것은 소주제문은 반드시 찾을 수 있고 소주제문들의 연결이 곧 그 글의 요약문이 될 수 있다는 것을 보여 주기 위한 것이었다.

> 소주제문이란 단락 내 모든 문장들이 의미론적으로 통일성 있게 지지하는, 전체 내용을 포괄할 만한 일반화된 진술문이다.

우리가 소주제문을 찾아내는 작업에서 어느 정도 합의된 답안을 얻어 낼 수 있다는 것은 주제와 의미가 글에 고정되어 있다는 것을 의미한다. 어떤 지식을 정리하는 방식은 각 텍스트가 말하고자 하는 바, 곧 저자에 의해 의도된 의미, 정확한 의미를 찾아내 문맥을 따라 배열하는 과정으로 오랜 훈련을 요하는 작업이다. 따라서 훌륭한 요약은 숙고 어린 독해에서부터 시작되는 것이다. 글만 요령껏 잘 쓰려는 학생은 어떤 순간에 반드시 한계에 부딪힌다.

글을 읽으면서 독자는 필자와 상호작용하는 것을 의식해야만 한다. 필자는 보이지 않지만 글을 통해 독자에게 어떤 소정의 의미를 전달하고 있으며 독자는 그 의미를 이해하는 책임을 지기 위해 그 도서를 선택한 것이다. 독자는 의미 창발자(initiator)로서의 필자에게 의존하고, 필자는 담화 공동체의 구성원인 독자를 존중하는 관계에서만 의사소통과 이해작용이 참의 가치를 띤다. 독자가 글의 의미를 정확하게 이해해야만 그 글에 대한 자신의 생각과 비평도 참 의미를 가지기 때문이다.

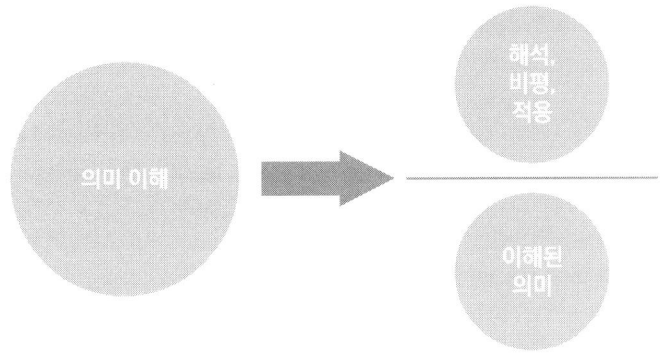

저자와 상호작용하라

'저자와 상호작용을 한다'는 것의 의미도 재고해야 한다. 저자는 보이지 않는 텍스트 저편의 인물이다. 저자가 글을 남겼다는 것은 한마디로 나에게 말을 걸었다는 뜻이다. 그가 내게 전달하고픈 어떤 '의미'를 기호라는 돛단배에 띄워 보냈다.

이런 생각을 해 본 적이 있는가. 어떤 무인도에 표류된 사람이 자신을 구원해 달라는 쪽지를 병에 넣어 바다에 띄웠는데 그것이 내게 와 닿았다. "○○라는 섬을 들어 보셨습니까? 거기에 한 사람이 표류해 있습니다." 그는 특정 독자를 상정한 것은 아니지만 그 누구든 자신의 사정을 이해하고 도와 달라는 '의미'를 담아 보편독자에게 적어 보낸 것이다. 그것을 읽은 사람은 일단 그 문장을 읽는다. 그리고 그 문장의 뜻이 '구원해 달라'는 의미라는 것을 이해한다. 마지막으로 그가 그 섬에 구조대원을 보낸다. 여기서 그 문장을 쓴 행위는 발화행위이지만 '구원요청'이라는 진술의 의미는 발화수반 행위이다. 여기서 독자가 그 글을 읽고 무언가 이해하거나 어떤 효과를 발생시켰다면 그것은 발화

효과 행위이다. 종국에 그가 이러한 행동을 취했다면 저자와 상호작용한 것이다.

본인이 대학 새내기 때는 대학 도서관의 그 엄청난 중압감에 항상 눌려 있었다. 이 세상에 읽어야 할 책이 이렇게 많다니…. 어떤 책을 꺼내보아도 수많은 독서자들이 그 책의 여백에 깨알같이 적어 놓은 메모의 역사를 발견할 수 있었다. 수십 년 동안 선배 독자들이 그것에 댓글을 달아 놓은 흔적들이었다. 시간을 달리하면서 얼굴도 모르는 선후배 간 서로 시키지도 않은 토론을 벌여 놓은 것이 책 내용보다 더 재미있었고 나 역시 몇 자 적어 놓고 싶다는 생각이 들 정도였다. 난 그들이 남겨 놓은 끄적거림이 발화효과 행위라고 생각한다. 그것을 읽고 가만히 있을 수가 없어 저자에게 자신의 다른 생각을 피력하기도 하고 개인적인 비평이나 다짐을 적어 놓기도 하는 등 다양한 반응을 한 것이다.

우리는 혼자 책을 읽는 것 같아도 사실은 저자와 상호작용하는 것이다. 수동적으로 그 생각을 수용하기도 하지만 그것에 맞서기도 하고 더 나은 대안을 제시하기도 한다. 그것이 오늘날 말하는 하향식 독서(Top-down processing), 능동적 독서이다. 해석적 주체인 독자에게 의미 재구성의 권력을 부여하는 독자반응 이론의 관점은 의미 창발자인 필자에게 주목하게 만드는 전통적 독서와는 결을 달리하는 접근방법이지만 완성도 있는 해독을 위해서라면 둘 모두가 필요하다 하겠다. 순서를 잡자면 위의 그림처럼 후자가 먼저이다.

쓰기를 위한 읽기

'일반적인 독서'와 '쓰기를 위한 독서'는 그 양상이 서로 다르다. 쓰기를 위한 독서, 즉 후자를 상정하자.

　요약을 위해 누구나 책을 2번 이상은 읽을 것이라고 생각된다. 첫 번째는 이해를 위한 독서, 두 번째는 요약할 내용을 추리기 위한 독서이다. 처음 읽을 때에는 위에서 이야기한 것처럼 저자가 내게 말을 걸고 있다고 생각하고 최대한 그의 의도된 의미를 읽으려고 노력하라. 다시 말하여 저자의 말에 공감하려는 자세를 취하는 것이다. 그리고 중요한 문장에는 표시를 하거나 따로 적어 둔다. 두 번째 독서는 첫 번째보다는 시간이 단축되고 훑어 읽기와 같은 형식을 취하기 쉽다. 중요 문장인데 빠진 내용이 있는지 확인하며 읽되 예시나 부수적인 설명들은 건너뛰라. 첫 번째 독서를 잘하였다면 두 번째 읽을 때는 중요하지 않은 내용들을 저절로 걸러 내고 읽을 수 있다.

　어떤 것이 중요한 문장일까? 주장을 뒷받침하려고 가져온 예시나 소견논거, 뉴스기사, 통계 등은 그리 중요한 자료가 아닐 것이다. 주로 '소주제문'이 중요한 문장일 터인데 이들의 특성은 한마디로 **'일반화된 문장'**이라는 것이다. 즉 구체화의 모양새를 가지고 있지 않다. '추상화된 명제'가 소주제문이기 때문에 이를 뒷받침하거나 구체화하기 위해 뒷받침 문장들이 필요한 것이 아닌가. 따라서 요약을 하는 자가 지나치게 국부적인 내용들을 추리려는 경향이 있다면 그것을 그만두어야 한다. 되도록 추상화된 명제들에 관심을 가지고 그것이 저자가 주장하고 있는 내용의 일반화된 진술인지 점검해 보라.

　직접인용 해야 할 문장이 있다면 따로 적어 놓거나 표시를 해 두라. 특히 페이지 쪽수를 적어 두어야 한다. 직접인용이란 내 말로 바꿔쓰기를 하지 않고 저자의 표현 그대로 가져오는 것을 말한다. 이때는 큰따옴표를 사용해야 하고 페이지 쪽수를 함께 기록해야 한다. 직접인용이 필요한 경우는 내가 그 말을 내 말로 바꾸어 쓰면 원 의미를 훼손할 것 같을 때이다. 또는 그 문장이 매우 중요한 문장이라서 그대로 가져다 쓰는 것이 효과적이라고 판단될 때 사용한다. 직접인용이 길지 않을 때는 그대로 큰따옴표만으로 표시할 수 있지만 3줄 이상 길어진다면 구획화해야 한다. 위 아래로 한 줄씩 띄우고 글씨체를 작게 지정한 후 블록처리를 한다. 아래와 같이 말이다.

> 1955년 심리학자 조셉 러프트와 해리 잉 햄은 사람의 마음에는 네 가지 창이 있다는 논문을 발표했다. 그들의 이름을 딴 '조하리의 창'이다. 나도 알고 상대방도 아는 열린 창, 나는 알지만 상대방이 모르는 미지의 창, 나는 모르는데 상대방은 아는 장님의 창, 나도 상대방도 모르는 암흑의 창이 그것이다. 열린 창과 암흑의 창은 글쓰기에서 관심 밖이다. 나도 알고 독자도 아는 내용은 흥미로운 얘기일 수 없다.[3]

내 방식대로 조직하라

쓰기 위한 독해를 어느 정도 마치면 이제 자신이 얻은 지식을 어떻게 체계적으로 정리하여 표현할까를 고민한다. 이때 사용되는 것이 마인드맵, 다이어그램, 내용 조직자 등이다. 좀 더 독해를 잘하기 위해서라면 글을 읽으면서 주요 문장에 하이라이트를 하거나 따로 주요 문장들을 정리해 두었을 것이다. 이러한 내용들을 보다 체계적으로 보여 주기 위하여 먼저 마음 수준에서 그것을 범주화하고 **재개념화**하는 작업을 해 보는 것이다.

본인은 여기서 한번 자신이 읽은 내용을 **구술**로 잘 풀어 이야기해 보는 식으로 정리하는 과정을 적극 추천한다. 먼저 책을 덮고 마치 제자들을 앉혀 놓고 강의를 하듯 '이 책이 이야기하는 바는 이런 내용을 바탕으로 이렇게 하자는 거야' 하는 식으로 이야기를 스스로에게 전개해 보는 것이다. 칠판이 있다면 칠판, 노트가 있다면 노트에다가 필기를 하면서 내용을 조직하듯 이야기를 해 본다. 그리고 나서 책을 다시 펼쳐 자신이 그려 놓은 내용들과 비교해 보고 자신이 주요 내용을 잘 파악하였는지, 빼먹은 핵심은 없는지, 부정확하거나 생각나지 않아 대충 설명한 부분은 없는지 확인해 본다. 그 후 메모를 해서 보강한다.

  이러한 방법의 장점은 독서 직후 크게 부담을 가지지 않는 상태에서 내가 이해한 부분을 스스로의 이해 방식에 따라 재개념화해 볼 수 있다는 점이다. 단순한 암기가 아닌 것에 주의하라. 이런 스토리텔링의 방식을 통해 나는 유의미한 흐름 속에서 읽은 내용을 순발력 있게 내 수준에 맞도록 정리하고 종합할 수 있다. 글을 써서 정리하는 방식보다는 빠르고 신속하며, 초고를 쓰는 효과까지 얻을 수 있다.

  이때 독자의 머릿속에 있는 선행지식은 자료에서 얻은 주요 지식들을 취사선택하는 것에서부터 그것을 특정 기준을 세워 범주화하는 작업, 한 범주의 주제를 요목화하거나 개념적으로 설명해 내는 모든 방식에 영향을 미친다. 각 개인의 선행지식이 어떻게 서로 동일할 수 있겠는가? 이것이 같은 책을 읽고도 다른 내용으로 요약해 내는 이유 중 하나이다. 선행지식과 새롭게 들어온 지식이 종합되고 조절되어 재개념화가 이루어지고, 자신의 문법으로 이것을 표현해 낼 수 있게 된다.

  Piaget는 인지발달을 다루면서 기존 지식 구조가 새로운 지식을 만날 때 조절 작용을 하고 이를 통해 지식 구조의 평형상태를 이루게 되는 적응 과정을 세 가지 방식으로 설명했다. 이때 원리적으로 인간의 인지는 자신의 지식 구조를 버리고 새 지식을 전폭적으로 받아들이거나, 새 지식을 버리고 기존 지식을 고수하거나, 두 가지를 조절하여 새로운 지식 구조를 형성하거나 할 수 있다. 이 세 가지 작용 중 가장 현실성 있고 바람직한 조절 과정은 마지막 방식이다.

문화인류학에서도 비슷한 개념을 설명하는데, 우리가 새로운 문화를 받아들일 때 문화충격을 거치면서 이와 유사한 과정을 밟는다는 것이다. 이를 문화변용이라는 용어로 설명한다. 우리가 새로운 지식, 문화를 접하거나 독서를 할 때마다 우리 인지 구조가 이러한 방식으로 새 지식을 어떻게 수용해야 할지 의사결정을 하고 있다는 생각을 한다면 자신이 그것을 의식하든 의식하지 않든 우리 인지가 하고 있는 일에 존경과 감사를 보내야 할 것이다.

다른 자료를 참고하라

또, 독자가 한 주제에 대해 서술하기 위해 몇 권의 책을 섭렵하였는가 하는 것도 지식을 요약해 내는 글쓰기에 큰 영향을 미친다. 독자가 하나밖에 모르면 그것 하나만 쓸 수 있다. 독자가 관련된 내용에 대해 많이 알면 알수록, 다루는 개념은 섬세하게 가다듬어지고 정교하게 범주를 구분할 수 있어 심도 있는 의견을 제시할 수 있다. 보고서를 작성할 때 학생이 참고한 자료들의 양과 수준을 평가자가 평가의 잣대로도 참고하는 것은 학생의 성실성과 준비성에 대한 평가이기도 하지만 그것이 곧 글의 수준과 직결되기 때문이다.

물론 대학 과제라는 것이 하나의 도서만을 읽고 요약해 오는 경우가 많아 여러 참고 자료를 뒤적일 일이 많지 않다는 생각을 하게 될 것이다. 그러나 필자는, 조금 더 좋은 점수를 받고 싶은 욕심이 있는 학생이라면, 그리고 조금 더 자신을 성장시키고 제대로 공부하고픈 마음이 있는 학생이라면 관련 도서를 몇 권 더 찾아 읽으라는 권면을 하고 싶다. 그리고 요약할 때 다른 도서와의 관점의 차이라든지, 관련된 개념에 대한 내용을 서로 연결해 진술한다면 교수자의 눈에 확연히 띄게 될 것이다. 위에서도 이야기하였듯이 학생들의 요약 과제는 책을 제대로 읽었는지에 대한 점검 평가이다. 글쓰기 능력 평가라기보다는 글의 내용을 제대로 이해하고 이를 자신의 말로 풀어 진술할 수 있는가에 대한 점수가 주어지는 과정이므로 자신이 조금 더 내용을 깊이 이해했다는 점을 보여 주는 것은 일종의 전략적 진술이 될 수 있다.

자신의 견해를 나타내라

나는 이제까지 사실 정보를 어떻게 저자의 의도된 의미가 잘 드러나도록 자신의 말로 조직할 수 있는가에 초점을 맞추었다. 이제 사실 정보의 이해를 넘어서 그것에 대한 자신의 해석과 감상, 비평 등을 어떻게 진술해 내야 하는지 이야기해 보려고 한다. 여기서 지금 이 글을 읽고 있는 독자들은 '아니, 요약을 하는데 자신의 의견을?' 하고 또 다시 의구심을 표현할 것인데 지극히 당연한 반응이다. 위에서도 설명하였지만 요약은 사실 정보를 체계적으로, 그리고 자신이 이해한 수준의 말로 표현해 내는 과정이다. 그럼에도 불구하고 동일한 정보를 다른 방식으로 조직하는 양상은 쉽게 간과할 현상은 아니다. 요약자마다 핵심 내용에 대한 견해에도 조금씩 차이가 발생한다. 표현상의 차이도 물론 있다.

우리가 어떤 정보를 요약한다고 하자. 주제에 관한 생각 차이는 분명하게 진술되지 않더라도 금세 드러나게 되어 있다. 다음의 예를 보자.

> 서정문학에서는 시적 상황에 어울리는 시적화자를 통해서 의미를 전달한다. 이때 시적 화자는 실제 창작을 한 시인과 거의 일치할 수도 있고 전혀 다른 허구의 인물을 만들어 낼 수도 있다. 심훈의 <그날이 오면>이나 윤동주의 <서시>가 전자의 대표적인 경우라면, 김소월의 여성적 화자나 서정주의 시에 등장하는 신화 속 인물들이 후자의 대표적인 경우이다. 실제 시인과 유사한 화자이든 허구적 화자이든 이들은 모두 시인이 시적 상황에서 내세운 퍼소나에 해당한다. 퍼소나는 고전극에서 배우들이 쓰는 가면에서 유래한 것으로서 시인이 특정한 시적 상황에서 소통하고자 할 때 쓰는 가면에 해당한다. 작품 속의 시인은 시인의 경험적 자아가 시적 자아로 변용, 창조된 것이지 시인의 실제 개성 그 자체는 아니다.[4]

위와 같은 글을 요약한다고 하자. A학생의 요약문과 B학생의 요약문을 비교해 보자.

A.	B.
서정문학에서 시인이 내세우는 시적 화자는 심훈처럼 실제 시인과 일치하는 경우도 있고 김소월처럼 일치하지 않는 경우도 있다.	시인이 의미를 전달하기 위해 창조한 시적 화자는 변용, 창조된 것으로 실제 개성이 아닐 수 있으므로 주의해야 한다.

A요약문과 B요약문은 모두 잘 쓴 요약문이지만 차이가 있다. A요약문은 시인과 시적화자의 일치 여부를 객관적으로 공평하게 진술하였지

만 B요약문은 '실제가 아닐 수 있음'에 초점을 맞추어 진술하였다. 언뜻 보기에는 동일한 요약문이지만 B의 경우 글의 진행 방향성은 시적 화자가 시인이 아니기 때문에 발생할 수 있는 해석의 문제 등을 언급할 수 있으며 A의 경우는 각 시인의 시를 예로 들어 비교, 대조하기 쉽다. 그저 요약만 하였는데도 요약한 사람의 주관이 강하게 개입되는 것을 알 수 있다. 특히 B요약문의 '주의해야 한다'는 언급은 필자가 덧붙인 표현이다. 다시 말해, 요약에도 방향성이 있고 요약자가 강조하고픈 내용이 있다는 뜻이다.

어떤 글쓰기 교실에서는 이러한 부분을 학생들에게 각인시키기 위해 '사실'과 '의견'을 구별해 내는 활동부터 시킨다. 그러나 사실과 의견을 분명히 구별하는 법을 익히고 글을 써도 이러한 문장은 부지기수로 많이 발생한다. 이것은 틀린 표현이라기보다, 글이라는 것이 주관적인 속성을 어쩔 수 없이 지닐 수밖에 없음을 보여 주는 것이다. 왜냐하면 요약이라 할지라도 요약자가 자신의 요약문을 통해 구현되기 바라는 주제가 있고, 그것이 하나의 글인 이상 하나의 논리적 흐름을 가지면서 통일성 있게 진행되는 구성을 반드시 견지하게 되기 때문이다.

일반적으로는 요약문에서 사실과 견해 표현은 다음과 같은 문형으로 표현되기 쉽다.

> 이 글은 _____라는 주장을 피력하고 있는데 이는 _____라는 의미이다.
> 저자의 '_____'라는 견해는 다시 말해 _____ 하자고 우리에게 제안하고 있는 것이다.
> 이 글의 저자는 _____라는 전제를 가지고 _____에 대하여 _____라고 말하고 있는데 _____라는 전제가 아니라면 _____에 대하여 _____라고 말할 수도 있을 것이다.

몇 가지 예만 들어 보았지만 위의 문장들의 앞부분은 저자가 이야기한 '사실'을 언급하고 뒷부분은 그것을 이해한 요약자의 재해석으로 돌려놓고 있는 것을 볼 수 있게 한다. 요약이란 말하자면 그 글의 내용을 '사실'과 '견해'의 자연스러운 맞물림으로 풀어 가는 글이다. 그대로 옮기는 것도 문제가 있지만 요약자가 책의 저자가 창조한 의미를 제멋대로 풀어 가는 방식도 옳은 방식은 아니다. 그래서 요약된 글은 요약자가 그 책의 의미를 제대로 이해하였는지, 그리고 그것을 어떻게 자신의 지식 구조로 수렴하고 재구성, 발전시켰는지를 순서대로 그대로 볼 수 있게 하는 평가 자료가 되어야 한다.

요약의 연습

평상시 요약하기를 연습하는 가장 효과적인 방법은 앞서 설명하였듯이 각 단락의 소주제문에 하이라이트를 치면서 읽는 것이다. 물론 아주 논리적으로 잘 쓴 글이라 하더라도 모든 단락이 소주제문을 적절한 위치에 반드시 품고 있는 것은 아니다. 그러나 가능하다면 중요해 보이는 소주제문을 찾아보자. 제대로 찾은 소주제문들이라면 그 안에 핵심어도 모두 들어 있을 것이다.

이에 하이라이트를 한 다음 마지막 책장을 덮은 후, 그 문장들을 쭉 나열해 보자. 그리고 그 문장들을 이어쓰기 해 보자. 문맥을 따라 순서대로 나열한 문장들은 단절된 소주제문들이긴 하지만 일종의 논리적 흐름이 있다. 그 흐름을 따라 자연스럽게 문장들을 연결해 보는데, 이때 지시어나 접속사를 적절히 사용해 보자. 이런 방식으로 학생들과 수업을 해 본 적이 있는데 학생들이 정말 신기해하였다. 이런 읽기와 요약 습관은 독해력 향상에도 효과가 크다.

1. 오늘날 럭셔리 열풍에 모두가 사로잡혀 있다는 현실은 우리 시대의 수수께끼다.
2. 사치품 소비는 여성의 몫이라는 편견과 사유의 습관에 거리를 두어야 한다.
3. 우리 시대의 럭셔리 열풍은 여성적 현상은 아니다.
4. 노르웨이 출신 이민자 아들인 베블런의 <유한계급론>은 이를 잘 보여 준다.
5. 중세 귀족의 과시적 소비는 자본주의 시대에 전 계급에 영향을 미쳤으며 자신보다 한 단계 위 계급에서 유행하는 생활양식을 이상화하고 이를 추구하는 데에 에너지를 쏟는다.
6. 부자가 아닌 사람은 아무리 따라 하려고 해도 유행의 스피드 때문에 따라잡을 수가 없다.
7. 이것이 반복되면 부자는 부러움의 대상이요 위인이 되고, 명품은 승자의 훈장이 된다.

8. 유권자가 소비자이기 때문에 소비주의에 빠지면 공적인 일에는 무관심하게 된다.
9. 사람들은 아웃렛에 가지만 내 훈장이 짝퉁임이 드러나면 속물로 전락할까 봐 두려워한다.[5]

하나의 글에 속한 단락들의 소주제들을 빠짐없이 추려 보았다. 이들 중에 빼도 되는 문장들이 보일 것이다. 어떤 것이 그런가? 4, 9단락 정도가 아닌가? 물론 책 전체가 아니라 일부이기 때문에 전체적인 글의 면모를 다 알 수는 없지만 각 단락의 소주제문을 요약하고, 각 단원의 주제문을 요약하면 길이를 조절할 수 있는 요약문을 만들 수 있다. 위의 문장들을 이어 붙여 요약해 보자.

저자의 이야기는 다음과 같다. 오늘날 럭셔리 열풍은 여성의 사치품 소비라는 편견을 대변한다. 그러나 럭셔리 열풍은 여성적 현상이 아니다. 중세귀족의 과시적 소비는 자본주의 시대에는 전 계급에서 상위 계급의 생활양식을 이상화하고 추구하는 양상으로 나타났지만 유행의 스피드는 가난한 사람들의 이 같은 동경과 추적을 불가하게 만든다. 이것이 반복되면 "부자는 부러움의 대상이요, 위인이요, 명품은 승자의 훈장이 된다 (p.133)". 특히 유권자가 소비자이므로 소비주의에 빠지면 공적인 일에 무관심하게 된다. 정리해 보면 저자는 오늘날 럭셔리 열풍이 여성뿐 아니라 남성, 부자뿐 아니라 가난한 사람들에게까지 영향을 미칠 수 있다는 주장을 펼치면서 소비주의가 가져올 수 있는 부정적인 영향력을 특별히 지적하고자 하였다.

위에서 볼 수 있듯이 세부적인 정보는 과감하게 생략해 나가고 문장 간 자연스럽게 이어지도록 연결하면 전체 글의 내용을 포괄하는 요약문의 형태로 정리가 된다. 만일 세부적인 예시인 〈유한계급론〉을 꼭 넣고 싶다면 간단히 '유한계급론이 보여 주듯이'와 같은 구절을 넣어 주면 되겠지만 요약문의 간결성을 중시한다면 과감히 생략하라. 독자로서 선호하는 내용에 시선이 가는 것은 어쩔 수 없지만 요약의 1차적 목적은 저자가 전달하고자 했던 의미가 무엇인가를 제대로 짚어 내는 데에 있다.

선호하는 내용들은 표시를 해 놓자. 나중에라도 다시 읽을 수 있다. 그러나 요약은 저자의 마음이 되어 저자의 의도에 충실한 것이다. 그것에 덧붙여 자신의 평가를 기술하고 싶다면 의미 요약과 구별하여 진술하는 훈련을 하자. 위의 예시 마지막 밑줄 친 문장은 요약하고 있는 사람의 주관적인 해석으로 자신이 그 글에 어떤 가치를 부여하고 있는지 글에 준거하여 이야기하고 있는 부분이다.

요약문의 길이

요약문은 길이 제한이 중요하다. 교수자에 따라서는 한 권짜리 도서를 한 장에 요약해 오라고도 한다. 학생들은 어리둥절하지만 그렇게 과제를 내는 데에는 이유가 있다. 핵심을 간추릴 수 있는 능력을 보고자 하는 것이다. 특별히 길게 써도 되는 요약문은 부수적으로 가미되어 있는 글 내부의 다양한 자원을 활용하여도 크게 문제되지 않는다. 그러나 짧게 쓰면 쓸수록 핵심문장으로 귀결되기 때문에 글을 잘 이해하였는지가 확연히 드러난다. 그러므로 요약문의 길이가 조건으로 주어졌다면 반드시 그 길이에 맞는 요약법을 활용해야 한다.

예를 들어 10장짜리 혹은 제한 없는 요약 보고서 과제라면 자신이 쓰고 싶은 이야기들을 다 나열해도 큰 상관은 없다. 만약 1장짜리 요약문을 요구한다면 단원들 중 부수적이라고 판단되는 단원은 건너뛰고 전체 내용들도 계속해서 줄여 가라. 요약문을 한번 써 놓고 다시 삭제를 목적으로 읽으며 점차 길이를 줄이는 것이다. 중요하지 않은 우선순위대로 점차 내용을 지워 나가고 자연스럽게 문장을 이어 붙이면 과제가 요구하는 요약문을 완성할 수 있다.

이것만은!

1. 요약문을 잘 쓰기 위해서는 먼저 요약할 텍스트를 잘 이해하고 자기 방식으로 조직해야 한다.
2. 도서 요약은 사실 명제와 그것에 대한 내 해석적 견해로 이루어진다.
3. 요약문 쓰기를 연습할 때는 소주제문들에 밑줄을 그으면서 읽고 독서 후 이들을 자연스럽게 이어 쓰도록 한다.

토론 문제

1. 요약문이 사람마다 다른 이유들에 또 무엇이 있을까?
2. 잘 쓴 요약문의 특징은 무엇일까?
3. 나만의 요약문 쓰기 비법에 대해서 나누어 보자.

활동

다음 글은 한 신문 기사의 첫 단락에 덧붙여 제목에 어울리도록 글을 완성한 것이다. 각 단락의 소주제문에 밑줄을 그어 보자. 소주제문들을 연결해 하나의 요약문(한 단락)을 완성해 보자. 그런 후 친구들과 각 요약문을 비교해 보자.

1) 지성은 역사발전에 참여하는 것일까. 참여한다면 어떠한 역할을 담당하였을까. 그리고 역사 발전에 참여하는 지성이란 어떠한 지성일까. 이러한 의문을 가지고 역사의 흐름을 훑어볼 때 동양이나 서양을 막론하고 고대와 중세에 있어서의 지성의 역사 참여는 그리 대단하지 않았던 것 같다.

2) 물론 고대와 중세에 문화가 없었던 것은 아니다. 그 나름으로 역사가들이 흔히 사용하는 구분법을 빌린다면 성장기, 전성기, 쇠퇴기를 가진 고대 문화와 중세 문화가 있었고 그러한 문화는 넓은 의미의 지성의 소산이었다. 그리고 아주 당연한 이야기지만 위대한 예술가, 문인, 학자,

철인도 많았다. 이러한 사람들을 두루 뭉쳐서 지성인이라고 할 때, 고대나 중세에 있어서의 지성인의 활동과 그 소산인 문화가 역사 발전에 아무런 관계도 가지지 않았다면 거짓말이 될 것이다.

3) 그러나 나는 역시 고대나 중세에 있어 지성이 역사발전에 크게 참여했다고는 보지 않는다. 이 말은 결코 그 시대의 문화와 당시의 지성인을 낮게 평가하려는 뜻은 아니다.

4) 고대 문화와 중세 문화의 알짜는 인류 문화의 영원한 보물 창고에 고이 간직할 값어치가 있음이 틀림없고 당시의 지성인이나 예술가의 활동 또한 현대의 그것에 비하여 그리 손색이 없다. 그럼에도 불구하고 고대나 중세의 지성이 역사 발전에 크게 참여하지 않았다고 말하는 것은 그것이 사회 변혁을 통한 사회 발전에 큰 힘이 되지 않고 따라서 역사 발전에 크게 참여하지 않았기 때문이다.

1) --

2) --

3) --

4) --

2. 어떻게 보고서를 쓸까?

보고서는 대부분의 교과목에서 한 학기에 한두 과제 이상 부과하는, 대학생활에서는 일상화된 글쓰기이다. 보고서에는 여러 종류가 있어서 그 보고서의 목적에 맞도록 쓰는 것이 생명이다. 과학도라면 실험보고서가 더 있겠지만 공통적으로 독후보고서, 조사보고서, 의견보고서 등으로 나누고 있다. 학부생의 경우에 독후보고서 과제가 가장 많고 특별한 경우는 어떤 사안에 대한 내용을 조사, 정리하여 제출하는 조사보고서, 자신의 생각을 기술하는 의견보고서 등이 있다. 이 중 '독후보고서'는 앞 장에서 설명한 요약하기와 유사하나 요약을 넘어서서 자신의 의견이 글을 끌고 가는 등의 다양한 형태가 있으니 4장의 문화 비평하기 등의 양식에서 함께 논의해 보도록 하겠다. 여기서는 의견보고서와 조사보고서, 두 양식의 쓰기를 집중적으로 다루어 보고자 한다.

의견 보고서 어떻게 쓸까?

무엇부터 해야 할까?

생각을 논리적으로 진술하는 글은 대표적으로 신문의 논설 같은 경우를 떠올리면 좋다. 대학 수업에서는 어떤 분야나 사건에 대한 자신의 생각을 기술해 오는 경우이다. 그러한 경우에 우리는 어떻게 글쓰기에 접근하는가? 아마 머리를 싸매고 컴퓨터 앞에 앉아 워드 프로그램을 켜 놓고 커서가 깜빡깜빡하는 것을 쳐다보고 있을 것이다. 한동안 앉아서 쓸 내용이 생각나기를 기다리고 또 기다린다.

그렇게 해서 쓸 수 있는 글이 있지만 대학 수준에서 요구하는 논리적 진술은 기존의 자료를 바탕으로 자신의 생각을 비평적으로 쓰는 것이다. 어떤 분야나 주제, 사건이 주어져 있다면 우선 해야 할 일은 그 분야와 주제, 사건의 정보를 면밀히 검토하는 일이다. 무엇을 해야겠는가? 신문의 사건을 검색하거나 관련 기사, 도서, 논문 등을 검토하고 백과사전에서 핵심어의 개념을 마련해 자신이 어느 수준에서 그 사건을 다룰 수 있는지 철저히 계획을 세워야 한다.

논증도 지식의 체계적 제시를 포함한다

주제가 정해지면 브레인스토밍을 하고 개요를 짜는 등 글을 구상하고 계획한다. 그런 다음 글을 쓰면 되는데, 이때 '논증'은 어느 정도 '지식의 체계적 제시'를 포함하며 전개된다는 점을 명심해야 한다. 자신의 의견을 제시한다는 것은 자신의 견해가 옳다는 논리적 증명을 해 나가는 과정이다. 다시 말해, 그 영역에서 갈등하거나 경쟁하고 있는 어떤 이슈들에 대하여 자신의 주장이 더 설득력 있고 합리적이라고 이야기해 가는 방식이다.

그런데 한번 생각해 보자. 어떤 지식에 기대지 않고 주장만 여러 번 외치는 것이 어떻게 설득력을 가질 수 있는가. 다시 말해 논증문이라도 설명문적인 요소를 배제할 수 없다는 것이다. 설명문은 정보 구성과 전달에 목적이 있다.

따라서 논증문을 쓴다고 하더라도 단편적인 의견을 제시하는 것이 아니라면 기존에 그 분야에서 논의되고 있는 지식과 주제의 바다에 뛰어든다는 생각을 가져라. 다시 말하여 담화 공동체가 그동안 이룩해 온 논의에 내 첫발을 내딛는 것이다. 담화 공동체에 발을 내딛는다는 것은, 그 분야에서 이미 나도 모르게 논의되어 온 이슈들을 점검하여 나도 그 배에 조심스럽게 올라타는 일을 말한다. 그 분야가 자주 거론하는 사태, 용어, 문제시되는 이슈 등에 나도 함께 생각을 모으고 말을 섞는 일이다. 그러므로 기존의 지식을 체계적으로 정리해 소개하는 일은 논증에서도 매우 중요한 과업에 속한다.

이 세상에 완전히 새로운 생각은 없다. 그럴 수 있다는 편견도 버려야 한다. 내가 제시하고자 하는 생각은 이미 어느 누가 한 번쯤 해 보았을 법한 이야기일 수 있다. 내 글이 기존의 논의들에 기여하는 것은 전체적인 판을 뒤집는 사건이 아니라 그 논의에 한 숟가락을 더하는 **일부분의 개선**이다. '기존 논의의 흐름에 지성적 요동을 일으킬 수 있는가' 하는 것은 '예/아니오'의 문제가 아니라 '정도'의 문제가 될 것이다.

이러한 과정은 일반 교재에서는 '자료 수집과 선정'이라는 단원으로 소개되어 있다. 이 책의 3장에서는 글 쓰는 과정을 다루므로 자료 수집과 선정 부분을 중점적으로 다룬다. 여기서는 자료를 모으는 과정이 자신의 논리를 뒷받침하는 가장 선행적인 과제임을 강조하기로 한다. 또한 자료를 검색하고 생각을 정리하는 일은 정확히 이 단계에서만 벌어지는 않는 일임도 다시 확인하자. 주제를 정하는 단계에서도 무엇을 쓸 것인가 통찰을 얻기 위해 자료를 살피며, 글을 쓰는 과정에서도 수시로 부족한 정보를 검색해야 한다. 글을 고치고 첨삭하는 단계에서조차 논리의 빈 구멍이 발견되면 자료 찾는 일로 다시 순환적으로 돌아갈 수 있다.

 자료를 모으는 것은 기존의 이론적 지식과 논의들을 알기 위한 것이며 그 논의들에 대한 자신의 생각을 생산해 내기 위한 것이다. 그러므로 자료 모으기를 그저 자신의 논지를 뒷받침하기 위한 근거를 모으는 도구 차원으로만 볼 것이 아니라 관련 담화 맥락을 이해하고 사고를 활성화하기 위한 준비 작업으로 보아야 한다. 이러한 차원의 읽기를 창조적 읽기라고 하며 창조적 읽기를 쓰기의 확장적 개념 안에 포함시킨다.

 이처럼 쌓은 지식에 기초하여 자신의 의견을 피력할 때 독자는 나의 의견에 신뢰를 보내며 내 논지를 긍정적으로 수긍하고 이에 동의할 수 있게 된다.

논리의 기본은 인과관계

 논리는 인과관계가 기본 포맷이다. '나는 ____이라고 주장한다. 왜냐하면 ____기 때문이다'가 기본 골격이다. 이 간단한 문장들의 관계만 보더라도 결국 주장과 이유(근거)로 논리의 흐름이 이어질 것을 알 수가 있다. 대표적인 삼단논법을 한번 보자.

> 사람은 생각한다. / 철희는 사람이다. / 그러므로 철희는 생각한다.

 '사람이 생각한다'는 것은 대전제이고 일종의 상식적인 지식이다. 무언가를 주장하기 위해 대전제를 가져왔다. 소전제인 '철희가 사람'이라는 사실은 아주 개별적인 사실이다. 위의 두 명제가 변함없는 진리일 때 삼단논법을 성립시킨다. 이때 두 명제 사이에 연결고리가 있다. '사람-생각-철희'의 연결고리이다.

　'그러므로'로 시작하는 마지막 문장은 최종적인 결론이다. 이 결론과 앞 전제들과의 관계는 인과관계이다. 앞의 두 전제를 엮었더니 마지막 문장에 맞춘 듯이 귀결이 되었다. 다른 예외가 있는가? 사람 중에 생각하지 않는 존재가 있다면? 철희가 사람이 아닌 경우가 있을 수 있다면? 예외를 절대로 찾을 수 없는 것은 아니겠지만 일반적으로 진리인 명제들에 기초하여 추출된 '그러므로'를 매단 문장은 참일 수밖에 없다. 즉, '그러므로'라는 접속사는 결론을 맺는 매우 강한 어감의 접속사로 그 사용에 주의를 기해야 한다.

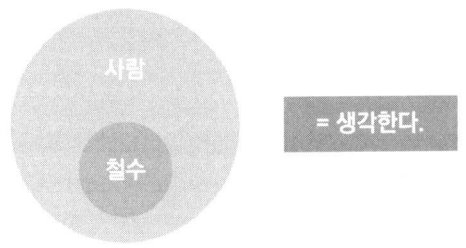

연역적 사고와는 반대로 귀납적 논리는 명제 간 다음의 관계를 가질 것이다.

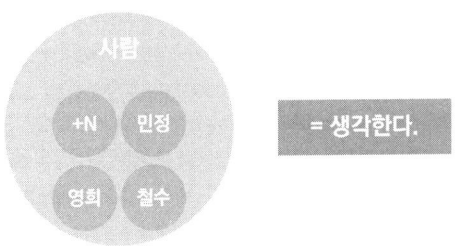

위에서 보이는 그림과 마찬가지로 민정, 영희, 철수 등이 생각한다는 사실로 미루어 볼 때 그들의 상위개념인 '사람'은 '생각한다'는 일반화된 원리를 유추해 볼 수 있다. 따라서 귀납적 논리는 반드시 '일반화'라고 하는 생각의 과정을 거쳐야만 성립될 수 있는 논리이다. 이 때 사례들은 2-3개로는 안 되고 많으면 많을수록 좋다는 논리에 귀착된다. 만약 단 하나라도 예외 사례가 나온다면 통용되어 오던 '가설(Hypothesis)'은 더 이상 '진리(Truth)'로 귀납되지 않는다.

귀납법과 연역법만 비교해 보더라도 귀납법은 어떤 원리를 발견할 때 활용되고, 연역법은 이미 진리로서 받아들여진 일반화된 원리에서 자신의 주장을 끌어내는 과정이라는 것을 볼 수 있다. 그러나 이 대표적인 두 논리 모두 인과적 사고에서 비롯되었다는 것을 확인할 수 있다.

우리의 문장에 문장을 잇대는 활동도, 사실 엄밀하게 말해서 이미 말한 명제에 대하여 근거를 제시하고자 하는 욕구에서 시작된다.

> 글은 말과 달리, 관련 대상, 표정, 시선, 몸짓 등이 생략된 채 오직 문장에만 의지한다. 문장으로 모든 것을 지시하고 표현해야 하는데, 무엇보다 요구되는 것이 바로 문장 자체의 정확성인 것이다. 장르에 따라 글 전체를 일관하는 주제와 전개를 조직화하는 서술체계가 있어야 하지만 이는 문법과 관계를 준수한 정확한 문장들의 상호 관계로서만 가능하다.[6]

위의 글의 흐름을 보자. 글은 문장으로만 표현된다. → (그래서) 문장 자체의 정확성이 중요하다. → (일례로) 장르마다의 서술체계도 정확한 문장의 상호 관계로서 규정되기 때문이다. 이처럼 흐름이 진행되는 것만 본다면 문장 자체에서 인과관계가 가시적으로 확인되지 않지만, 필자의 사고 수준에서는 한 문장에 어떤 식의 설명적 이유나 자기 정당화를 위해 다른 문장을 계속 덧대고 있다는 사실을 확인할 수 있다.

다음의 문장 진행을 보자.

> 니체는 소크라테스가 이솝우화를 제외하면 어떤 예술도 이해하지 못했던 사람이었다고 했다. ㉠청년 비극작가였던 플라톤이 소크라테스의 제자가 되기 위해 가장 먼저 해야 했던 일은 자기 작품을 태워버리는 것이었다고 덧붙여놓았다. ㉡비극을 내세움으로써 행해지는 니체의 소크라테스 비판은, 사실은 우리가 살고 있는 근대라는 시대에 대한 비판이기도 하다. ㉢근대는 인간의 인식능력으로서의 이성 개념에 기초해서만 성립된 세계이다. ㉣그런 점에서 근대인으로의 우리 대부분은 디오니소스의 사도가 아니라 소크라테스의 제자들이기 때문이다.[7]

위의 단락의 주제가 '니체는 소크라테스가 예술을 이해하지 못했던 사람이라고 했는데 이것은 근대에 대한 비판이다'일 것이라고 해 보자. ㉠에서 필자의 생각을 추적해 보자. ㉠에서 필자는 니체가 예술을 이해하지 못하는 사람이라는 것에 대한 어떤 예시가 필요했을 것이라고 생각해 볼 수 있다. 얼마나 예술을 이해하지 못하는 스승이었으면 플라톤이 자신의 예술작품들을 태워야만 했을까. 필자가 소크라테스의 예술 몰이해를 단적으로 보여 주기 위해 넣은 에피소드이다.

그러면 실제로 필자가 하고 싶었던 이야기는 무엇일까? 바로 '니체의 소크라테스 비판은 그것 자체로의 의미보다는 근대인인 우리에 대한 비판이라는 점을 이해하라'는 것이다. 왜냐하면 근대는 모더니즘의 시대를 거쳐 형성된 시간이기 때문에 계몽과 이성의 시대를 향유했던 우리 역시, 감성보다는 이성의 인물들이기 때문이다. 이상하게도 이 단락은 주제가 첫 문장과 세 번째 문장에 농축되어 있으며, 나머지는 왜 그러한 주장이 설득력이 있는지 그 이유를 설명하고 있어서 인과관계에 의한 논리적인 흐름을 형성하고 있다. 대부분의 논리적인 글에서 이와 같은 인과관계를 해결하기 위한 문장진행법을 확인할 수 있다.

크게 보면 어떤 사안에 대한 '주장'이 먼저고, 그 주장을 뒷받침할 만한 '근거'를 충분하고도 설득력 있게 제시하는 것이 승패의 관건임을 기억하라. 여기까지만 보더라도 주장은 그 자체로 아무 힘이 없다는 것을 알 수 있다. 주장만 10번 크게 외치는 일은 의구심만 일으키는 구호의 나열일 뿐이다. 뒷받침 문장들은 상술, 정의, 예시, 이유 제시 등 다양한 유형들이 있지만 결국 주제를 뒷받침하도록 기여해 필자의 주장이 합리적이고 타당하다고 설득하는 데 그 목적이 있다. 따라서 주제 문장만큼 확연히 드러나지 않지만 이를 뒷받침하는 근거 문장들이 주장의 타당성을 증명해 내는 논리의 '열쇠'를 쥐고 있다는 점은 분명하다.

유추도 일종의 인과관계

마지막으로 유추도 있을 수 있다. '예전에 비슷한 사례가 있었는데 이렇게 해결되었으므로 이 경우도 이렇게 하면 해결될 것이다'와 같이 어떤 종료된 사안을 현재 사안과 빗대어 표현하는 것을 의미하며, 이것도 논리적 전개의 하나이다. 예전 사건과 현재 사건의 유사성이 짙을수록 논거로서의 설득력이 높아진다. 상징적이고 개념적인 주장을 할 때에는 제법 먼 비유가 될지언정 잘 알려진 속담이나 구체적 사건, 사례

등을 빗대어 표현하기도 하는데 글쓰기의 능력에 따라 제법 요긴한 논거로 작용할 수 있다.

근거의 유형들

이쯤에서 보자. 근거에는 어떤 유형들이 있을까?

우선은 소견논거가 있다. 인문학에서 많이 사용되는 근거 사용법이다. '이 분야에 저명한 이분이 이러한 의견을 제시한 적이 있다'. 사실 소견논거를 사용하려면 그 사람이 그 분야에서 얼마나 전문적이며 그 의견을 어느 정도 신뢰할 수 있느냐 하는 것도 철저히 점검해야 하는 부분이다. 나아가 그 분야의 전문가가 한 말의 '문맥과 상황'이 나의 주장의 흐름과 일치하는지의 여부도 면밀히 검토해 보아야 한다.

다음은 사실논거가 있다. 사실논거는 그 자체가 그대로 주장 명제를 뒷받침할 수 있는 경우이지만 그 경우도 그 사실이 진실인지에 대한 찬반이 있을 수 있으므로 전후 문맥과 정보 차원의 정확성을 검토해야 한다. 마찬가지로 그 정보를 글의 어떤 부분에 적절한 절차로 인용하여 내 의견을 정리할 것인지도 신중하게 접근해야 한다. 이러한 사안들은 뒤에서 다시 자세히 다루도록 하겠다.

위의 이러한 논거들은 때로 필자가 주장하는 명제를 정확하게 반박하는 사례들로 역할하기도 한다. 이는 필자가 반대 논거들을 한 번 더 재반박하여 자신의 주장을 더 공고히 하려는 목적으로 사용된다. 이러한 과정을 거치지 않은 논지는 자칫하면 하나의 주장을 고정관념과 편견을 가지고 다루고 있다는 인상을 주기 때문에, 예상할 수 있는 대표적인 반대 의견이나 그 논거를 제시하고 이를 효과적으로 재반박함으로써 내 논리의 사각지대를 방어할 수가 있다. 훨씬 더 탄탄한 논리를 지탱하는 방법 중 하나이다.

논리적 글쓰기

의견을 제시하며 글을 타당성 있게 끌고 나가는 방식은 '논리적 글쓰기'의 하나로 이 세상 보고서의 절반은 그야말로 논리적 글쓰기 혹은 논증 형식의 글을 써 가는 방식이라고 생각하면 된다. 이러한 글은 다시 문제해결형 글쓰기와 찬반형 글쓰기의 구조로 나눌 수 있다.

문제해결형 글쓰기는 어떤 사안에 대한 원인이나 결과를 진술하게 하거나 해결 방안 및 대안을 제시하는 등의 글쓰기이며, 찬반형 글쓰기란 첨예하게 대립하고 있는 상반된 견해 중 한쪽 편을 논리적으로 지지하면서 글을 전개해 나가는 방식이다. 전자의 경우 '외국어 학습에서 연령 변인을 고려할 때 현 한국의 영어 교육과정의 대안을 제시하라' 등이 해당된다면, 후자는 '한국 입시제도에서 학생부 전형의 존폐에 대한 의견을 제시하라' 등이 해당될 것이다.

둘 모두 현 한국의 교육과정과 입시제도에 관한 사실 정보가 필요하고 이에 대한 기존의 많은 논의들이 참고되어야 할 것이다. 이를 논의하기 위해서는 자신의 주장을 받쳐 줄 이론적 근거도 필요할 것이기 때문에 연령 변인에 관한 다양한 학계의 논의와 학생부 전형에 관한 해외 사례 및 관련 입시제도의 장단점들이 다방면으로 논의될 필요가 있다.

1. 기: 현 한국의 영어 교육과정의 문제점	1. 도입: 현 한국의 입시제도 중 학생부 전형의 현황과 취지
2. 승: 외국어 학습 시 연령 변인에 관한 이론과 외국의 외국어교육 현황	2. 본론1: 한국의 입시제도의 역사와 학생부 전형 도입의 취지
3. 전: 현 한국의 영어 교육과정 중 시정되어야 할 내용과 방향성	3. 본론2: 학생부 전형 입시제도 찬성/반대 입장의 논리와 근거
4. 결: 대안 제시와 결론	4. 본론3: 학생부 전형 찬성 입장의 새로운 근거 더하기
	5. 본론4: 예상되는 반대 입장의 반박논리 제시와 재반박
	6. 결론: 학생부 전형 찬성 입장의 재강조와 앞으로의 새 전망

위의 예시 개요를 살펴보면 글의 절반 이상은 내가 읽고 이해한 기존 논의를 나의 언어로 재제시하고 평가하는 일이라는 것을 알 수 있다. 내 의견은 여러 단원 중 한 부분에 지나지 않지만 그 하나의 단원을 내 생각으로 채우기 위해 수많은 현황 분석과 이론, 입장 정리를 하고 내 주장에 도움이 되도록 이를 재구성하면서 나의 논리의 흐름대로 설득력 있게 이끌고 나가야 한다는 결론이 나온다.

주장 명제를 끌어내기 위해 활용되는 지식들

자신의 주장을 만들고 끌어내기 위해 주로 활용되는 지식들은 다음의 종류들이 있다.

1. 해당 담화 관련 한국의 현 상황
    - 통계자료의 활용, 관련 신문 기사, 선행 연구의 2차 자료 등.
2. 같은 문제에 직면해 있거나 극복한 타국 및 타 지역의 상황
    - 국제기구의 발표자료, 관련 신문 기사, 선행 연구의 2차 자료 등.
3. 내 주장의 핵심어 개념
    - 백과사전, 관련 주요기관들의 개념 정리, 연구들의 개념정의 등.
4. 내 주장을 뒷받침하는 이론 - 학술서적, 논문들
5. 관련 선행연구의 역사와 의의 정리
    - 주로 최근의 연구물 중심으로.

독창성의 여러 측면들

만약 비슷한 자료들을 참고하고 동일한 시간을 투자하였다면 타 학습자들의 보고서와 차별화되는 내 보고서의 독창성은 어디에서 확보되는가? 독창성은 여러 가지 측면에서 올 수 있다.

1. 논지(주장)의 참신성
2. 논지를 위해 가져온 근거의 적절성과 새로움
3. 논지 전개의 독창성
4. 접근방법이나 연구방법의 창의성
5. 표현의 특별함
6. 인상 깊은 대안이나 전망

참신한 논지를 찾는 방법 중 하나는 기존 논의를 모두 다 검토하는

것이다. 이미 나와 있는 논의를 모조리 다 검토하여 이전 학자들이 발견하지 못한 어떤 주제나 논지를 확보할 수 있다. 그러나 일단 이러한 생각을 가지고 글을 검토해 보면 내가 생각해 낸 어떤 것이 전면적으로 참신하기는 힘들다는 것을 알 수 있다. 다만 우리가 논지만 밝히지 않고 그것을 설명할 수 있는 긴 서술을 달 수 있게 될 때, 이 점이 우리를 비교적 창의적인 필자로 이끌어 준다.

내 논지를 뒷받침하기 위해 가져온 자료나 근거가 아주 최신의 것이거나 누구나 관심을 가질 만한 신선한 사건일 때, 똑같은 주제로 이야기를 전개하는데 그 전개방식이 남다를 때 등이 이에 포함된다. 위에서 예시한 글의 기승전결, 서론-본론-결론은 항상 참고가 되는 글의 전개방식이지만 어떤 사람은 이러한 전개방식의 상투성을 뛰어넘는다. 같은 이야기를 하고 있는데도 새로운 환기가 일어난다.

또는 조사방법이 새로울 때 다른 의미를 부여할 수 있다. 모두 문헌조사만 하여 그 이야기가 그 이야기인 것 같을 때 어떤 사람은 관련 전문가를 찾아가 인터뷰를 실시할 수 있을 것이다. 그가 타 보고서와 같은 결론과 대처방안을 제시하였을지라도 그가 그 결과를 얻기 위해 뛰어다닌 노고와 제시방법의 신선함이 독자의 시선을 사로잡을 수 있다.

하나의 문제를 해결하는 데 모두 같은 산길을 타야 하는 것은 아니다. 특정한 지점에 도달하기 위해 우리가 동쪽에서도 서쪽에서도 길을 탈 수 있듯이 한 보고서가 학생부 전형의 실행적 단점만을 탓하고 있을 때 나머지 하나는 학생부 전형의 업그레이드된 형태를 사용 중인 타국의 성공적 예를 소개함으로써 이 제도를 바라보는 우물 안 개구리식 관점을 쇄신할 수 있다.

표현의 특별함은 어떠한가. 문장력이 뛰어난 사람은 무슨 글을 써도 특출해 보이는 경향이 있다. 물론 논리적 글쓰기의 문장 공식은 어느 정도 정해져 있고 개발 가능한 영역이기 때문에 도전해 보기 어려운 분야가 결코 아니다. 그럼에도 불구하고 문장 서술방식의 특별함은 무시하지 못할 영역이다. 만약 자신의 조사내용을 말로 프레젠테이션 해 보라고 한다면 생각했던 것과는 전혀 다른 결과가 나올 것이다. 이러한 경우는 그 내용의 깊이나 수준과 무관하게 그 사람의 발표력, 화법, 신뢰성, 호감도, 제스처나 태도 등에 많은 영향을 받는다. 마찬가지로 글에서도 문장력에 감화되는 영역이 반드시 있다. 이것이 영상이나 그림, 도표가 아니라 '글'이라는 매체를 활용하는 장점이 활용되는 방식이다.

인상 깊은 대안이나 전망도 고려해 보라. 언제나 '처음'과 '끝'이 중요하다. '도입'에서는 독자가 내 글을 끝까지 지속적으로 읽고 싶다는 생각이 들도록 시선을 끌고 이목을 집중시키는 일이 중요하다. 글의 첫인상으로서 내 글의 논지가 왜 필요하며 중요한지 역설하는 것이 '처음' 부분의 역할이라면, '마무리'는 내 글에 대한 총합적 가치 진술이며 평가를 유도하여 낙인을 찍는 역할이다. 끝은 인상적이고 종합적이며 가치 지향적이어야 한다. 왜 독자인 내가 이 글을 끝까지 읽기 잘하였는지 설득되어야 하며 필자가 줄곧 통일성 있게 주장해 온 논지의 정리를 들으면서 최종적으로 '끄덕' 하는 일, 즉 '참 맞는 말이네' 하고 동감하는 일이 있다면 그 글은 성공적인 글이다. 그래서 개요가 있더라도 글을 쓸 때는 다음의 순서로 쓰거나 다시쓰기 하는 게 효과적이다.

본론, 결론, 그리고 서론, 그리고 결론. 이와 같은 순서의 쓰기에서 '처음'과 '끝'의 중요성이 인지되기 바란다.

조사보고서 어떻게 쓸까?

조사보고서는 주어진 주제나 자신이 관심 있는 주제로 스스로 참고자료와 조사방법을 선정, 종합적으로 지식을 정리해 제출하는 과제이다.[8] 이것은 '어떻게 요약을 할까'라는 단원에서 소개한, 여러 자료들을 자신의 정리방식으로 묶어 체계적으로 제시하는 글쓰기 방식의 확장적 형태라고 보면 좋을 것이다.

제목과 주제 잡기

조사보고서에도 제목이 필요하고 주제가 필요하다. 교수자로부터 주어진 주제라고 하더라도 자신이 그것을 자신의 관심사와 일치하도록, 또 자신이 잘 설명할 수 있는 분야에 초점을 두어 다시 선정하여야 한다. 예를 들어 '다문화'에 관한 자유 주제로 조사보고서를 써 오라는 지침을 받았을 경우, 다음의 예들로 제목을 잡을 수 있을 것이다.

1. 다문화의 개념과 개념적 변화에 관한 소고
2. 한국의 다문화 정책의 역사에 나타난 관점의 변화 탐색
3. 다문화 관련 영화의 유형과 발전 양상
4. 한국의 다문화학교 설립 현황 조사

1번은 다문화의 개념에 관한 강한 관심이 생길 때 추적해 볼 수 있는 글의 제목이다. 이러한 제목에 해당하는 글은 개념적 논의로 범위가 좁을 것 같지만 제약조건이 따로 없어 국제 사회에서 다문화 주의를

표방하는 국가들의 현황들을 섭렵하고 그들이 취하고 있는 다문화 개념이 역사적으로 어떻게 변화해 왔는지 추적해 보아야 하기에 굉장히 복잡한 과정을 포함한다. 따라서 '소고'라는 제목을 달았다. 소고는 작은 논문이라는 뜻이다. 그 정도로 심층적으로 공부해 보겠다는 의지다.

2번은 다문화정책, 3번은 영화, 4번은 다문화교육에 관심 있는 학생들이 선정할 수 있는 제목이라 할 수 있다. 제목을 너무 포괄적으로 잡으면 글의 내용에 비해 제목이 아깝고, 너무 편협하게 잡으면 평가가치가 절하될 수 있으나, 일반적으로는 가장 핵심 주제로 최대한 한정된 범위에 국한하고 최대한 심층적으로 서술하는 것이 바람직하다.

제목과 주제를 잡을 때는 다음의 사항들을 고려하면 된다.

1. 필자의 관심사
2. 필자가 사전 지식을 어느 정도 가지고 있는 분야(전공영역과의 연계성)
3. 필자가 이미 자료를 많이 확보하고 있는 분야(효율성)
4. 시의적절하고 조사할 가치가 있는 이슈
5. 교수자의 관심사와의 일치성

조사보고서의 일반적인 목차

조사 방법에는 여러 가지가 있고 논문에서는 이를 '연구방법'이라고 하여 매우 중요하게 다룬다. 일반적으로 인문대 학부생들의 조사보고서는 거의 문헌연구이기 때문에 특별히 조사방법론을 기술하지 않는 경우도 많이 있지만 되도록 다음의 순서로 조사보고서를 쓰는 것이 좋다.

1. 조사의 배경과 필요성
2. 조사내용 관련 이론과 선행연구
3. 조사방법과 대상자
4. 조사결과와 논의
5. 결론

글의 서론에 해당하는 조사의 배경과 필요성은 독자가 이 글을 끝까지 읽기로 결심하는 데 매우 중요한 영향을 미친다. 왜 이러한 조사를 하기로 마음먹었는지 개인적인 차원의 관심사보다는 사회적인 관점에서 객관적으로 그 이유를 설명하는 것이 좋다. 일종의 문제제기라고 볼 수 있고, 그 문제를 해결하기 위해 글을 쓰는 방식이므로 매우 합리적이면서 조사의 절실함이 전달되도록 타당한 서술을 지향해야 할 것이다. 일반적으로 사회적인 문제와 관련된 통계나 인식 조사, 신문 기사화된 사건 등을 언급하게 되는 경우가 많이 있을 것이다. 갑자기 사회적으로 떠오른 어떤 키워드나 일시 유행하고 있는 현상 등을 분석하는 일도 독자들의 관심을 주목시킬 수 있다.

조사방법의 유형들

여기서 집중하고 싶은 항목은 조사 방법인데, 학부생들의 조사는 일반적으로 **문헌연구**이지만 교수자의 지시나 창의적인 조사방법 실현의 일환으로 특정 지역 방문, 특정 인사 인터뷰나 설문 등을 실시할 수 있다.

1. 방문보고서 - 인터넷 홈페이지 등을 통한 사전조사, 조사자의 방문 준비

에 대한 기술, 방문지에서 하는 일에 대한 조사, 지역과 부서에 대한 어떤 순서에 따른 묘사, 관련자의 인터뷰, 사진자료, 기관에서 받은 인상과 해석, 평가와 개선점.
2. 인터뷰 – 관련자 선정, 관련자에 대한 사전 조사, 관련자 연락과 방문 일시와 방법 확정, 인터뷰 질문 확정하기, 인터뷰 동의서와 방법 설명, 인터뷰 실시와 녹음, 전사, 분석, 범주화와 해석, 서술, 평가와 정리.
3. 설문 – 주제 선정, 주제 관련 선행연구 조사, 설문 질문 확정하기, 내용 타당도 검증, 설문의 방법 결정과 실시, 분석과 해석, 기술과 평가, 기존 연구와의 비교 대조, 종합과 의의 서술.

방문보고서인 경우는 사전조사가 충실할 때 잠깐의 방문도 알찰 수 있다. 사전조사를 통해 어떤 곳을 집중 방문할지, 누구를 인터뷰할지, 어떤 사역에 대한 관심사를 나눌지 철저히 조사하고, 계획을 세워 가는 것이 중요하다. 방문지가 어떤 지역이 될 수도 있고 기관이 될 수도 있지만 방문목적과 조사 계획에 따라 체계적으로 설계한다. 인터뷰를 계획하고 있다면 관련 인사와 사전 연락이 필요하고 개방형 질문이든 구조화된 질문이든 미리 준비해 갈수록 효과가 크다. 방문보고서를 쓸 때는 주제 정하는 과정부터 계획 세우는 단계, 방문지에서의 감상과 인상, 해석, 그리고 돌아와서 나눈 구성원들과의 토의 내용까지 모두 전사하여 보고서에 진술하는 것이 좋다. 질적인 기술에 해당되는 것이기에, 준비하면서 느낀 감상과 경험의 '의미'까지 모두 다 중요한 내용이다.

인터뷰인 경우도 역시 질적인 보고에 해당되므로 대상자를 정하게 된 배경과 그들의 기본 정보, 인터뷰 일시와 시간, 질문과 답변 내용까지 모두 보고서에 남긴다. 질문에 대한 답변을 기술하는 것뿐만 아니라 질문자가 인터뷰하면서 받은 인상이나 해석까지도 기술해 두면 그것도 분석 텍스트로서 상호주관성의 가치가 있다. 이러한 경우는 인터뷰해서 얻은 정보 자체도 중요하지만 그것을 통해 얻은 조사자의 경험에 대한 의미 해석 역시 중요하기 때문에 반드시 함께 기술하는 습관을 들인다.

마지막으로 설문이다. 설문은 인터넷 사이트를 이용해서 쉽게 접근, 활용하는 방법들이 소개되고 있으니 활용하면 좋다. 특정 도구를 이용하든 지면을 이용하든 설문을 분석, 이를 해석하는 것은 조사자의 또 다른 부담이다. 사전에 설문 항목이 조사 목적을 측정하는 데 적합한 문항인지를 알기 위해서 질문지 자체를 전문가에게 보내어 내용 타당도를 점검해 보고 수정해 사용하는 것이 좋다. 또 설문이 객관식 문항이면 결과적 수치 자체로서도 해석할 수 있지만 주관식 문항이라면 이를 또한 주/객관적으로 텍스트 분석해야 하므로 조사자 2명 이상이 함께 분석하여 신뢰도를 확보하는 것이 중요하다. 분석 자체도 중요하지만 그것에 대한 해석과 함의, 의의 등은 이제 기술하는 조사자의 몫이다.

위의 경우들은 조사내용에 의존하는 글쓰기이기 때문에 대부분의 학생들은 이것이 정보성 콘텐츠로 글쓰기의 범주가 아니라고 생각하기 쉽다. 그러나 위의 경우처럼 질적인 성향이 강한 조사보고서일수록 글쓰기의 역량은 매우 중요하다. 왜냐하면 어느 조사 연구이든 그것을 해석하는 이의 진술에 많은 부분 의존하게 되기 때문이다. 그리고 그것이 그 보고서의 수준을 결정한다. 그래서 질적 분석에서 가장 중요한 요소는 조사자(연구자) 자신이며 그의 **표현능력**이 곧 텍스트 분석의 수준과 전달력을 그대로 의미하게 된다는 것을 아는 것이 매우 중요하다.

표현하기

표현단계에서 일필휘지로 붓 가는 대로 쓰는 일은 하나의 모험이다. 이러한 글은 수도 없이 다듬고 손보는 절차를 거쳐야 하지만 이렇게 글을 쓰는 사람들도 있다.

이보다 쉽고 상식적인 접근은 개요를 짜 보는 것이다. 모든 개요는 도입-중간-끝이라는 가장 간단한 구조로 설계될 수 있으며 '중간'을 몇 개의 항목으로 배열하느냐는 읽은 자료를 몇 가지 개념으로 범주화하였는가에 따라 달라진다.

하나의 항목에 몇 개의 단락이 배치될 것인가도 사실 자세하게 얼개를 짠 개요표만으로 알 수 있다. '1단락 1주제' 원칙을 기억하면 지금 필자가 하고 있는 이야기가 무슨 뜻인지 이해할 것이다.

본인은 단락 쓰기를 굉장히 중시하여 설명하는 사람 중 한 사람이다. 글쓰기는 단어나 문장 단위보다 단락 수준에서 먼저 이루어져야 한다고 믿는다. 그 이유는 문장은 하나의 생각만 단편적으로 나타낼 수 있지만 의미를 완결하는 것에는 불충분하기 때문이다. 반면 문장이 한 개 이상 어우러져서 형성하는 한 단락은 하나의 주제 아래 생각의 흐름을 완결성 있게 표현할 수 있는 최소의 단위이다. 네다섯 개 문장으로 이루어진 단락 쓰기를 잘 훈련한 사람은 글 전체를 조망하는 눈도 생긴다. 단락 수준에서는 문장 하나하나도 문법성을 검토하기 용이하기 때문에 글쓰기 훈련을 원한다면 단락에서부터 시작하라.

친절한 글, 자기화한 설명

일단 수용하여 자기화한 지식을 표현할 때에는, 되도록 독자에게 친절하게 이 개념을 설명해 준다는 생각을 가지는 것이 좋다. 글의 친절도는 독자의 호감을 산다. 독자는 자신을 친절하게 대우하면서 설명하는 글은 끝까지 중단하지 않고 읽을 것이다.

원칙적으로 독자를 고려한다는 개념, 즉 독자 지식을 활용하라는 글쓰기 원리는 독자가 이해할 수 있는 수준에서 표현력을 발휘하라는 것이다. 자신의 동년배, 동종 직업군의 사람들에게 글을 쓸 때가 가장 편하기는 하다. 어느 정도 공유되고 있는 지식이나 경험, 생각이 담화지식의 전달과 표현을 거리낌 없게 만들기 때문이다.

그러나 대학 글쓰기의 주독자는 교수자가 되기 쉽기에 주의해야 할 점은 따로 있다. 교수자가 어떤 지식에 대하여 조사해 오라고 하는 과제를 내주었을 때, 그것은 어떤 지식을 얻고자 함이 아니다. 새로운 지식에 대한 기대감이 있다고 보기는 어렵다. 그러한 독자에게는 지나치게 자세한 설명은 정서적인 독이 될 수 있다. 그러므로 상대가 잘 알 법한 지식들을 기준 없이 나열하기보다는 자신만의 개념으로 재정의하고 분류하면서 자신이 그 개념을 왜 그렇게 정의하고 분류하고 있는지에 대한 정보를 설명하는 편이 낫다. 그리고 같은 개념들이더라도 서로 다른 관점이나 설명방법을 사용하고 있다면 이를 비교하면서 관점차가 발생한 이유를 간략하게 논증한다.

논증을 부분적으로 활용하라

설명문이기 때문에 논증이나 자신의 생각이 전혀 들어가면 안 된다는 편견을 버려야 한다. 자신의 생각이 전혀 들어가지 않은 글은 존재하지 않는다.

논증은 일상적으로도 늘 하고 있는 말법이다. 항상 말끝에 'Because~'를 붙이는 서양인들을 많이 보았을 것이다. 서양인들은 조금 더 논리적인 설명을 좋아한다고 볼 수도 있지만 우리도 항상 그 이유와 원인, 그리고 결과를 생각해 보는 관습에 푹 젖어 있다. 이것이 우리 말법이나 글에 항상 녹아들어 있는데 우리가 눈치를 채지 못하고 있을 뿐이다. 우리가 문장을 잇대고 연결하여 쓰는 것은 결국 앞의 문장에 대한 이유나 결과를 설명하기 위해서가 아닌가?

따라서 우리가 지식을 체계적으로 구성해 보이는 양식의 가장 기저에는 인과관계라는 것이 배치되어 있다는 것을 인지할 필요가 있다. 다만 논증 성격이 강한 글이 있고 설명 성격이 강한 글이 있어 정도성의 차이가 존재할 뿐이다. 설명 성격이 강한 글이라서 조심스럽다면 자신의 견해를 결론에 간단히 덧붙이는 방향으로 진행할 수 있다.

이것만은!

1. 조사보고서와 의견보고서는 한 끗 차이로 사실과 견해 중 어디에 중점을 두는가의 문제이다.
2. 모든 보고서의 글은 충분한 사전조사가 논의의 질을 결정한다.
3. 주제는 최대한 좁게 잡고 최대한 심층적으로 쓴다.

토론 문제

1. 조사 보고서와 의견 보고서의 주제를 하나씩 건의해 보고 가장 적절한 것을 토의로 결정해 보자.
2. 보고서 쓸 때 반드시 기록해야 할 요소들과 목차, 참고문헌 등에 대해 이야기해 보자.
3. 나만의 보고서 쓰기 비법에 대해서 나누어 보자. 어떤 보고서가 A+ 보고서일까?

활동

다음 서론의 글은 조사보고서와 의견보고서 중 어디에 적합한 글인가? 왜 그렇게 생각하는가? 서론의 역할과 기능을 정리해 보고 그에 비추어 이 글을 평가해 보자.

> 스토리텔링은 로컬화되고 전문화된 문화콘텐츠를 세계가 동시적으로 공유하는 현대 사회 문화산업의 화두가 되었다. 스토리텔링은 내용의 통섭과 매체의 통섭 등을 두루 지칭하면서 교육에서 주제, 자료, 매체 등의 다양성을 매개하고 있다. 문화콘텐츠의 핵심이 스토리텔링이라는 점에서 한국형 스토리텔링에 대한 기대가 높아지고 있으며 언어가 근간이 되는 분야라는 점에서 인문학에 대한 관심, 한국적 소재의 세계적 이야기에 대한 요구가 커지고 있는 때다. 스토리텔링이라는 용어의 유행과 함께 교육에서의 스토리텔링은 이제 선택을 지나 필수 과제가 되었다. 교육을 위한 실제성(authenticity) 있는 이해 자료이면서 미래를 선도할 생산적 인재를 양성하는 차원에서도 그러하지만 현대인들은 이성

적 사고와 더불어 창의적이고 직관적인 내러티브 사고의 중요성을 인식하기 시작했기 때문이다. Bruner에 따르면 학습자들의 능력을 새롭게 인식, 교육, 평가해야 하는 영역인 '직관적 사고'가 특히 강조되어야 하는 교과목이 있는데 예를 들면, 예술과 문학, 언어 등이다. 이처럼 직관적 사고와 강하게 연결되어 있는 스토리텔링 교육의 중요성 자각은 한국어교육계에서도 예외는 아니다.

스토리텔링은 구술적 전통을 가진 이야기로 흥미성, 문화성, 구어적 의사소통과 밀접한 관련을 가진다. 기계적이고 문법 구조 중심적인 언어 수업에 대한 대안으로서 스토리를 통으로 읽는 하향식의 총체적 언어교수(Whole Language Approach)를 지시하는 일은 오늘날 그렇게 어색한 일이 아니다. 이러한 맥락에서 스토리텔링을 활용한 한국어교육은 외국어 유창성을 위한 참신한 언어 학습법으로서 주목받기 시작한 셈이다.

그러나 스토리텔링의 한국어교육에의 적용은 수업 설계에서부터 평가까지 스토리텔링에 관한 다양한 이해를 바탕으로 하는 듯 보인다. 스토리텔링의 개념을 기존 연구들을 통해 정리해 보고자 하는 국어교육 분야의 시도와는 별도로 외국어로서의 한국어교육 분야에서 실행되고 있는 '스토리텔링 활용' 교육의 연구 동향을 살펴 연구자들이 이해하고 있는 스토리텔링에 관한 개념을 체계적으로 정리해 보고 앞으로의 스토리텔링 교육의 범위와 방향성을 새롭게 지정해 보는 작업이 필요한 때라고 생각한다.

본고는 한국어교육 분야 스토리텔링 연구자들이 상정하고 있는 스토리텔러와 리스너 개념에 관한 인식을 바탕으로 각 수업 설계를 분석해 보고 현 시대의 한국어 스토리텔링 수업 및 연구의 동향과 위치를 조망하여 추후 관련 연구의 방향성을 정련하는 데에 목적이 있다.[9]

3. 어떻게 자기를 소개할까?

대학에서 써 보는 자기소개서

 대학에서도 자기소개서를 연습하고 쓴다. 종종 자기소개서를 써 보라는 요구를 하는 것은 처음 들어간 수업이나 신입생 환영회와 같은 곳에서 학과 학생들에게 자신을 소개하는 것 이상의 의미가 있다. 자기소개서 쓰기를 비교과 활동의 주요 사업으로 다루고 있는 대학이 많은 것은 이것이 진학이나 취업과 직결되는 실용 글쓰기이기 때문이다.
 단순히 이력서에 채워 넣을 학점과 자격증을 비롯한 스펙들만 잔뜩 쌓아 놓는 시대는 지나갔다. 자기소개서와 같은 스토리텔링이 자기 자신을 해석하는 관점과 성품, 가치관, 미래 발전가능성을 검증해 주는 더 관찰하기 좋은 자료라는 점에 기업과 상위 학교들은 동의하고 있다. 대학은 학생들에게 미래를 준비하게끔 하는 직업 교육적 기관의 역할도 겸하고 있기 때문에 각종 비교과활동이나 글쓰기 수업의 핵심 시간을 떼어 놓고 자기소개서 쓰기를 교육하고 있는 것이다.
 자기소개서는 그야말로 자기 자신에 대한 스토리텔링이다. 자신이 어떠한 삶을 살아왔는지, 앞으로 어떤 삶을 살고 싶은지, 자신이 자기 자신을 누구라고 생각하는지에 대한 객관적이고도 주관적인 관찰이요 해석이라 할 수 있다.
 '객관적이고도 주관적'이라는 것은 무슨 뜻일까. 자기 자신에 대한 객관적인 이야기를 풀어 놓으려고 펜을 들지만 그것 안에는 자신에 대한 주관적인 관점과 해석이 깊게 영향을 미친다. 그러나 주관적인 해석이라고 해서 무의미하거나 제외해야 할 내용이 되지 않는 것은 자기 자신이 스스로를 무엇이라 여기느냐에서 그 사람의 자기 정체성과 가치 매김이 드러나기 때문이다. 이 점이 자기소개서를 깊이 검증하는 이유가 된다.

자기소개서의 독자층은 누구인가. 자기소개서를 쓸 때는 독자가 상급 과정 슈퍼바이저나 기업의 고용주 및 상사가 될 수 있다는 생각을 분명히 해야 한다. 교수자가 나의 글쓰기 능력을 평가하는 자리가 아니라, 나와 함께 평생 일할 수도 있는 사람들이 자신과 함께 일하고 싶은 사람을 뽑는 자리에서 고려되는 글이다. 따라서 지원자의 인간성과 그가 미래발전적인 인재상인지를 검증할 것이라는 점을 인지할 때 어떤 관점으로 자기를 소개해야 할지를 가늠할 수가 있다.

'성장'이라는 키워드

먼저 자기소개서는 '성장'이 키워드가 되어야 한다. 다시 말해 자신이 판에 박힌 어떤 유형의 사람이라는 것을 증명하는 것이 아니라 어떻게 성실하게 성장하고 변화되어 왔는지를 보여 주어야 한다. 그래서 자신의 우매한 점들에서부터 시작하라는 원칙을 말하는 것이다. 처음부터 자신이 준비되어 태어난 금수저라는 증명보다는, 실력이 없던 자아가 점차 자신의 실패에 대한 원인을 파악하고 변화를 위해 노력하여 어떻게 발전했다는 내용이 주를 이루어야 한다. 자기소개서에서 이 점이 중요한 것은 이력서에는 기록되지 않는 부분이기 때문이다. 그 사람이 가진 현재의 자격증과 실력이 그 사람의 어떤 점 때문에 그에게 주어졌는지에 대한 사항이 함께 일할 사람들에게는 훨씬 더 중요하다. 왜냐하면 당신의 상사나 지휘관은 함께 일하다가 만날 수 있는 수많은 실패와 어려움을 극복하고 실패에서 성공을 뽑아낼 수 있는 사람인가에 관심을 가지게 될 것이기 때문이다.

긍정적인 사람의 이미지

자기 자신을 긍정적인 기운이 가득한 사람으로 묘사하라. 그의 환경과 주변인들, 자기 자신까지 바라보는 시선이 따뜻하고 긍정적인 사람을 싫어할 사람은 아무도 없다. 자기 자신을 사랑하는 사람이 남도 바르게 사랑할 줄 안다. 누구라도 함께 일하고 싶은 사람일 것이다.

물론 이것은 자신의 특질과 상관없이 무조건 긍정적인 요소만을 쓰라는 말이 아니다. 밑도 끝도 없이 밝고 좋게 묘사하는 방법보다는 암담한 현실이 있더라도 그 현실 속에서 밝고 긍정적인 모습을 발견하려고 노력하는 면을 강조하고 또 그러한 기운을 주위에 뿌려 분위기를 밝아지게 하는 사람으로 그려지게 해야 한다. 긍정적인 기운은 전파속도가 빠르다. 희망 바이러스에 누구라도 감염되고 싶어 할 것이다.

기관에 대한 높은 이해도

셋째로, 그 상급학교나 기업에 대한 충실한 이해도를 나타내라. 그 기업이 어떤 인재상을 추구하는지에 대한 이해가 필요하다. '좋은 게 좋은 것이다'라는 피상적인 이해를 버리라.

하나하나의 기업은 타 기업과 구별되는 특별한 비전과 인재상을 가지고 있다. 그 기업을 내가 발견하게 된 계기, 그 기업을 선호하게 된 이유, 내가 그 기업에 맞는 인물이라는 확신과 그 이유, 그 기업에 적합한 인물로서 선발되기 위해 자신이 준비해 온 것들, 그 기업 안에서 펼치고 싶은 꿈과 비전 등이 잘 나타나도록 기록하면 좋다.

그 기관에 대하여 알 수 있는 방법 중 가장 쉬운 방법은 그 기관의 홍보자료, 광고, 홈페이지 등을 참고하는 것이며, 그 기관과 연결된 사람과의 인터뷰도 읽어 두면 좋다. 그래서 자신이 그 기관에 대하여 얼마나 연구를 많이 했는지 보여 주어야 한다.

아래 자기소개서도 이와 같은 점을 잘 보여 주고 있다.

> 제가 다닌 중학교는 시장 행상을 하며 푼돈을 모아 일평생 모은 재산을 교육에 투자하신 한 할머니가 세우신 학교였습니다. 그 이후 저는 교육 사역에 관심을 가졌고 이것이 저를 사범대학에 진학하게 하였습니다. 한번은 길을 지나치다가 본교가 신입생 유치를 위해 제시한 홍보물을 보게 되었습니다. 학교가 내 건 모토인 '인재에 대한 아낌없는 투자', '전액 장학금 제도', '취업 보장' 등이 제 눈을 사로잡았습니다. 이 정도로 학생들의 교육과 취업에 관심을 가진 학교라면 제가 강사로 지원해도 후회할 일은 조금도 없으리라는 생각이 들었습니다. 곧바로 홈페이지에 들어가 구석구석에 쓰인 학교의 이념과 교육 커리큘럼을 읽기 시작했습니다. 그리고 학교의 팬이 되어 저도 모르게 그 학교를 홍보하고 있는 저를 발견했습니다.

스토리텔링 기술

자기소개서는 스토리텔링 장르다. 이러한 글쓰기에도 기술이 필요하다. NGO에 지원하는 학생이 '나는 근면성실하며 타인의 이익을 우선합니다'라고 10번 이상 써 봤자 아무것도 증명할 수 없다. 이런 경우는 자신이 근면성실하게 된 계기와 그것을 통해 변화된 자신의 생활에 대하여 스토리로 풀어서 보여 주는 것이 훨씬 더 낫다. 또, 본래 자신이 그런 사람이 아니었음에도 타인의 이익을 우선했던 경험과 그것을 통해서 얻은 보람과 감동을 스토리로 풀어서 써 보라. 이를 통해 절대 교만하다는 인상을 주지 않도록 노력하라. 원래 그랬다는 표현보다는 이러한 계기를 통해서, 주위에 감사한 사람들의 도움으로, 내가 이러한 사람으로 만들어졌다는 표현이 적절하고 겸손한 기술이다.

나는 도전정신이 강하고 모험심이 강해서 이 기업의 인재상에 적합하다.	몇 년 전 친구와 전국일주 여행을 다녀왔다. 나는 집을 떠나 긴 여행을 가 본 적이 없었기 때문에 되도록 편안하게 다녀올 수 있는 낭만적인 여행만을 기대했다. 그러나 내 친구는 무전여행을 계획했고 내게 그것을 제안하였다. 처음에는 너무 두렵고 내가 할 수 있을까 염려했지만 일단 친구와 함께 계획하고 수행하면서 많은 것을 배우게 되었다. 마찰도 있었지만 친구와 협상하는 기술도 배웠고 오래 인내하며 배우는 즐거움도 알게 되었다. 나는 이제 인내의 열매가 선사하는 값진 결과를 볼 수 있게 되었다. 돈이 떨어져 노숙도 해 보고 5분이면 운전해서 갈 수 있는 길을 반나절 걸어서 가야 하는 힘듦도 있었지만 친구와 이 일을 즐겁게 서로를 격려하며 해낼 수 있었다는, 내게 너무나 귀한 교훈을 여행 경험이 전해 주었다. 나는 이 나의 경험이 사람을 키우고 격려해야 하는 이 기업에서의 내 역할에 도움이 되기를 진심으로 바란다.

이런 점은 미래에 대한 기술에서도 마찬가지이다. 내가 기업에 입사하면 기업에 이런 기여를 하겠다는 명제적 선언보다는 내가 기업에서의 어떤 역할을 염두에 두고 지금 차근차근 이러한 준비를 하고 있다고 적으라. 실력이 출중하고 출중하지 않고는 정지된 장면이 아니다. 매우 유동적이고 변화무쌍한 것이다. 세상을 떠들썩하게 했던 세기의 천재들은 끝까지 천재로 남아 있지 않으며, 대기만성형 인물들은 어디서나 기회를 기다리며 포진해 있다. 지금 가진 것 자체는 많지 않지만 성실하게 준비해 왔고 몇 차례 급성장한 경험도 있으며 지금도 성장하고 있는 기울기가 남다르다면 그 사람의 미래도 그렇다고 판단해 볼 수 있게 하는 것이다.

아래의 글은 자기소개서의 이러한 양식을 잘 보여 주고 있다.

대학에 입학해서 저는 학교의 비교과 활동에 많이 참여했습니다. 특히 저는 음악에 관심이 많아서 통기타반이나 보컬반 등을 기웃거렸습니다. 저는 음악에 소질이 있는지 없는지조차 알 수 없었지만 그저 제 내면이 음악을 즐기고 있다는 것을 알게 되었습니다. 그러나 이는 그 누구에게도 말할 수 없이 마음에만 담아 두었던 소원이었습니다.

그런데 어느 날 복수전공의 기회가 왔고 저는 망설이지 않고 이 길을 선택해 지금의 이 재즈 오케스트라 단원모집에 임하고 있습니다. 저는 전공으로 음악을 택하고 나서도 많은 고민이 있었습니다. 제가 그동안 가져왔던 음악에 대한 관심이 아마추어적인 관심이었고 제가 음악 이론에 대해서는 전혀 모르고 있다는 사실을 깨달았던 것입니다. 그러나 천재가 노력하는 자를 따라잡을 수 없고, 노력하는 자는 즐기는 자를 따라잡을 수 없다는 격언을 저는 몸소 체감했습니다.

제가 음악을 즐기기 시작하자 이론 공부가 재미있어지기 시작했고 마침내 3학년 기말에서는 과탑을 하게 되었습니다. 저는 현재 제 자신이 이 단원모집에 지원하기에 조금도 모자란 실력을 가졌다고 생각하지 않습니다. 이곳에서 저의 남은 열정을 불태워 누구에게도 부끄럽지 않은 단원이 되도록 노력하겠습니다.

제한을 두고 경험을 선택하라

이러한 이야기들은 자기소개서를 다루는 글쓰기 교재에서도 익히 만나 볼 수 있는 내용일지 모른다. 사실 실전에서 자기소개서를 쓰다 보면 자기 이야기의 어느 정도까지를 기록해야 될지 어떤 내용을 선정해야 할지가 항상 고민이 될 것이다. 하지만 자기소개서도 여러 번 써 보면 쓰고 싶지만 쓰지 말아야 할 내용도 눈에 보이고 사건의 전모보다는 일종의 제한을 두어 어디까지 기록하는 것이 좋은지가 눈에 보이게 된다. '이력서에 쓰지 못하는 것을 자기소개서에 기록하라'는 원칙도 스펙 자체가 다 말해 주지 못하는 자신의 가치관이나 인생관 등이 묻어나도록 쓰라는 말이리라. 가치관이나 인생관은 그 사람의 일시적인 학점이나 Toeic 점수가 말해 주지 못하는 것이며 기업에 따라서는 그러한 점에 더 관심을 가질 수 있다.

이러한 점에서 자기소개서는 또 하나의 기회이다. 이력서에 채울 내용이 타인들보다 우월하지 못하다면 자기소개서에서 자신만의 글쓰기 실력을 발휘해 보라.

글은 많은 것을 말한다

한 사람의 글은 그 사람의 얼굴이라는 말이 있다. 본인도 여러 작가의 작품을 읽고 여러 사람의 글을 대하다 보니, 얼굴도 성격도 직업도 알지 못하는 사람의 글만 읽고도 그 사람이 어떠한 사람인지 선명하게 그려지는 경우가 있다. 그것은 그가 택하는 어휘, 수식어구, 감탄사, 문장의 종결어미, 타인에 대한 해석과 환경에 대한 해석, 문장구성 하나하나가 그 사람의 성품을 보여 준다는 생각이 들어서다. 글에는 삶에 대한 자신감이, 때론 허영이, 성실하고 진실된 태도가, 회의감과 허무가, 밑도 끝도 없는 자기 확신이, 부정적인 기운이, 해맑고 낙관적인 기대가 가득하게 느껴지는 경우가 허다하다.

자신의 글에 대해서 평상시에 잘 관찰하는 연습을 하라. 내 글이 주위에 활력을 불어넣는지, 그러면서도 겸손하고 성실한 태도를 잘 보여 주는지를 관찰하고 그러한 문체를 개발하여 훈련하라. 취업 현장에서 좋은 결과를 얻게 될 것이다.

어학연수를 할 기회를 얻고 나서 저는 외국어에 큰 자신이 없었습니다. 그래서 영어학원을 다니면서, 항상 다른 사람보다 먼저 학원에 도착하고 남들보다 10분 더 늦게 나가자는 다짐으로 공부를 하였습니다. 그러면서 조금씩 자신감을 회복해 가는 제 자신을 발견하였습니다. 오늘의 제가 있게 된 것은 아낌없는 정서적 지원으로 저의 용기를 북돋워 주신 부모님과 교수님, 그리고 포기하고 싶을 때 큰 격려로 늘 다시 시작하게끔 도와주시고 가르쳐 주신 영어 선생님들 때문이라는 생각을 지울 수 없습니다. 모두에게 감사드리고 싶은 마음입니다.

효과적인 자화상 기술의 장치

우리는 우리 자신의 이미지를 어떻게 그리고 있는가? 아직 취준생이 아니라고 하더라도 글쓰기 시간에 써 보는 자기소개서 연습을 통해 언젠가는 써먹을 날이 올 자기 이미지를 구축해 보자. 요즘처럼 미디어의 홍수 시대에 자기소개서도 어떤 현대적인 감각의 기술적 조직이 필요하지 않을까. 자기 이미지에 잘 어울리는 어떤 테마를 잡아 보고 소제목으로 그것을 조직해 보자.

예를 들면 한 기업만 바라보고 준비해 온 '해바라기', 물을 주지 않아도 강하게 살아남는 '선인장', 주변에 공기정화의 향기를 내뿜는 '로즈마리' 등 식물이라는 테마를 잡아 자신을 조직적으로 표현해 보는 것은 어떨까? 톡톡 튀는 발상이 필요한 기업에서는 말할 것도 없다. 심사위원들의 얼굴에 훈훈한 미소를 선사하며 '재미있네, 한번 보고 싶은데?' 하는 인상을 남겨 보는 것도 괜찮을 것 같다. 동영상 편집에도 재능이 있다면 동영상 자기소개서를 첨부하는 방식도 매우 젊은이다운 신선함과 열정이 느껴지리라 생각된다.

무엇이든 자신이 잘할 수 있는 기술적 장치들을 활용하라. '내가 잘할 수 있는 것은 이것입니다'라는 서술보다, 그냥 '잘할 수 있는 것'으로 자기를 소개하라. 노력하는 인간상에 나쁜 말을 할 사람은 이 세상에 아무도 없다.

자기소개서의 일반 양식

자기소개서의 일반양식이 따로 있는 것은 아니다. 그러나 일반적으로 기관에서 요구하는 자기소개서의 구성요소들이 있다. 그 양식에 따라 쓰는 것이 기본이나 일반적으로 다음과 같은 목차를 요구하리라 생각된다.

1. 성장과정	1. 원더풀 데이즈: 철없고 기쁜 젊은 날
2. 자신의 장단점	2. 냉정과 열정 사이: 일과 생활
3. 기관에 입사를 결심하게 된 계기	3. 신상출시 편스토랑: 음식과 재능
4. 기관의 인재상과 자신과의 적합성	4. 극한 직업: 모험으로 사는 인생
5. 미래 포부	5. 명량: 지도자의 역량

왼쪽과 오른쪽을 비교해 보면 오른쪽 소제목들이 보다 읽고 싶은 글이 될 것이다. 상대 독자가 잘 알고 있는 어휘들에 친근감을 느낄 수 있게 하고 제목에서부터 내용을 충분히 예상할 수 있도록 쓰면 좋을 것이다. 비슷비슷한 자기소개서를 읽는 심사위원들에게 기억에 남을 만한 인상적인 자기소개서를 쓸 수 있도록 아이디어를 모아 보자. 그리고 첨삭은 꼭 받자!

이것만은!

1. 자기소개서는 자신이 지원하는 기관 및 그 위치가 원하는 인재상과 내 자질 및 성향의 일치성을 설득하는 스토리텔링 글쓰기이다.
2. '성장'과 '긍정'이라는 키워드에 맞추어 글을 쓰라.
3. '글'이라는 매체가 가진 장점을 극대화하고 자신만이 할 수 있는 탁월한 장치들을 동원하라. 그것에 '대하여' 말하지 말고(telling about it) 그것을 '보여 주라(showing it)'.

토론 문제

1. 팀원들에게 '말'로 자기소개를 해 보자. 어떤 부분이 부족한지 서로에게 코멘트 해 주라.
2. 인터넷에서 선호하는 기업 하나를 정해 홈페이지를 방문해 보라. 그 기업이 원하는 사원 인재상을 도출하라. 내가 그 기업의 기업주라면 어떤 인재, 어떤 사원을 뽑고 싶은지 이야기해 보자.
3. 매력적인 자기소개서란 어떤 요소를 갖춘 글인지 나누어 보자.

활동

다음 표에서 자기소개서 항목의 요구에 따라 자신이 기대하는 진학 대학원이나 취업 회사, 역할이나 위치 등을 적어 보고 아래의 예문으로 시작되는 소개서를 써 보자.

2. 성격의 장·단점에 대해 기술하시고, 단점을 극복하기 위해
   어떠한 노력의 과정이 있었는지 작성하시오. (1000자)

저의 장점은_____다는 점입니다.
이에 대한 사례로 저는 _____을 말씀드리고 싶습니다.

대학원 학과 혹은 회사명
―――――――――――――――――――

기대되는 위치나 역할
―――――――――――――――――――

4. 어떻게 비평할까?

보고서 유형을 어떻게 나누느냐에 따라 다르겠지만 대학생들이 가장 많이 제출하는 형태의 과제는 독후보고서이다. 독후보고서를 조사보고서에 넣는 경우가 많아 따로 분야를 책정하지 않아서인지, 실상 대학생들의 대부분의 과제가 서평을 써 내는 과제일 것으로 생각된다. 조사보고서가 어떤 주제를 주고 그 주제에 적합한 도서를 스스로 선택하여 지식을 총합해 내는 과제라면, 독후보고서는 이미 주어진 도서를 자세히 읽고 그것에 대한 이해와 평가를 서평 형식의 글로 써 제출하는 과제이다. 후자의 경우는 도서의 내용과 지식을 습득하고 총합적으로 이해하는 목적 이상의 다른 것이 필요하다.

독후감상문과 서평

독후감상문과 서평은 조금 다르다. 독후감상문은 도서에 대해 정서적인 접근을 하게 되는 경우가 많다. 수필 형식이며 개인적 수준의 감상 표현이지만 서평은 이보다 전문적이며 비평적 기술이다. 그 글을 이해하고 그 글을 평가하는 작업이며 이 평가에는 그 도서가 전달하는 지식 이해에 기반을 둔 지성적인 비평, 그리고 글이 그것을 표현하는 방식 및 장르적 형식미에 대한 예술적 관점의 평가도 포함된다. 대학에서 요구하는 서평은 일반 고등학교에서 다루는 감상문 수준이 아니라 책 내용에 대한 보다 사회문화적 비평과 인지적 접근의 쓰기를 지향하므로 서평이라는 용어가 적당하다. 이것을 보고서로 제출할 때 독후보고서라는 이름을 붙인다고 생각하면 타당하다.

서평 쓰는 방식

서평을 평가할 때 물론 학생이 줄거리를 이해했는지를 살핀다. 그러므로 도서 내용에 대한 철저한 이해도를 보여 주어야 한다. 서평에 도서내용을 적는 방식에는 여러 가지가 있다.

1. '줄거리 요약'과 '감상 및 비평'을 두 단원으로 나누어 적는 방식
2. 두 파트를 단원화하지는 않고 하나의 글에 이어쓰기는 하나 그 둘을 분리해서 적는 방식
3. 두 파트를 적절히 병행하며 나선형으로 글쓰기를 진행해 가는 방식

글쓰기에 초보적인 학생들의 서평 쓰기 방식은 '줄거리'와 '감상 및 비평'을 따로 나누어 적는 방식이다. 줄거리를 잘 이해했다는 것을 보여 주는 일에 초점을 맞추는 방식이므로 감상 및 비평이 상대적으로 약화된다. 대학생이라면 3번의 쓰기 방식을 연습하는 것이 좋겠다. 두 파트를 적절하게 병행하면서 줄거리를 일부분 요약하다가도 비평이 자연스럽게 글의 흐름을 타고 첨부되는 방식이다. 때로는 비평이 글의 내용을 압도하는 방식으로 진행될 수 있다. 비평이 중심이 되어 글의 흐름을 이끌고 가면서 자신의 설명에 예가 되는 내용이나 장면들을 인용하는 방식으로 서술된다.

이런 경우 내용 기술은 시간의 흐름에 따라 정리되는 서사 형태가 아닐 수도 있다. 스토리는 때로는 과거의 일로 회귀하고 다시 현재로, 과거로 자유롭게 다닐 수 있는데 이를 회귀형, 혹은 나선형 스토리 전개 방식이라고 지칭하고자 한다. 이는 줄거리 자체보다는 필자의 내용 재구성에 따른 '**비평이 이끌어 가는 글쓰기**(criticism-driven writing)'이기 때문에 가능한 방식이다.

그럼 데미안은 누구인가? 처음에 무척이나 사실적으로 그려진 데미안은 이 작품에서 가장 신비로운 존재다. 작품을 정밀하게 읽으면 처음부터 이미 그를 신비롭게 묘사한 부분들이 나타난다. 그는 "남자도 어린이도 아니고 늙거나 젊지도 않고 천 살쯤 된 어딘지 시간을 뛰어넘은" 존재다… 내 안에 있는 모든 것을 아는 그 누군가란 융의 용어로 보면 바로 자기(the self)이다. 데미안은 싱클레어의 '참 나'이며 그의 목적지다. 이렇게 읽으면 이 소설의 전체 이야기는 싱클레어가 데미안이 되는 과정이다. 이 과정이 융의 용어로는 '개성화과정'이다.[10]

이러한 서평이 타당한 이유 중 하나는 독자가 교수자이기 때문이다. 한번 생각해 보라. 교수자가 그 도서의 내용을 알고 싶어서 혹은 양서인지 아닌지 알고 싶어서 서평을 요구했을 리 없다. 줄거리를 잘 이해했는가에 대한 관심에 덧붙여 그 내용을 자기화하고 사회문화적 맥락 속에서 그 의미를 탐구하였는가 하는 학습자의 사고력과 적용능력에 대한 관심이 있기 때문이다. 물론 줄거리를 제대로 이해하지 않고는 그 의미를 제대로 탐구할 리 없기는 하지만 말이다.

이러한 세 번째 형태의 글쓰기를 실현하기 위해서는 그 책의 내용을 완전히 자기화하고 내면화하는 것이 필요하다. 그리고 나서 그 책에 대한 자기의 생각과 평가를 정리한 후 두 가지를 버무려 이야기를 풀어가는 방식이다.

서평에서 독자를 고려함은 따라서 매우 중요한 사항이다. 누가 내 글을 읽을 것인가 먼저 그것을 예상하고, 그 수준에 맞추어 진술의 방향성과 난이도를 결정한다. 어떤 독자를 대상으로 하든 쓰기 단계에서 집중해야 할 공통된 일은 자신이 그것을 어떻게 이해하였는지 보여 주는 것이며 그 도서가 말하고자 하였던 내용에 대하여 어떠한 담론들이 주목되는지 제언하면서 그것에 대한 자기의 생각을 피력하는 것이다.

비평문의 비교 예시

아래의 두 비평문을 비교해 보자.

A.
한계령은 우리의 삶 곳곳에 숨어 있는 오르기 힘든 난관이라고 할 수 있다. 양귀자는 자신의 분신이기도 한 작가 주인공을 내세워 그의 옛 친구 은자에게서 걸려 온 갑작스러운 전화 한 통으로 그의 이야기를 시작한다. 은자는 전주의 한 동네에서 꽤나 유명한 노래쟁이였다. 그를 잊고 살아 온 주인공이지만 그의 호들갑스러운 수다가 상기시키는 옛 기억 때문에 그는 그의 가족과 우리네 삶에 대한 깊은 묵상에 빠져들기 시작한다. 사실상 한계령은 양귀자에게는 은자의 못다 이룬 유명 가수를 향한 꿈이기도 하지만 동시에 자신에게 아버지와 같았던 오빠의 병치레와 그로 말미암은 오빠라는 우상의 붕괴이기도 하였다. 주인공은 은자의 초청에 응하지 못

한다. 그는 은자를 마주할 용기가 없다. 은자를 맞이하면서 마주하게 될 우리 굴곡진 인생사의 한계령을 인류 전체의 한계의식으로서 다시 뼛속 깊이 품어야 하기 때문이다.

B.
양희은의 한계령과 양귀자의 한계령은 소설 전반에 점차 조우되는 듯 보였다가 소설이 진행됨에 따라 점차 사이를 벌린다. 양희은의 한계령이 그저 오르지 못하는 우리 삶의 절벽에 대한 깊은 절망을 빚어 놓았다면 양귀자의 한계령은 그런 한계령을 인정하면서도 더 "좋은 나라"를 꿈꾸는 명랑한 한 인간의 변함없이 저돌적인 삶에의 열정을 형상화했기 때문이다. 실로 양귀자의 어린 시절 친구 은자의 등장은 양귀자의 분신이기도 한 작가 주인공의 삶에 대한 해석을 송두리째 바꾸어 놓았다. 그가 애써 은자의 실패를 모르는 척 외면하려 했던 것과는 반대로 은자의 당당함과 명랑성은 오히려 주인공보다 더한 초주인공이 되어 극의 주제의식을 형성한다. 은자가 노래를 그만두고 개업한 "좋은 나라"라는 까페는 그가 아직도 삶과 죽음을 초월해서라도 이루고자 했던 삶의 이상향을 빗댄 표현이 아닐까? 누구라도 자신의 꿈을 꾸고 이루는 일에 방해가 전혀 없는 그런 곳 말이다.

A비평문은 양귀자의 〈한계령〉이라는 소설에 대한 서평을 보여 주고 있다. 줄거리 위주로 기술하면서도 왜 그 소설의 제목이 '한계령'인가에 대한 자신의 해석이나 비평을 가미한, 줄거리가 끌고 가는 비평이다.

B비평문은 줄거리보다는 그것에 대한 감상이나 해석, 비평이 이끌어 가는 글쓰기를 하고 있다. 소설을 읽지 않은 독자는 그 줄거리가 무엇

인지 이해하기 어려웠을 것이라 예상될 정도로 저자가 비평에 집중하고 있는 모습을 보인다.

물론 이 두 비평문이 정확하게 칼로 자른 듯이 구분되는 것은 아니다. 한 비평문에서 어떤 부분은 A성격이 강하고 어떤 부분은 B성격이 강할 수 있다. 보통 글의 앞부분에서는 A성격이 강하게 나타나고 뒤로 갈수록 B성격이 강하게 나타나기 마련이다.

그러나 대학생들의 경우 서평이나 독후감상문을 쓴다고 하면 A성격에 집중하는 경향이 있다. 독자인 교수자가 이미 그 내용을 알고 있다는 전제를 반영한다면 줄거리를 풀어 주는 구성보다는 각 에피소드가 글 전체 구성에서 의미하는 바를 필자 자신의 감상의 흐름을 따라 선택적으로 이야기해 주면서 주관적인 해석과 비평을 진행하는 방식이 더 세련된 방식임을 확인할 수 있다.

서평에서 참고하는 것

따라서 서평을 쓴다고 할 때에도 다른 자료를 참고하는 것은 당연한 것이다. 모든 자료들은 서로 연결된 상호텍스트적 문헌이다. 하나의 자료만 읽고 어떤 문제에 대해서 깊이 논의한다는 것은 거의 불가능하다. 서로 거미줄처럼 연결된 텍스트들의 사슬 속에서 이 도서의 위치가 무엇이고 내가 그들 담화의 맥락 속에서 어떤 점들에 주목하여 이야기를 풀어 갈 것인지 자신의 필담 속에 그 방향성을 분명히 해야 한다. 서평에 참고할 만한 자료들에는 다음과 같은 것들이 있다.

1. 그 책에 대한 다른 서평들
2. 그 책이 중요하게 인용하고 있는 다른 서적들
3. 관련 영화나 동일 주제의 다른 책들
4. 그 책을 읽으면서 생각났던 자신의 경험이나 다른 책들
5. 해석에 도움이 되는 관련 이론들

이 외에도 많은 자료들을 참고할 수 있을 것이다. 이 중에서 대학생들이 가장 참고하기 쉬운 자료는 4번 자료일 것이다. 그러나 단일 서적의 서평도 1, 2, 3, 5와 같이 읽을 만한 타 정보를 충분히 포함하고 있을 때에 양질의 것이 된다.

우리의 비판적 사고력이라고 하는 것은 무엇인가를 해치는 것이 아니다. 비판적 사고력은 또 다른 건설을 위한 것이다. 그 도서가 가진 장점의 힘, 제안하는 사실에 대한 긍정적인 평가도 필요하다. 또한 그 도서가 놓치고 있는 어떤 부분에 대해 건설적인 제안을 함으로써 전체의 의미라는 거실의 타일을 전체적으로 보수하여 온전한 것으로 완성하는 것도 필요하다.

그러나 그 책의 저자에 대한 충분한 존중의식을 가지고 논의할 필요가 있으며 서평이란 모쪼록 그 책을 누구라도 읽고 싶도록 만드는 것이어야 한다. 그것이 목적이 아니었다면 그 책을 선정해 서평을 쓰지도 않았을 것이니 말이다.

서평을 무엇에 비유할까

어쩌면 이 글을 읽는 독자들 중에도 책을 구입하기 전에 상품평이나

서평을 먼저 읽어 보는 습관을 가진 사람들이 많이 있을 것이다. 이런 생각을 해 보자. 책을 사기 전에 작가 정보와 제목 정보를 아는 것만으로는 뿌연 안개 속에 휘감겨 있는 것과 같다. 도통 무슨 내용인지 감이 안 잡혀서 목차나 작가의 변을 읽어 보기도 하지만 여전히 모호하다. 살까 말까. 이럴 때 어떤 서평을 써 주고 싶을까.

예전에 한 커피 광고를 본 적이 있다. 한 사람이 아침에 일어난다. 주변이 도통 어둡고 멍하다. 그리고 모닝커피를 내린다. 커피를 한 모금 마시는 순간 주변이 커튼을 걷은 듯이 점차 환해진다. 모든 것에 의미가 부여되면서 주변 것들이 살아 움직이기 시작한다. 서평은 이러한 때의 커피 한 잔과 같다. 읽는 사람이 그 책과 주변 사물에 의미를 부여하기 시작하는 그런 계기 말이다.

교수자가 이런 관점으로 우리 서평을 대하고 있지 않다고 하더라도 서평의 장르적 속성을 염두에 두고 글을 써 보면 일종의 독자이자 필자로서의 책임감도 배우게 되고 무엇을 어떻게 써야 할지도 알게 된다. 일반적으로 서평은 그것을 읽고 싶어 하는 사람들의 마음에 불을 지피고 그것의 의미를 사회문화적인 담론 안에서 모두가 확장적으로 논의할 수 있도록 장을 마련하는 역할을 한다.

무엇을 비평할까

글의 전체적인 수준에서 내용과 주제의 방향성에 대해서도 논할 수 있지만 아주 국부적인 수준에서 서술의 한계를 좁힐 수도 있다. 예를 들면 저자가 사용했던 어떤 용어의 전문성이나 문장의 신선함, 예시의 독특성, 인용의 적절성 등을 평가의 내용으로 삼을 수도 있다. 특별히 그의 문체나 사물을 바라보는 미시적인 관점 등에 대해서도 이야기해 보라. 알고 있다면 그 책의 문예사조나 꼭 문학작품이 아니라고 하더라도 미학적으로 사용하고 있는 문학 장치들에 대해 언급할 수 있는 것이 또 서평이 가진 장점들이다.

1. 전체적인 수준에서 글의 내용을 비평하라.
2. 미시적인 수준에서 글의 표현을 비평하라.

그러면 비평은 글의 어떤 부분들을 점검하고 내 글에 반영해야 할까? 그 예를 몇 가지 제시한다.

1. 저자가 예상하고 있는 독자의 연령과 지식에 맞는 접근법을 취하고 있는가?
2. 도서가 표방하는 세계관과 저자의 가치관이 우리 시대에 시의적절하고 타당한가?
3. 그가 자신의 논지를 뒷받침하기 위해 가져온 근거들이 우리나라의 현 상황에 적합하며 논의해 볼 만한 것인가?
4. 문체는 친절하며 이해가 쉽도록 서술되었는가? 특별히 허술하게 논의된 부분은 없는가?
5. 글의 서문-본문-마무리 내용이 체계적으로 구성되었으며 특별히 서문과 마무리 내용이 인상적이고 기억에 남는 서술인가? 글의 처음 시작과 마무리를 어떤 문장으로 하고 있으며 그 효과는 무엇인가?
6. 고전이나 시대가 흐른 작품이라면 오늘날 우리에게도 생각해 볼 만한 토론거리를 제시하는가? 오늘날 어떤 문제에 적용될 수 있겠는가?

7. 논리에 어긋나거나 부적절한 생각, 표현은 없는가? 타당하다고 가슴에 와닿은 논리나 견해는 무엇인가?
8. 이 도서가 표방하고 있는 세계관과 가장 유사하다고 생각되는 다른 이론, 도서, 콘텐츠 등이 있는가? 그것들과 어떤 점이 유사하며 어떤 점이 다른가? 나는 어떤 부분에 동의할 수 있으며 동의할 수 없는가? 왜 그러한가?
9. 이 글에 대한 시중의 서평들이 잘 지적한 부분은 어떤 측면인가? 혹시 잘못 지적하고 있는 부분은 없는가? 그 서평이 나에게는 다르게 인식된 측면이 없는가?
10. 도서의 견해는 지금 나의 상황에 어떻게 적용될 수 있는가? 나에게 이 글은 어떤 점에서 도움이 되었는가? 이 도서가 향후 독자들에게 끼칠 영향력은 어떠한가? 긍정적인가, 부정적인가.

어찌 이것만 비평 대상이 되겠는가마는 독후보고서는 의외로 학생들이 쓰기 힘들어하는 장르이다. 가장 큰 어려움은 도대체 무엇을 써 넣어야 하는지 모르겠다는 것이다. 줄거리를 요약하는 것과 간단한 감상평을 쓰고 나면 한 장을 채 넘기기가 어렵다. 위의 예시들은 우리에게 쓸 것을 제공해 주는 의미가 있다. 내가 그 글에서 받은 감동이나 교훈도 있지만 그 글을 평가하는 입장에서 내가 언급해 줄 수 있는 이와 같은 다양한 점들은 글을 풍성하게 만드는 자원이다.

어디에 무엇을 쓸까

독후감상문을 처음과 중간, 끝으로 나누어 보면 각각의 자리에 다음의 내용들을 적어 넣을 수 있다. 이것도 정해진 원칙은 없다. 일반적인 방식을 소개하지만, 보다 신선한 글의 진행방식은 본인의 몫에 남아 있다.

- **처음:** 도서를 읽게 된 계기. 도서의 첫인상, 작가에 대한 소개, 이 도서가 사회에 일으킨 반향, 이 도서에 대한 비평가들의 대체적 평가, 이 도서에 대한 나의 한마디 평가.
- **중간:** 도서의 내용 및 줄거리, 인상 깊은 장면이나 묘사, 명언 등, 이 글의 내용에서 언급한 타 이론이나 글, 작가에 대한 재해석, 이 도서에 대한 타 비평가들의 개별 평가에 대한 자신의 견해, 이 도서에서 연상되는 다른 도서, 장르의 작품과의 연계적 진술, 형식미와 내용의 가치를 분리한 분석, 이 도서 내용의 배경이 될 만한 이론과 사회적 배경에 대한 소개 및 견해, 글 전체에 대한 나의 평가, 부분적인 표현에 대한 나의 평가. 글 속 표현의 직접인용.
- **끝:** 이 도서에 대한 나의 한 줄 평가, 줄거리의 효과적이고 임팩트 있는 요약적 진술, 콘텐츠 주제의 함축과 의의, 형식과 미에 대한 분리와 통합, 전망과 제언.

이러한 전개는 줄거리와 비평을 번갈아 가면서 기술하는 방식에 따라 정리해 본 것이다. 위의 항목들을 자세히 살펴보고, '글을 쓸 때 위와 같은 정보와 내용들을 활용할 수 있구나' 하고 생각해 보는 것만으로도 상당히 도움이 될 것으로 생각된다.

보통 서문은 그 도서에 대한 간략한 소개와 그 서평을 읽고 싶은 마음을 불러일으키고 본문은 비평자가 자신의 논지와 해석을 펼치고, 끝부분은 상기한 내용을 정리하는 포맷이라는 것, 이것은 어떤 글쓰기나 마찬가지이다. 첫인상이 중요하듯이 마지막 기술은 그 서평에 대한 장기적인 인상을 결정한다. 자신의 서평이 가진 목적이 잘 드러나도록 짧으나 영향력 있는 기술(description)을 하라.

다음은 고은 시집 〈내 조국의 별 아래〉의 서평 중 마지막 기술이다. 시인의 천진난만성과 삼라만상이 만나는 시의 사건들을 심청전 내용에 비겨 표현한 점이 인상적이다.

그리고 고은 시의 밑바탕 저 깊은 안창에 자리 잡고 있는 그의 시의 원천을 나는 방금 말한 뜻에서의 천진난만성이라고 부르고 싶은데 이것은 그가 자신의 시대와 역사와 이웃과 시와 만나는 방식의 치열함에서 온다. 그는 삼라만상과 강렬하게 만난다. 천진난만하게 만난다. 인당수 깊은 물에 치마폭 뒤집어쓰고 몸 던질 만큼의 강도와 깊이와 천진난만함이 있는 만남의 결실인 그의 시는 우리의 삶을, 생명을 해방시킨다. 우리는 심봉사로 눈뜨고 거기 어이할 수 없게 연꽃이 피어난다![11]

퇴고와 제목, 소제목

글을 마치고 나면 꼭 독자 입장에서 다시 한번 읽어 보면서 퇴고를 하라. 그리고 되도록 소제목을 달면서 진행해 보자. 서론-본론-결론보다는 '희망의 언저리에서', '절망의 절벽에서 돌아서서', '다시 잡아 본 파란 하늘의 풍선' 등과 같은 감성적인 소제목들을 일관성 있게 구성해 보면 그것도 하나의 의미적 흐름과 독특한 분위기를 만들어 낸다. 이때 주의할 점들은 소제목들이 서로 긴밀성과 통일성을 유지하고 있어야 한다는 것이다. 소제목들 간의 연관성을 검토하고 그것들을 이어 놓아도 스토리텔링의 흐름이 이루어지도록 하는 것이 효과적이다. 또한 전체 제목하고도 소정의 연관성을 가지면 더 좋다.

서평의 제목도 천편일률적인 '_____을 읽고', '___에 대한 독후보고서' 같은 제목보다는 '다시 달아 준 풍선의 날개'와 같이 주제의식을 잘 드러내는 제목을 달고 부제로 도서 제목을 써 보자. 신선한 접근과 필체는 젊은 사람들의 특권이다.

| 알 껍질을 깨고 나온 신입의 신세계
- <데미안>을 읽고

1. 혼자서 걷기
2. 둘이서 함께 걷기
3. 다른 사람이 되어 엉거주춤 걷기
4. 자신만의 보폭으로 힘차게 걷기 | 삶의 정거장에서 찍어 본 쉼표와 마침표
- <사람은 무엇으로 사는가>에 부쳐

1. 물음표: 해결 불가능해 보이는 삶의 조건들
2. 느낌표: 의미 있는 만남과 멀리 보이는 희망
3. 쉼표: 끝이 있는 삶에서 쉬어가는 소중한 순간들
4. 마침표: 안식과 평화의 최종 선 |

문화비평

서평과 문화비평은 형제간이다. 글을 기술해 가는 방식이나 서술의 목적 등이 완벽히 일치한다. 다만 책을 대상으로 하는가, 여타 문화 콘텐츠를 대상으로 하는가의 차이만 있을 뿐이다. 최근에는 대중들이 책보다 문화콘텐츠를 읽는 빈도수가 높아진 만큼 학교 글쓰기에서도 이를 도외시할 수 없게 되었다. 대부분의 글쓰기 교실에서 영화 감상문이나 문화 콘텐츠 비평 및 창작까지 글쓰기 교육 범주 안에서 다루고 있다. 여기서는 문화 비평을 특별히 다른 글쓰기 방식으로 다루지는 않고자 한다. 다만 문화 비평은 보다 문화콘텐츠 자체의 형식적 장치나 관련 미학에 대한 이해를 바탕으로 해야 한다. 연극이라면 연극의 장르적 이해가, 광고라면 광고에 대한 장르적 이해가 선행되어야 하므로 특정 장르에 대한 이론적 공부를 마친 후 접근하면 양질의 비평문을 작성할 수 있을 것으로 생각된다.

이것만은!

1. 서평은 '책에 대한 비평문'으로, 도서의 내용 파악과 나의 비평적 생각을 버무려 내는 장르이다.
2. 서평에서 원칙적으로 쓰지 못할 서술방식은 존재하지 않는다. 서평은 글에 대한 모든 자료와 필자가 가진 모든 생각과 자원을 활용할 수 있다.
3. 도서를 먼저 충분히 읽고 내면화하는 일을 우선시하고 결코 소홀히 하지 않는다.

토론 문제

1. 내가 읽은 서평 중에 잘 썼다고 생각하는 것의 내용을 소개해 보라. 어떤 점이 그러한가.
2. 이미 읽었던 필수 도서 중에 한 편을 대상으로 서로 비평적 코멘트를 해 보라. 다른 사람과 나의 생각은 어떤 점에서 비슷하고 다른가?
3. 좋은 서평의 요인들을 몇 가지 더 추가해 보자.

활동

다음 문화 비평문을 읽고 연극의 '내용'과 자신의 '비평'을 엮어 가는 방식이 어떠한지 분석해 보자. 결말의 끝맺음 방식의 효과에 대해서도 말해 보자.

2019년 초연되었던 〈살아있는 자를 수선하기〉가 국립정동극장 무대에 다시 올랐다. 프랑스의 작가 마일리스 드 케랑갈의 동명의 소설을 각색한 1인극으로 교통사고를 당한 한 청년의 심장을 24시간 동안 다른 심장병 환자에게 이식하는 과정을 다룬 작품이다.

원작 소설은 기본적으로 심장을 따라가는 카메라 시점을 전지적 시점과 결합한 작품으로서 생명 행위로서 '장기 이식'을 깊이 생각하게 만든다. 우리는 생명을 살리는 행위를 아름답게 여기고 소생의 가망이 전혀 없는 뇌사 상태의 인간에게서 장기를 적출하여 다른 생명을 살리는 일을 고귀하다고 느낀다. 당연하지만 우리는 생명을 죽음보다 바람직한 것으로 여기고 생명을 살리는 것을 가치 있고 보람 있는 일로 여기므로 이것은 전혀 이상하지 않다.

그러나 그렇게 단순한 일일까? 죽음에서 생명을 만들어 내는 눈물겨운 여정에서 살아 있는 심장의 주인이었던 청년 시몽 랭브르의 감정과 상황, 그를 보내는 연인과 부모와 이웃들의 후회와 절망과 인간애, 이를 가능하게 만드는 의료진과 장기이식 코디네이터의 노력, 심장을 이식 받은 환자 등 수 많은 사람들의 상황과 상태, 감정과 이성과 판단의 추이를 따라간다. 그러면서 역설적이게도 살아난 자의 생명을 순수하게 예찬하기보다 한 사람을 살리고 수선하기 위해 단시간 내에 해치워야 하는 비인간적인 잔인한 결정의 연속을 숨죽이고 바라보게 된다.

심장의 원래 주인 시몽 랭브르는 19살의 건장한 청년이다. 그는 위험한 서핑을 즐기고 건강한 신체만이 감당할 수 있는 스릴과 모험을 만끽한다. 이는 모두 펄떡펄떡 뛰는 그의 심장이 있기에 가능한 일이다. 시몽에게 불의의 교통사고가 닥치고 우연하게도 뒷자리에서 안전벨트를 매지 않고 있던 청년은 앞자리로 튕겨 나가 결국 뇌사(腦死)에 이른다. 뇌 활동이 정지되어 이제 시몽의 죽음은 불가역적이다. 그러나 심장을 비롯한 그의 신체, 그의 장기는 아직 죽지 않았다. 살아 있는 신체 기관을 해당 기관에 문제가 있는 이들에게 이식하여 타인의 생명을 연장한다는 대의가 도전적으로 인물들과 관객 앞에 제기된다.

죽음을 규정하는 '뇌사'라는 새로운 기준은 장기 이식이라는 획기적인 의료행위를 가능하게 만든 혁명적인 발상전환이었다. 뇌가 활동을 정지하여 죽음은 확정되었으나 아직 심장이 뛰고 있는 짧은 시간, 모든 일은 결정되어야 한다.

이 사태에 직면하는 이들의 일상은 대단히 평범하다. 의사의 피로와 간호사의 로맨스, 코디네이터 등의 평온한 아침은 너무나 일상적이어서 돌연하게 닥쳐오는 죽음 앞에서 절망하는 시몽의 부모와 연인과 이웃과의 격렬한 대조는 오히려 비현실적으로 느껴진다.

더구나 의료진은 망자의 가족을 설득해 장기 적출에 동의하게 만들어야 한다. 살아 있는 자들에게 대단히 침착하고 인간적이지만, 동시에 망자의 거부 의사가 없는 한 이식을 강행할 수 있다는 의료법의 조문을 숨기고, 짧은 시간 피 마르게 재촉하는 극단적인 결정을 아직 심장이 뛰고 있는 자식의 부모에게 할 수 있는 것일까?

아직 심장은 살아 있으나 뇌는 죽은 인간이 있다고 치자. 전통적으로 이 사람은 죽은 것이 아니었다. 유족 입장에서 가족의 죽음은 사망 후에도 긴 시간을 거쳐야만 수용 가능한 일이다. 곧 사망할 것이 확실하다고 해도, 심지어 장례를 치르고 돌아와서도 방문 너머 익숙한 공간에서 끝없이 마주치는 망자의 모습은 금세 사라지지 않는 법이다. 더 간단히 비유할 수도 있다. 입장을 바꾸어서 내가 시몽이 되어 누워 있다면 나의 심장이나 간, 폐, 안구 따위를 필요한 사람에게 나눠준다는 결정은 그다지 어렵지 않다. 그러나 소중한 가족의 유품이 있는데, 누군가 꼭 필요하다고 어서 달라고 재촉하고 있다면 쉬이 동의할 수 있을 것인가?

이 소설을 연극으로 만든다면 가장 주목해야 하는 질문은 바로 이것이 아닐까. 연극 〈살아있는 자를 수선하기〉에서 가장 두드러지는 갈등은 다른 이를 살린다는 대의로 무장한 의료진과 자식과 연인을 떠나보낼 마음의 준비는커녕 그게 무엇인지도 제대로 이해하지 못하는 가족의 입장 차이이다. 연극의 갈등은 관객에게는 진지한 판단과 결정을 요구하는 실재하는 삶의 문제이다. 죽느냐? 사느냐? 어떤 선택을 할 것이냐? 우리의 삶 속에서 언제나 만날 가능성이 있는 다양한 문제제기를 우리는 충분히 생각하고 진지하게 토론하기를 원한다.

그러나 이 작품에서 유족과 마찬가지로 관객은 이 갈등에 대해 깊이 있게 생각할 시간이 없다. 심장은 곧 시몽을 떠나 다른 이의 몸에 이식되고 부작용 없이 무사히 심장을 뛰게 될 때, 관객은 저도 모르게 안도하며 다행이라 기뻐한다. 그리고 극장을 나서면서야 시몽의 부모가 겪을 고통을 뒤로 한 채 수혜자의 생존을 해맑게 기뻐했다는 사실에 새삼 가책을 느끼게 된다.

어쩌다 그렇게 되었을까? 어떻게 이런 일이 가능할까? 우리는 생명을 존중하고 소중히 생각하는 평범한 사람인데! 그러고 보니 '수선하다(Réparer)'라는 비인격적 표현이 눈에 들어온다. 이를 가능하게 만드는 것은 시스템이다. 요컨대 불과 100년 전에는 상상도 할 수 없던 불가능한 수술을 해내는 지난한 과정이 다만 과학적이고 의학적인 성과인 것이 아니라 시몽을 인격적으로 생각하기 어렵도록 세세하게 분산된 수많은 인간들의 역할 덕분에 가능해진 것이라는 사실을 깨닫는다.

우선 심장 이식을 가능하게 만든 것은 '뇌사'라는 새로운 기준의 정립이었다. 그리고 '뇌사'를 판정한 환자의 주치의는 장기 적출 수술에는 참여하지 않는다. 살아 있는 환자를 돌보던 의료진에게 장기를 적출하라고 할 수는 없다. 그렇다면 다른 사람은 할 수 있다는 것일까? 장기의 적출과 이식의 과정을 주도하는 것은 전문 코디네이터이다. 그러면서 정작 적출수술은 장기를 필요로 하는 의료진이 찾아와 직접 집도한다. 이들에 대한 과하게 세밀한 히스토리의 소개는 그들에 대한 인간적인 관심의 소산이라기보다는 움직임을 멈춘 망자를 잊고 그의 시신을 대상화하는 과정인 듯하다. 기증자의 부모는 수혜자를 궁금해 하고 수혜자는 기증자를 궁금해 하지만 심장이 인격화될 때, 발생할 수 있는 인간적 감정은 생존에 불필요하거나 위험하므로 모두 은폐된다. 생명의 일부이되 수선의 대상이 되고 마는 이 깊은 균열을 우리는 계속 당연하게 내버려 두고 수혜자의 생존을 기뻐하는 것으로 덮어 두어도 좋은 것일까?

기이하게도 이러한 문제의식은 작품이 끝나고 극장에서 한참 멀어지고서야 비로소 분명해졌다. 이렇듯 상식적인 문제제기조차도 지연되는 상황은 이 작품이 모노드라마라는 사실과 깊이 연관되어 있다. 소설에서도 장황하고 구구하며 세세한 여러 인물에 대한 묘사가 인간을 수선의 대상으로 삼는 내포로부터 미끄러져 마치 우리는 이 만큼 인간에 관심이 깊이 있다는 점을 과시하는 듯하지만 공연에서는 더 한층 빨라진 속도와 1인극이란 일방적인 메시지 발신 방식 때문에 더욱 더 강화된다.

본래 1인극은 배우의 연기력이 중심이다. 그러면서 모든 시선은 단 한 명의 배우에 집중된다. 더구나 이 작품의 엄청난 대사와 장면 및 배역의 빠른 전환은 그야말로 거대한 파도를 타듯 깊은 사유의 시간 없이 미끄러져 지나게 만든다. 물론 장편소설을 사실상 통째로 들려주는 엄청난 대사량도 놀랍거니와 무려 16개의 배역을 소화한다는 점에서 이 작품을 소화하는 배우들의 역량에는 의심의 여지가 없다.

그러나 관객은 배우의 이 현란한 연기에 집중하느라 정작 무엇을 보았고 무엇이 자신들 앞에 던져진 것인지를 생각할 여유가 없다. 만약 여러 배우가 각 인물을 보여 주었다면 우리는 인물과 인물 사이에서 이들이 처한 현실과 일상과 인간적 결정의 이면에 도사리고 있는 비인간적인 회피의 측면을 통찰할 수 있지는 않았을까? 살아 있는 자는 무사히 수선을 마친 듯하다. 하여 지금부터 시몽과 시몽을 잃은 자들의 입장에 대해서도 조금 더 생각하고자 한다. 우리에게는 시간이 필요하다.[12]

5. 어떻게 문학적 역량을 표현할까? - 1

　문학적 글쓰기를 일반 학생들이 쓸 기회는 그리 많지 않다. 문예문 쓰기는 인문학과 일부 전공학과에서 쓰는 예들이 많아 대학생들이 일상적으로 쓰는 글쓰기와는 관계가 멀다고 볼 수 있다.
　그러나 생각해 보자. 어떤 수업에서는 자신의 자화상 관련 시를 써 보라고 요구할 수도 있고 소박한 주제를 주고 수필 형식의 간단한 글쓰기를 부여할 수도 있다. 교양국어나 기초 글쓰기에서도 — 물론 논리적 글쓰기에 많은 시간을 할애하는 것은 분명하지만 — 자기 성찰적 글쓰기나 스토리텔링, 문예문적 요소들을 지닌 글쓰기를 부여하는 경우가 제법 있다.
　자신의 문학적 역량을 표현할 때는 문학이 일반 서술들과 무엇이 다른가에 관심을 가져야 한다. 문학은 기본적으로 정서적인 표현으로 이루어지며 문학 감수성을 제련한다. 어떤 정보나 지식보다는 삶에서 일어나는 다양한 사건들과 문제들을 바라보는 세계관의 습득과 정련, 정서적 공감 및 독자들의 삶에 확장적 적용하는 등의 목적을 가진다.
　문학을 표현하는 일은 위에서 제시한 글의 장르보다는 많은 자료를 구비할 필요가 없다. 그러나 어떤 동일 사건을 바라보더라도 그것을 해석할 수 있는 관점이 남다르고 통찰력 있으며 깊어야 한다. 또한 그것을 문장으로 표현해 낼 수 있는 표현력이 있어야 한다. 같은 사실을 기록해도 '관점'과 '표현'에 따라 저마다 다른 이야기를 생성해 낸다. 각각의 관점과 해석적 표현을 존중할 필요는 있지만 그 안에도 잘 쓴 글이 있고 못 쓴 글이 있다는 것은 어떤 쓰는 기준이 있다는 것이다. 훈련을 통해 이를 내면화해야 한다.

일상적으로 소설을 좋아하는 학생이 소설을 잘 쓰고, 시를 많이 읽은 학생이 시를 잘 쓴다. 이 말은 많이 읽는 장르가 그 학생의 관심분야나 소양일 경우가 많고, 이를 즐겨 읽을수록 그 방향으로 글쓰기 문체가 잡힐 가능성이 크다는 것이다. 문학적인 텍스트를 쓰고 싶다면 평상시 철학 서적이나 사회과학 서적을 주로 읽는 학생이더라도 시나 소설을 가까이하고 영화나 정서적인 장르를 접할 기회를 많이 가지자. 일기나 메모 끄적거리기를 좋아하고 수필을 즐겨 쓰는 학생들은 자기도 모르게 문학적인 서술을 하고 있는 경우가 많다. 평상시 써 놓은 단상이나 짧은 이야기들을 포트폴리오로 만들어 놓았다가 어떤 과제가 있을 때에 써 놓은 내용들을 참고로 하는 것도 좋다.

문학적인 글은 주로 자기 자신에게 재귀적인 스토리텔링을 하는 경우가 많으므로 토론이나 담화 공동체에 가입되어 있지 않아도 충분히 쓸 수 있다. 그러나 문예 동호회나 친구들과 함께 서로의 글을 읽어 주고 적극적인 코멘트를 해 주는 공동체에 소속되어 있으면 글쓰기 실력 향상에는 도움이 된다. 오히려 정서적인 글일수록 더 공적인 평가를 받아 볼 필요가 있다. 자기표현적 글이라고 아전인수 격의 글이 되지 않기 위해서다. 이런 동호회에서는 서로 자신의 작품을 발표할 기회가 많고 서로 평가도 해 주며 타인의 글도 읽어 볼 수 있는 기회가 있다.

학교 수업에서 내는 문학습작의 경우는 같은 과목 동료들이 이런 공동체가 되어 줄 수 있으니 매우 도움이 된다. 앞에서 발표할 기회가 있다면 적극 참여하라. 팀별 글쓰기 형태도 많이 진행되는데 예를 들면

'한 줄씩 번갈아 쓰기', '서로 논의해서 한 편의 스토리 만들기', '기존 스토리 각색하여 영상화하기' 등이다. 문예문 쓰기에 익숙하지 않은 학생들은 이러한 팀별 글쓰기를 통해서 성장하기 쉽다. 동료 중에는 특별히 문예문에 관심이 있는 학생들이 한 둘 끼어 있는 경우가 많아 그에게 배울 수 있어서다. 이런 경우 과제를 교수자에게만 제출하지 말고 팀 안에서 공유하여 수정할 뿐만 아니라 전체에게 게시하여 비평을 받으면 저자에게도 도움이 되지만 비평문을 써 주는 다른 학생들에게도 글쓰기 능력을 향상시키는 기제가 될 수 있다. 최근 문예교육은 정전(cannon)만을 대상으로 하지는 않는다. 학생들의 글을 수업 중 자료로 많이 활용할 것을 권하고 있다.

시

시를 시 되게 하는 요소는 상당히 많다. 여기서는 시를 지을 때 염두에 두면 쉽게 접근할 수 있는 최소한의 구성요소들만을 이야기하려고 한다.

시를 운율하라

간단하게 말해서 시는 운율이 있는 문학이다. 다음은 황동규의 〈즐거운 편지〉라는 시의 일부이다.[13] A시는 산문시로 행 구분이 없으나 B와 같이 행 구분을 임의로 나누었다고 해 보자.

A.
내 그대를 생각함은 항상 그대가 앉아 있는 배경에서 해가 지고 바람이 부는 것처럼 사소한 일일 것이나 언젠가 그대가 한없이 괴로움 속에 헤매일 때에 오랫동안 전해오던 그 사소함으로 그대를 불러보리라.

B.
내 그대를 생각함은
항상 그대가 앉아 있는 배경에서
해가 지고 바람이 부는 것처럼 사소한 일일 것이나
언젠가 그대가 한없이 괴로움 속에 헤매일 때에
오랫동안 전해오던 그 사소함으로
그대를 불러보리라.

시는 서사시나 산문시도 있어 개념적으로는 일반 산문처럼 쓸 수 있다. 시가 다른 장르와 구별되는 가장 큰 차이점은 운(韻)과 율(律)이다. 운이란 특정 위치에 특정 음운이나 음절이 반복되는 데에서 오는 리듬을 의미하며 율이란 일정한 글자 수의 반복에서 얻는 리듬이다.

이처럼 시는 글자의 반복이나 글자 수의 반복, 행과 연 구분 등이 만들어 내는 장르이다. 앞의 A는 산문시이며 B는 이 시를 행과 연으로 나누어 쓴 시이다. 두 시는 같은 내용이지만 행과 연을 구분함으로써 다른 글처럼 보인다. 사실상 A는 한 문장이다.

다시 이 시의 연과 행을 아래와 같이 구분해 보자. 어떤 차이가 있을까.

C.
내 그대를 생각함은

항상
그대가
앉아 있는 배경에서
해가 지고 바람이 부는 것처럼 사소한 일일 것이나
언젠가 그대가 한없이 괴로움 속에 헤매일 때에
오랫동안 전해오던
그 사소함으로
그대를

불러
보리라.

   위의 행 구분은 어떤 율격을 고려한 것이다. 점차 길어진 행이 점차 줄어들면서 수미상관의 효과를 형식이 시 전체에 공헌하고 있다.
   내용면에서 보면 왜 '항상', '그대를'을 한 행 처리했을까? 하고 추측은 할 수 있지만 정답은 작가에게 물어봐야 알 수 있는 것이 문학이다. 아마도 내가 작가라면 '한 행 동(同)무게의 법칙'을 이야기했을 것 같다. '항상'이라는 한 행의 가치와 무게가 '언젠가 그대가 한없이…'의 행과 그것이 비길만큼 중요하다는 의미이다. 마지막 행에 '불러보리라' 한 단어를 본용언과 보조용언으로 나누어 놓은 이유도 마찬가지다. '불러 보는' 이 아무것도 아닌 행위가 저자에게는 너무 소중한 가치를 가지거나 너무 절실한 사안임을 표현하기 위해서는 아닐까? 이러한 전략으로서 두 행으로 나누어 적어 독자가 이 단어를 깊이 신중히 묵상해 보도록 하고 있다.

　원작에는 연 구분이 없는 시를 구분해 보니 어떠한가. '그대를 생각함은'과 '불러 보리라'의 두 부분이 강조되어 시간을 들여 읽게 하고 있지 않은가? 시인에게 이 두 부분은 쉽게 읽어서는 안 되는 부분이었나 보다. 따로 떼어 놓았다.

　많이 연습해 보지 않은 사람에게는 그렇게 쉬운 작업이 아닐 것이다. 시를 많이 써 본 사람에게 이것은 그냥 하고 있는 것이지 무슨 법칙이 있어서는 아니라고 할 문제이다. 효과적인 '연과 행 구분'의 연습을 위해 내가 제안하는 방법 중 하나는 서정적인 산문 하나를 가져다 놓고 행과 연 구분을 통해서 의미를 재구성해 보는 것이다. 이렇게도 해 보고 저렇게도 해 보는 연습이다.

　그러고 난 후 평론가가 되어서 왜 그렇게 행 구분을 했냐고 스스로에게 물어보고, 그 이유와 효과를 묻는다면 이렇게 대답하겠다고 미리 인터뷰를 시연해 본다. 운율 감각을 정교하게 하고 자신만의 운율 세계를 건설해 보는 것이다.

　박목월의 〈청노루〉라는 시도 이미 운율의 결정판으로 잘 알려진 시이다. 시인의 시선 움직임이 원근적인 축소의 방향성을 따라 점차 좁혀지고 있다. 한 폭의 동양화처럼 큰 덩어리로 그려진 그림을 전체에서 부분의 방향으로 감상하는 느낌을 준다. 청노루의 눈동자로까지 관찰의 대상이 좁혀진 가운데 '도는/구름'은 자연 유기체의 가장 미시적인 관찰이다.[14] 운율이란 이렇게 시인의 의미 맥락과도 일치하며 읽는 독자의 호흡과도 일치한다. 이는 시라는 장르가 노래로 불렸던 전통을 따라 '낭송'하는 성격을 가졌다는 것을 잘 이야기해 준다.

시를 은유하라

시가 다른 장르보다 짧으면서도 두고두고 감상할 풍성한 의미로 가득 차 있는 것은 '함축'을 위한 장치를 많이 가지고 있기 때문이다. 여기서 말하고자 하는 은유는 직유, 의인, 상징 등의 원관념과 보조관념을 동시에 가지고 의미의 확장을 꾀하고 있는 모든 수사법들의 대표격이다.

다시 말해, 은유를 사용하는 이유는 의미의 확장, 곧 함축을 위한 것이다. 은유의 기본은 자신이 표현하고자 하는 원관념을 다른 사물이나 개체, 즉 보조관념에 빗대어 의미를 효과적으로 표현하고 감상과 해석의 여백을 확장하는 것이다.

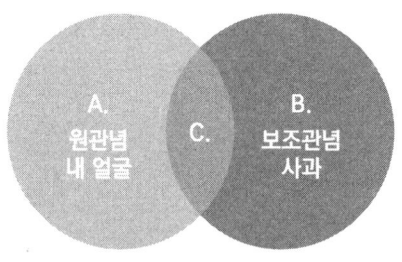

원관념과 보조관념은 원래 종(種)과 류(類) 개념에서 전혀 다른 범주의 사물이다. 그러나 필자가 A와 B를 연결하려는 시도를 했을 때 그가 전달한 의미는 뜻밖의 것이 되고 만다. 본래는 A관념과 B관념의 공통적 특성인 C영역을 의도한 것이지만 일단 표현하고 나면 독자에게 전달되는 의미 영역은 A+B+C의 영역이 되고 마는 것이다. 이렇게 되면 짧은 시에서도 의미의 확장은 빈번히 일어나며 의도하든 하지 않았든 중의적인 의미가 형성된다. 다의적 표현을 가정하므로 시의 행간을 읽는다는 원리가 형성되는 것이다. 시인은 때로 의도적으로 은유라는 장치를 통해 이 '낯설게 하기' 기법을 실현한다.

우리가 은유법의 대표 사례로 자주 언급하는 〈내 마음은 호수요〉를 한번 살펴보자.[15]

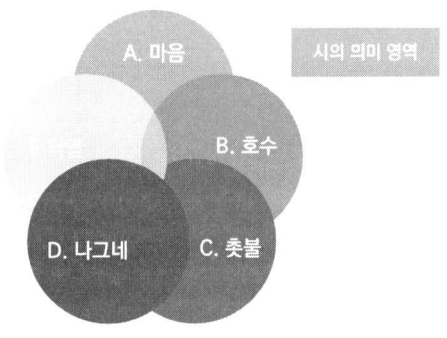

비유의 또 하나의 본질은 '구체화'이다. 보이지 않는 내 마음을 무엇에 비겨 이해시킬까. 이런 고민에서 시작되는 것이 비유이다. 'A. 내 마음 = B. 호수'이다. 'A. 그대 = B. 배'이다. 이 공식 위에서 시상이 전개된다.

먼저 그대가 들어오는 공간으로서의 '내 마음'을 호수에 비기고 있다. 그러나 이 작품을 읽으며 우리 머릿속에 들어오는 이미지는 사람의 마음보다는 하나의 잔잔한 호수와 그 위를 유유히 선회하는 조그마한 배다. 마음은 원래 보이지 않기에 이것이 호수의 이미지로 형상화되면 A, B 두 관념이 중첩되어 인지된다. 작가는 자신의 마음을 표현하는데 우리 머리는 호수에 가 있다. 보조관념보다 원관념이 주요한 메시지라는 것을 잘 알고 있는데도 신기하게 이 노래가 품는 시상은 두 가지 모두의 의미 영역이다. A와 B, 두 관념의 빗대기를 통해 작가가 의도한 C 영역의 공통점이 분명히 있었겠지만 실제로 비유의 각 사용 현장에서 그 공통적 속성에 관한 다양한 논의가 존재하는 이유는 그 때문이다.

이 시는 1연 이후로 촛불, 나그네, 낙엽으로 보조관념을 바꾸어 가며 '마음'을 표현한다. 결국 '시인의 마음 = 호수+촛불+나그네+낙엽'이 된다. 이 보조관념들 사이에도 위와 같은 그림을 그릴 수 있고 그 총합적 의미는 + - 반응을 일으키며 조금 더 복잡한 위치에 놓이게 된다.

여승은 합장을 하고 절을 했다
가지취의 내음새가 났다[16]

위의 내용으로 시작하는 백석의 시 〈여승〉에서도 은유는 굉장히 낯선 이미지의 공간을 만들어 낸다. 가을밤같이 차게 우는 것은 과연 어떻게 울었다는 것인가. 혹시 그 여인을 만난 계절이 가을밤이기 때문일까? 시 자체만으로는 분명한 설명이 없다.

또, 불경처럼 서러워졌다는 것은 무슨 뜻일까? 불경이 서러운가? 불경이라는 용어를 쓴 것은 그가 여승이기 때문은 아닐까? 그 여인이 여승이 된 것이 저자에게 서럽게 느껴졌다는 뜻이 보다 합리적이지 않은가? 분명한 공통분모를 해명해 내기란 여전히 어렵다. 눈물방울같이 머리오리가 떨어졌다는 것은 어떤 모양새로 떨어졌다는 말인가? 아마 머리오리가 그녀의 눈물방울같이 떨어졌다는 뜻이리라. 그러나 그때 그녀가 울고 있었던 것은 아닌가? 이 시에서 원관념과 보조관념은 크게 구분점이 없어 보인다. 원관념 보조관념이 각자 이 시의 전체 의미 형성에 동일한 정도로 공헌하고 있다.

시를 은유하라. 은유는 시에만 사용되지 않는다. 일상적인 어법에서도 자주 사용되는 친근한 것이다. 좋은 은유는 사람들이 즐겨 모방하고 때론 유행되기에 하도 많이 쓰게 되면 '죽은 비유'가 되기까지 한다.

이 말은 무슨 뜻인가. 인간에게는 은유를 선호하는 속성이 있다. 일종의 동일시의 원리를 이용한 우회적인 표현이다. 비유의 효용은 다른 식으로 말하면 참신성이다. 우리에게 새로운 은유에 대한 목마름이 있다. 언제라도 새로운 이야기를 기대하는 우리의 심정은 오늘의 감성에 맞는 참신한 은유를 계속적으로 기대하고 있다. 시인이라면 은유를 매우 신선하게 다룰 줄 알아야 한다. 은유를 잘 사용하면 몇 줄 짧은 시가 넓은 대해와 같이 퍼내고 퍼내도 여전히 깊이를 가늠할 수 없는 의미의 바다로 남아 있게 된다.

시를 심상하라

심상이란 시를 통해 형상화되는 이미지이다. 이미지라고 하면 시각적 이미지만 떠올리지만 실제로 청각, 미각, 촉각 등 다양한 것들이 존재한다. 시는 관념적인 주제를 형상화하기 위해 쉬운 소재들을 선택해 설명하려고 시도하기 때문에 이러한 심상들을 활용하는 것에 능하다. 이런 심상들이 어우러져서 시의 내용을 종류별 반찬들로 잘 차려진 만찬처럼 풍성하게 만들어 준다.

이 책을 잠시 덮고 정지용의 〈향수〉를 읽어 보자. 받는 순간 입이 딱 벌어지는, 할 수 있는 재주는 다 부려서 상다리가 부러지도록 차린 총천연색 인심 좋은 한정식 밥상 같지 않은가? 자신의 어린 시절 살던 고향에 대한 그리움을 주로 그곳에 대한 서정적이고 감각적인 묘사로 채웠다. 거의 대부분이 시각적 이미지들인데 곳곳에 청각적 이미지 '얼룩백이 황소가 (…) 게으른 울음을 우는 곳', '밤바람 소리 말을 달리고'와 촉각적 이미지 '사철 발 벗은 아내가 따가운 햇살을 등에 지고', '풀섶 이슬에 함초롬 휘적시던 곳' 등이 용해되어 있어, 독자들로 하여금 자신의 고향을 구체적으로 떠올리며 그리워할 수 있도록 다채로운 볼거리, 먹을거리, 느끼고 들을 거리 등으로 가득하다.

같은 작가의 다른 시인 〈유리창〉의 일부를 보자.

유리에 차고 슬픈 것이 어른거린다.
열없이 붙어 서서 입김을 흐리우니
길들은 양 언 날개를 파닥거린다.[17]

'차고 슬픈 것이 어른거린다'. 유리창에 비치는 아들의 심상이겠지만 시각과 촉각이 함께 어우러진 공감각적 표현이다. 비치는 시각적 심상이 더운 입김에 의한 것이고 너무 뜨겁고 슬픈 것이었겠지만 '차고'라는 온도의 이미지를 함께 얹어서 절제된 심정을 표현하게 된 것이다. 이는 역설적 공감각이다.

시를 갑자기 쓰라는 요구를 받으면 어지럽고 어렵게만 느낀다. 평상시 자기 자신이나 주변 것에 대하여 은유하는 습관을 들여 보자. '저것은 _____ 같네.' 그리고 영감이 떠오를 때 내가 왜 '저것'을 보고 '그것'을 떠올렸을까 그 공통분모를 분석해 보는 연습도 해 보자. 이 같은 생각을 메모하듯 습작으로 써 놓으면 이후에 과제에 대한 요구로서 시를 쓸 때 도움이 된다.

시를 모순하라

위에서 살펴보았지만 시에는 다양한 모순어법이 존재한다. 시적 허용이라는 것은 원리상으로는 무제한이다. 왜 시에서만 이러한 허용을 반가워하는지 생각해 보았는가? 그것은 시가 '전달'과 '독자'라는, 필자가 필수로 고려해야 할 장애들로부터 비교적 자유롭게 우리의 내밀한 감정과 생각을 가장 자기표현의 원리에 적합하도록 구현할 수 있는 장르이기 때문일 것이다.

이러한 허용의 관점에서, 의미를 창조하고 재구성하기 위한 다양한 방법들 중 반어와 역설 등이 존재한다. 이 세상에 존재하는 것들을 잘 관찰해 보면 매우 모순적인 것이 많다. 이러한 것들이 일상의 본질을 추구하는 시의 언어에도 반영된다.

반어라는 것은 일상 언어에서라면 마음과 반대로 표현하는 것이다. '잘한다 잘해'. '아이, 예쁜 것' 등 못하는 것들에 대해서도 '잘한다'며 반대로 말하기도 하지만, '너 참 못생겼다' 이렇게 좋은 것을 나쁘게 표현하는 때도 있는데 이는 마음을 절제하는 의미이기도 하고 다양한 의도에서의 우회적 표현이기도 하다.

김소월의 〈먼 후일〉이 대표적인 경우다.

오늘도 어제도 아니 잊고
　먼 훗날 그때에 '잊었노라'[18]

　시 전체는 '그립다'와 '잊었다'의 이항대립을 통해 시상이 전개된다. 자신을 언젠가 찾을 것을 예상하고, 그때 잊었다 말할 준비를 오늘 미리 하고 있다. 오늘도 어제도 아니 잊었다면 확률상 그때 잊기도 힘들 것이라는 것을 누구나 알고 있다. 반복되는 시어 '잊었노라'는 정확히 시인 마음의 반대 뜻임에 틀림없다. 이런 반어는 자기 마음의 '잊지 못함'의 심정을 더 강화하여 표현해 준다.

　역설은 정확히 모순에 가깝다. 반어도 역설의 의미를 함축한다. 어떻게 믿기지 않을 수 있으며 무척 그리다가 잊을 수 있는가. 앞뒤가 도통 맞지 않는다. 역설이란 반어처럼 마음과 표현이 반대가 아니라 표현과 표현이 반대인 경우이다. 김소월의 〈진달래꽃〉이 대표적인 경우다. '죽어도 아니 눈물 흘리우리다'는 반어적 표현이지만 '사뿐히 즈려밟고'는 역설이다. 표현 자체에 모순이 생겼다. '사뿐히'라는 표현은 '가볍게', '아프지 않게'라는 뜻이다. '즈려밟고'는 '무겁게', '아프게'라는 의미로 잔인하게 느껴진다. 님의 마음을 가볍게 해 주려고 '사뿐히'라는 용어를 골랐지만 그 고통이 자신에게는 '즈려' 밟는 고통이다. 이런 역설을 읽으면 독자도 함께 고통스럽다. 한국인들의 정서적 공감대가 시를 유명하게 해 준 셈이다.

　절망도 없는 이 절망의 세상
　슬픔도 없는 이 슬픔의 세상[19]

정호승의 〈희망을 만드는 사람이 되어라〉의 한 부분이다. 해석하고 픈 욕구가 막 일어날 것이다. '그래, 절망이라고 말할 수도 없는 게 진짜 절망의 세상이지.' 만약 이러한 개똥철학이 마음에서 마구 일어난다면 역설을 제대로 이해했다고 할 수 있다.

쉬운 시를 '시(詩)' 하라

이것도 저것도 시를 쓰기에 주저가 된다면 패러디 시를 써 보자. 예전에는 패러디를 시 작품으로 여기지 않았다. 그러나 최근에는 패러디를 하나의 작품으로 보아 준다. 우리가 가진 문학의 본능은 기본적으로 유희적 본능이다. 패러디 작품을 고를 때는 이미 사람들이 익숙하게 알고 있는 작품을 가지고 해 보라. 특별히 원전을 밝히지 않아도 될 만큼 인지도가 높은 시를 말이다.

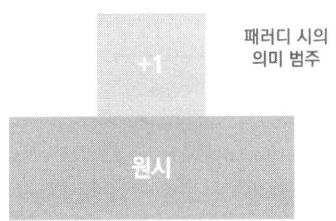

패러디 시는 기존 작품이 가지고 있는 의미 무게에 또 하나의 의미 무게를 얹어 표현하는 것이다. 1+1의 안전한 의미 효과가 있다. 이때 +1은 순수하게 자신만의 것이어야 하며 세상에 대한 일침을 가하는 통쾌함이 있는 것이어야 한다.

비유와 유사한 양상이 아니던가. 원관념을 표현하려고 고민하다 보니 보조관념을 가지고 왔고 이 둘이 어떤 유사성의 관계를 가지고 연계될 때 새로운 의미영역이 추가적으로 발생하게 된다.

패러디는 원시를 독자들이 익히 알고 있을 때 효과가 있다. 독자에게 원시에 대한 어떤 이해가 있는데 그 이해를 낯설게 하면서 어떤 의미영역을 추가로 얹어 놓는 것이다. 이렇게 되면 두 텍스트가 만나 의미 충돌을 일으킨다. 독자는 원시를 참조해 패러디 시를 읽게 되고 시간이 진행되면 패러디 시를 참고해 원시를 읽게 될 것이다. 자연스러운 상호 텍스트 효과가 발생한다. 의미는 어떻게 되는가. 단순히 합집합의 영역이 아니라 메타적 주변 영역까지 의미가 확장된다. 원시를 바라보는 메타적 관점의 여백이 생기고 이는 패러디들과의 상호작용 속에 주변으로 계속 확장된다.

김춘수의 〈꽃〉이라는 시는 패러디 시가 가장 많은 시 중의 하나이다. '누군가를 불러 주었을 때 그가 내게 와 하나의 의미가 되었다'는 이 시구는 패러디의 효과를 가장 잘 표현하고 있는 것이 아니던가. 아래는 〈꽃〉 패러디 시 중, 송기영이라는 시인의 〈코끼리 접기〉라는 작품의 일부이다. 시간이 된다면 이 시 전문을 찾아 읽기 바란다.

자주 그의 이름을 불러 주었을 때
그는 나에게로 와서 진짜 꽃이 되었어요.
이젠 전정가위가 필요한 것 같아요.[20]

패러디 시를 먼저 읽어 보라. 자연스럽게 무엇과 비교하면서 읽게 되던가. 원시를 끊임없이 참조하고 상기하면서 그 의미를 상호 비교·대조하며 읽고 있는 자신을 발견할 것이다. 게다가 마지막 연의 '매머드'의 참조가 '시방 위험한 짐승'이다. 이는 김춘수의 또 다른 작품인 〈꽃을 위한 서시〉의 한 행이다. 어떤 효과가 있는가. 시의 영역이 이 참조 하나로 세 시를 엮어 놓아 확장되었다. 이것이 패러디가 가지고 있는 경제성의 원리이다. 원시에 기대어 시를 쓰면 원시의 의미 영역과 패러디 시가 연계되고 독자는 이미 굳건하게 그 해석적 의미를 견지하고 있는 원저자와 원시의 영역 안으로 손쉽게 들어가 그 연계적 의미를 확인할 수가 있다.

용기를 내기

시에 주저하는 사람들은 일단 시를 만만하게 여기는 것으로부터 시작할 필요가 있다. 시는 본능적인 것이다.

시는 아무나 짓는 게 아니야
배운 사람이 시를 써 읊는 거지[21]

자조적 언어로 시작하는 이 시는 이미 익히 잘 알려진 한충자 시인의 〈무식한 시인〉의 첫 두 행이다. 72세에 뒤늦게 한글을 문해하는 과정 중 지은 시인데 유명해졌다. 자신을 가소롭게 여기고 배우지 못한 게 죄라고 말하는 그는 애써 노력해도 배운 사람만 못한 시를 쓴다고 고백한다. 그렇게 자신처럼 배우지 못한 사람은 따라가지 못할 영역인 시세계에 대해 그가 바치는 순정이 안타깝게 느껴지는가? 도리어 그러거나 말거나 자신이 하고 싶은 일을 자신의 삶의 일부로 녹여 버린 할

머니의 톡톡 튀는 발상이 오히려 우리를 설레게 하지 않는가.

그저 열심히 농사짓다가 갑자기 시상이 떠오르면 순수하게 시가 쓰고 싶어 호미를 버려두고 집으로 달려가는 할머니 한 분이 그려지지 않는가? 다른 욕심이 없기에 순간순간 지나치기 쉬운 감상을 틈틈이 시로 남기는 재미가 붙어 버린 일상의 시인다운 시인이 그려진다. 이 시를 찾아 읽어 보고 우리도 용기를 내어 한번 도전해 보자.

수필

무형식의 형식

수필은 붓 가는대로 쓰는 글이다. 무형식의 형식. 무형식의 글이라는 건 쓰는 사람의 마음을 상당히 가볍게 만들어 준다. 일상적인 메모가 수필이다. 일기가 수필이다. 하루를 정리하는 글을 30분씩 써 온 사람들은 나름대로 수필집을 만들고 있는 것이다. 무거운 사회문화적 주제로 쓴 중수필도 수필이지만, 주변의 평범한 사물에서 영감을 받아 쓴 신변잡기, 경수필도 때로 상당히 심금을 울리는 글이 된다. 일상에서 놓치기 쉬운 어떤 단상이면서 누구나 경험하고 있지만 그 본질을 깨닫지 못하는 부분에 대한 꼬집기이다.

자료를 철두철미하게 준비해서 논리를 일단 세우고 개요를 작성해 글을 써 온 사람들에게 '붓 가는 대로 쓰는 글'이란 여전히 모호하고 위험천만하게 느껴질 수 있지만 그렇게 느끼는 사람일수록 이렇게 무계획으로도 글을 한번 써 보면 어떨까. 문장이 문장을 부르는, 글이 스스로 글을 쓰는 것 같은 그런 경이로운 순간을 경험할 수 있다.

"나는 용서한다"

예전에 어떤 글쓰기 교수자가 쓴 글을 읽은 적이 있다. 일반적으로 대학 글쓰기 지도자들은 개요를 짜고 계획적으로 쓰는 글을 가르치는 사람이다. 그런데 그 교수자는 '첫 문장' 하나만을 주고 그 문장을 이어 글을 몇 문단만 써 보게 하였다. 그 첫 문장이 '나는 용서한다'였다. 그 교수자의 수필에 의하면 학생들은 너무 당황해서 글을 쓰다가 나가 버리는 경우도 있었다고 한다. 도저히 못 쓰겠다는 학생들에게 그 글은 도대체 어떤 의미였을까. 글이 무엇이기에 형식적으로 논리에 맞춰 기계처럼 글을 써 온 학생들로 하여금 그 문장 하나를 소화 못 하고 교실을 뛰쳐나가게 했을까. 나는 조용히 생각해 보았다.

글은 우리가 생각하는 것처럼 나와 철저히 구분되는 객체가 아니다. 글은 일종의 자기대상(selfobject)이다. 글은 자신의 분신이요, 자기(self)의 연장이다. 글이 써지면서 글이 나에게 말을 건다. 글이 나의 상처를 도려내기도 하고 내 마음을 위로하기도 한다. 글을 내가 쓰고 있는데 글이 나에게 말을 건다. 글과 내가 상호 소통하는 듯한 어떤 순간이 되어 버린다.

나는 그 교수자가 쓴 수필이 너무 인상적이어서 글쓰기 수업에 들어가면 반드시 저 첫 문장을 주어야겠다고 생각해 보았다. 저 첫 문장 말고 저만큼 임팩트 강한 문장을 생각해 보려고 했으나 아직도 생각이 나지를 않는다. 대학생 나이의 인생사에 용서하지 못할 사람이 얼마나 많이 있다고 글을 팽개치고 나갈 만큼 마음이 힘들었을까. 그러나 그것을 참고 교실에 끝까지 남아서 원고지를 채워 갔던 학생들은 용서라는 힐링을 마음으로 경험했을 것이라고 생각한다. 내가 쓴 글이 바로 나를 힐링하는 그런 순간이었을 것이다.

  주제를 미리 정하지도, 중심 소재를 찾아 검색을 해 보지도, 마인드맵을 그려 보지도 않았는데 저절로 감정을 주체 못 하고 글을 쓰다가 진정해 보면 원고지가 가득 채워져 있는 그런 경험도 글쓰기에서 중요한 경험이라 생각해 보았다. 글이 글을 부르는 경험이다. 이처럼 학생들에게 간단한 수필을 써 보게 했던 그 교수자가 남긴 글도 수필이다. 자신의 일상 수업에서 느낀 짧은 단상일 뿐인데 이토록 독자 중 하나인 나에게 깊은 인상을 남겼다.

힘 빼기

  수필을 쓸 때는 이렇게 의식의 흐름에 글을 맡겨 보는 것이 좋다. 물론 글을 쓰고 난 이후에는 다시 첨삭하고 고치면서 구성 면에서, 문장 면에서 손보아야 하는 부분이 많이 있을 것이다. 그럼에도 불구하고 이렇게 써 나간 글에서는 또 그러한 글다운 묘미를 맛볼 수 있다.

  그리워하는데도 한 번 만나고는 못 만나게 되기도 하고, 일생을 못 잊으면서도 아니 만나고 살기도 한다. 아사코와 나는 세 번 만났다. 세 번째는 아니 만났어야 좋았을 것이다.[22]

  우리가 잘 아는 피천득의 〈인연〉 유명한 마지막 구절이다. 이 문장들을 읽으면 혹시 공감하는가? 여운을 남기는 결말, 아무것도 아닌 일상의 이야기를 하더라도 깊이 생각해 볼 문제를 남기며 미련 없이 사라지는 것, 이것도 수필의 한 특징이다. 우리는 시와 소설, 수필이라는 대표적인 문예 장르가 서로 완전히 다른 범주에 들어 있어 무엇이든 공유하지 않는다고 생각하지만 그렇지 않다. 이와 같은 여운의 결말은 소설로 치자면 일종의 열린 결말이다. 특히 시와 수필처럼 짧은 글들에서는 이야기 결말의 디테일을 빼곡하게 일러 주거나 논리적인 결론을 지어 주지 못한다. 이러한 때는 독자의 사고 공간을 널찍하게 만들어 주는 것이 효과적이다.

열린 결말에는 두 가지 종류가 있다.

작가가 의미의 구성자로서 주체적인 의미를 창출해 오다가 한 장면에서 독자에게 어떤 의미를 재해석할 공간을 의도적으로 부여하는 것이다. 마치 가수가 노래를 하다가 관객들에게 마이크를 주며 한 소절 노래하도록 유도해 보는 것과 같다. 그러나 그렇다고 그 노래가 관객들의 노래는 아닌 것처럼 독자에게 의미를 구성할 공간을 계획에 의거해 한 순간 제공하는 그러한 열린 결말이다.

두 번째 유형은 작가가 의미 구성자로서의 자신의 역할 대부분을 독자에게 맡겨 버리는 형태이다. '텍스트가 놀이터가 되게 하라'는 의도는 독자가 텍스트를 가지고 무엇을 하든 상관하지 않겠다는 무한한 자유와 해방의 선포이다. 여기에서는 작가가 독자의 의미 재구성을 관찰하는 독자요, 독자가 의미를 생산하는 주체적 작가이기를 허용하는 교사이다. 상호 간 경계상실의 의도가 배어 있다. 최근 작품들에서는 이러한 극단적 경향, 즉 의미가 없거나 개방적인 빈 스케치북을 독자에게 전폭적으로 제공하는 형태의 실험적 결말들도 등장하고 있다.

나는 열린 결말을 '충분히 계획하고 의도된 개방'과 '무책임한 개방'으로 구분하여 이야기한다. 무책임한 개방으로 독자에게 모든 것을 맡겨 버리고 자신의 책임을 방기하는 저자가 되지는 말 것을 말이다. 현명한 저자는 자신이 넘지 말아야 할 선까지 성실하게 달려간 후 약속된 그 자리에 정확히 멈춰 선다.

또한 '충분히 계획하고 의도되었다'는 것은 열린 결말의 여러 가지 가능성을 머릿속에 미리 그려 보고 그 가능성의 제한 아래 일정 부분의 선택지가 있는 의미를 특정 위치에 구획화하여 제시하였다는 뜻이다. 충분히 가능하다. 수필을 쓸 때 이러한 이야기를 머릿속에 그리고 있으면 좋을 것 같다. 난 나의 저자성(authorship)을 어느 정도까지 책임 있게 수행하고 있는가. 난 의미 재구성권을 독자에게 어느 정도 일임할 계획인가. 학생 저자가 이것을 결정할 인식적 능력과 책임성을 쥐고 있을 수 있다면 난 열린 결말 찬성론자이다.

이것만은!

1. '시'라는 장르는 다양한 외연을 가지지만 모두 노래로 부를 수 있다는 공통점을 가진다. 운율이 시의 생명임을 기억하자. 산문시를 쓰더라도 운율을 의식하면 풀어쓰더라도 시로 인식된다.
2. 시를 만만하게 생각해야 쓰기를 시도할 수 있다. 소박하면서도 진솔하고 쉬운 시부터 쓰자.
3. 무형식의 수필이 생명력이 긴 문학의 장르로 자리를 잡은 까닭은 일상에서 깊고 구수한 삶의 본질을 드러내는 통찰에 있다.

토론 문제

1. 좋아하는 시 한 편을 찾아 운율, 심상, 은유 등의 속성들을 분석하고 이야기해 보자.
2. 좋은 시가 갖추어야 할 요인에 더 무엇이 있을까?
3. 수필 중 특별한 여운으로 기억에 남는 글이 있다면 소개해 보자.

활동 1

정호승의 <슬픔이 기쁨에게>라는 시의 첫 두 행이다.
이 시 전문을 찾아 읽고 이를 패러디 해 보자.

<슬픔이 기쁨에게>	<_____가 _____에게>
나는 이제 너에게도 슬픔을 주겠다. 사랑보다 소중한 슬픔을 주겠다.[23]	

* 자신의 시의 주제와 세계관은 한 문장으로 무엇인가? 써 보자.
한 줄 소개:
_____

활동 2

아래 수필은 우리가 익히 잘 알고 있는 수필이다. 필자 자신이 들은 실화를 스토리텔링 했다. 가난과 행복의 관계라는 것은 일상을 살아가는 서민들 누구에게나 감동을 주었을 것으로 생각된다. 우리 주변에도 이와 같은 이야기가 있는가? 먼저 팀별로 이야기해 보고 정리가 되면 그것을 짧은 수필로 써 보자.

> 어느 날 아침, 쌀이 떨어져서 아내는 아침을 굶고 출근했다.
> "어떻게든지 변통을 해서 점심을 지어 놓을 테니 그때까지만 참으오."
> 출근하는 아내에게 남편은 이렇게 말했다. 마침내 점심시간이 되어서 아내가 집에 돌아와 보니 남편은 보이지 않고 방안에는 신문지로 덮인 밥상이 놓여 있었다. 아내는 조용히 신문지를 걷었다. 따뜻한 밥 한 그릇과 간장 한 종지… 쌀은 어떻게 구했지만 찬까지는 마련할 수 없었던 보양이다. 아내는 수저를 들려고 하다가 문득 상 위에 놓인 쪽지를 보았다.
> "왕후의 밥, 걸인의 찬… 이걸로 우선 시장기만 속여 두오."
> 낯익은 남편의 글씨였다. 순간, 아내는 눈물이 핑 돌았다. 왕후가 된 것보다도 행복했다. 만금을 주고도 살 수 없는 행복감에 가슴이 부풀었다…[24]

6. 어떻게 문학적 역량을 표현할까? - 2

스토리텔링

스토리와 텔링

스토리텔링은 '스토리'와 '텔링'의 합성어이다. 스토리는 처음과 중간, 그리고 끝으로 구성된 서사적 구성물을 지칭하나 소설이나 서사보다 훨씬 더 범위가 넓다. 시간의 선후 관계가 있는 두 개 이상의 사건에 대한 연속적 기술이라면 스토리로 볼 수 있기 때문이다.

스토리라고 해서 소설만 떠올릴 일이 아니다. 예를 들어 서사시나 산문시가 아니라고 하더라도 시에는 시인의 삶에 대한 스토리텔링이 담겨 있다고 볼 수 있다. 배경 이야기가 있고 그러한 글을 쓰게 된 사건이 있다. 그래서 서정시나 논증문, 설명문, 문화콘텐츠 등까지 포괄적 의미의 스토리텔링으로 보는 관점이 존재한다. 다음의 대중가요를 보자.

(…) 가을 지나면 어느새, 겨울 지나고 다시 가을
날아만 가는 세월이 야속해 붙잡고 싶었지
내 나이 마흔 살에는[25]

서정시 양식과 유사하다는 노래 가사에도 시간의 흐름이 있고 그 시간의 흐름 속에 사건들이 연계되어 있다. 대부분의 노래가 그렇지 않은가? 예외가 있을까? 작사가가 자신의 스토리텔링을 표현하고 있지만 이것은 노래하는 자의 스토리가 되고 또 듣는 자의 스토리가 되기도 한다. 스토리텔링이 스토리와 다른 점 중에 하나는 '누가 그 스토리를 말하고 있느냐'와 '어떻게 말하고 있느냐'에 초점을 둔다는 것이다. 똑같은 스토리로 부르는 노래라도 '부르는 사람'에 따라 전혀 다르거나 특별한 노래가 되기도 한다. 나아가 '듣는 사람이 누구냐' '어느 장소에서 듣느냐'에 따라 전혀 다른 스토리로 이해되거나 해석된다.

"나는 가수다"는 좋아했던 프로그램 중 하나였는데 이 프로그램이 성공했던 이유 중 하나는 그 노래를 부르는 가수들의 스토리텔링이 스포트라이트를 받았기 때문이라고 생각한다. 오디션 프로그램들이 참가자들의 스토리와 함께 노래를 들려주기 때문에 각 노래가 곧 그들의 삶의 스토리라고 연결해 믿는 대중들에게 인기를 받을 수 있었다.

인순이가 부른 〈아버지〉는 한국인들에게는 생소한 느낌일지는 모르지만 그의 특별했던 삶에 대한 고백이 담겼기 때문에 관객들이 그토록 눈물을 흘렸던 것이라 생각된다. 박정현이 불렀던 〈이젠 그랬으면 좋겠네〉가 조용필의 버전과는 전혀 다른 스토리로 이해되는 것은 스토리 자체보다는 그것을 누가 말하고 있는가에 관심을 가지기 때문이다.

그리고 그것을 어떤 매체로 부르느냐, 즉 어쿠스틱, 록, 재즈와 같은 매체의 형식 유형에 따라서도 전혀 다른 이야기 양식으로 읽힌다. 굉장히 어두운 풍의 노래였는데 갑자기 밝고 희망적인 노래로 탄생하니 말이다. 동일한 가사인데도 어떤 형식을 입히느냐에 따라 촌스럽기도 하고 세련되기도 한다.

'어디서 감상하느냐'도 이러한 차별화에 한몫한다. 집에서 음반으로 듣는 음악과, 가수의 생생한 스토리텔링을 볼 수도 있고 들을 수도 있는 현장에서 즐기는 음악은 서로 다른 감동으로 다가온다. 아마도 현장에서는 가수의 마음을 볼 수 있고 그에 감동하거나 평가할 수 있으며 무엇보다 그와 상호작용이 가능하다는 특징이 있기 때문이리라.

교육에서의 스토리텔링

스토리텔링이라는 말이 유행어처럼 시대의 화두로 등장한 것은 십여 년 전부터가 아닌가 한다. 한류 문화콘텐츠의 대유행 전에도 스토리텔링 콘텐츠, 스토리텔링 교과서의 붐이 일었다. 가장 인상적이었던 것은 역사 교과서에 만화가 실리기 시작하고 수학 교과서가 숫자보다 그림과 이야기로 구성되기 시작한 것이다. 그래서 교과서가 근엄하고 가까이하기에 너무 먼 책이 아니라, 자주 열어 보고 싶고 상호작용하기에 좋은 도서로 보이기 시작했다. 교과서를 그렇게 개발하게 된 데에는 이유가 있다.

스토리는 어떤 정보를 딱딱하고 기계적으로 나열하기보다 체감 온도가 있는 온돌처럼, 이웃집 정감 있는 수다쟁이 언니처럼 언제나 우리 마음에 친근하게 다가선다. 스토리를 싫어하는 사람은 없다고들 한다. 인간의 수다 지향과 각종 뉴스에 대한 관심이 스토리에 대한 목마름처럼 보이지 않는가.

이처럼 스토리는 인간의 삶과 지척 거리에 있으며 역사가 꽤 오래된 장르이다. 그 기원을 각 민족들이 하늘에 제의를 올릴 때에 부족의 수장이 읊던 내레이션에서 찾기도 하고 동굴의 벽화에 그려진 그림들에서 찾기도 한다. 그곳에 그려진 어떤 퍼레이드나 수렵, 채집, 생활 등은 당시 사람들의 관습이나 문화를 알려 줄 뿐 아니라 그것을 그린 사람의 진지하거나 장난스러운, 소소한 이야기가 녹아 있기 때문이다. 길고 장엄한 왕의 행진 행렬에서 딱 한 사람 다른 방향을 보며 그 진지함에서 심리적으로 일탈해 있는 이의 얼굴도 보이고 한 구석에서 그러거나 말거나 서로 장난치고 놀고 있는 어린아이들도 보인다. 이것은 그것을 그린 이가 어떤 중대 사건만을 우리에게 보여 주는 것이 아니라 그 거대 이야기를 둘러싼 다층적인 인물군상에 대한 주의 깊은 관찰과 묘사를 통해 소정의 크고 작은 의미를 구성하고 어떤 미시적 세계관을 전달하고 있는 것이다.

스토리는 우리를 어떤 사건에 대하여 잘 기억하도록 돕는 장치이기도 하다. 그래서 어떤 개별 사건이나 사물을 외울 때 여러 가지 스토리를 부여해 암기해 보도록 하는 암기법들도 유행을 하였다. 예를 들어 충청도, 경상도, 전라도, 강원도의 순서를 따라 외워야 한다면 '충성스러운 경사가 전국의 강을 돌아다녔다'와 같이 문장의 의미적 맥락을 통해 암기하면 절대 잊어버리지 않는다는 것을 활용한 것이 아니던가.

광고만 보더라도, 이제 광고가 그 상품의 좋은 점만을 반복해 말하는 시대는 지났다. 광고에도 마음이 찡해지는 어떤 감동 스토리를 심는다. 그러한 감동이 그 상품의 이미지가 된다. 어린 시절 유치원 크리스마스 발표회 때 산타클로스가 각 아동들에게 선물해 주는 시간이 있었는데 그때 내가 받은 것은 초코파이 한 박스였다. 크리스마스 아침에는 늘 머리맡에 초코파이가 산타 선물로 놓여 있었는데 지금부터 40-50년 전 이야기인데도 그때마다 실망을 했던 기억이 난다. 초코파이는 그때 나 지금이나 어린이들에게 그저 그런 간식인지도 모르겠다. 그런데 언젠가부터 초코파이에 '情'이라는 단어를 심기 시작하고 가장 소중한 사람들, 부부, 자녀, 선생님에게까지 마음을 전하는 소소하지만 진심 어린 선물 이미지를 TV 광고가 심기 시작하자 초코파이가 다시 보이기 시작했다. '감사 선물'이라는 소박한 이미지를 심기 위해 노력했던 '박카스', '빼빼로' 등에서도 마찬가지 현상이 일어났다.

이러한 광고가 유행하는 것은 주관성과 소소한 주변 것들에 관심을 가지는 포스트모던 시대의 문화적 특징을 반영하는 것 같다. 이와 마찬가지로 스토리가 타 목적의 학습이나 비즈니스, 외교, 정치 등과 관련될 때에도 그 굵직굵직한 담론 주변에 스토리텔링이 소소하게 붙어서 어떤 이미지를 형성해 주고 주 메시지를 빛나게 해 주거나 어떤 잉여적 의미를 보태 주는데, 현대인들이 이러한 소소한 이야기에 더 관심을 가진다는 것은 주목해 보아야만 하는 양태이다. 스토리는 거대담론에 따뜻하고 친숙한 조명과 분위기를 두르고 유의미한 맥락을 마련해 그 내용이 잘 이해가 되도록 도움을 준다.

자신의 이야기 쓰기

현대는 디지털 스토리텔링이 마치 스토리텔링의 동의어처럼 사용되는 시대이다. 이 말은 스토리텔링이라는 것이 소설처럼 작법을 갖춘 특정한 전문인만 쓰는 것이 아니라는 것이다. 우리가 쉽게 애니메이션이나 영화, 유튜브만 열어 보아도 수많은 전문가 혹은 개인 스토리텔러들이 각자의 카메라를 켜 놓고 저마다 자신의 이야기를 전하고 있는 모습을 볼 수가 있다. 이 시대에는 그 누구나 스토리텔러, 이야기 생산자들이 될 수 있다. 대학 캠퍼스에도 1인 유튜버에 관한 교과, 비교과 프로그램들이 서로 경쟁하듯 생겨나는 것을 보면 이것이 이제 현대인들의 실생활 자체이고 생각보다 훨씬 더 우리 삶을 점령하고 있는 듯 보인다.

우리가 대학 글쓰기 수업에서 스토리텔링을 할 기회는 그렇게 많지 않다. 논리적 글쓰기나 보고서 쓰기 등에 할애하는 시간에 비하면 시도해 보기에 턱도 없이 부족한 시간들일 것이라고 생각된다. 그러나 교수자에 따라서는 자신의 경험을 바탕으로 한 표현적 글쓰기의 소중함을 인식하고 이러한 글쓰기를 상당 부분 글쓰기 수업에 반영하는 분들이 있다고 생각된다. 진정한 글쓰기는 남의 이야기를 하는 것이 아니고 바로 지금 여기(Here and now) 자신에 관한 이야기를 하는 것이며 이를 통해 주체적이고 책임 있는 인간의 정체성을 수립할 수 있다고 믿기 때문일 것이다.

대중적인 이야기

어떤 이야기가 좋을까? 스토리텔링이 꼭 대중적일 필요는 없다. 시중에 나와 있는 스토리텔링 전략서들은 현대를 살아가는 대중들에게 어필할 수 있는 이야기 구성 전략을 제시하고 있으나 학생들이 쓰는 스토리텔링이 꼭 대중성을 가져야 할 필요는 없다. 그러나 우리가 왜 현대인들이 그러한 특정 유형의 이야기를 좋아하는가에 관심을 가질 필요는 있다. 그것이 인간들이 근원적으로 말하고 싶어 하고 듣고 싶어 하는 이야기의 원형일 수 있기 때문이다.

문화평론가들은 왜 드라마나 소설, 다양한 문화콘텐츠들에 담겨 있는 특정 이야기 문법이 시대가 바뀌어도 계속 반복되고 있는지에 관심을 가진다. 주인공과 인물들의 직업, 배경, 말투나 굵직한 사건들에 변화가 있을 뿐 플롯에 있어서는 유사 구조가 반복되고 있다는 인상을 받는다. 사람들이 콘텐츠를 소비하는 데에는 특정 욕구가 관여되어 있기 때문이다. 그리고 그것을 지어내는 사람에게도 욕구가 있다. 두 욕구가 상반되지 않는 건 그들이 모두 보편 인류에 속하기 때문이다.

일반적으로 어떤 스토리를 시작할 때는 어떤 특정 욕구를 가진 인간형을 주인공으로 내세운다. 예를 들면 성공지향형 인간, 애정지향형 인간, 탐험지향형 인간, 성찰지향형 인간 등이 그것이다. 대체로 사람들이 가장 많이 끌리는 스토리가 성공스토리와 신데렐라형 스토리라고 한다. 이외에 생존스토리 등도 이 시대 소비되는 이야기 유형이다. 이를테면 재난영화 등에서 살아남기 위해 고군분투하는 인간형에게서 자주 구현된다. 생존의 갈림길에서 겪는 숨 막히는 인간의 혼란스러운 감정과 갈등, 기발한 해결책들이 마치 우리 자신의 현실 이야기를 보는 것처럼 아프거나 공감하거나 진심으로 박수를 보내게 하는 재료다. 그러한 이야기는 인류라면 누구나 경험할 만한, 또는 한 번쯤 생각해 보았을 어떤 가상의 상황이기 때문이다.

스토리텔링은 자전적 스토리텔링과 가상적 스토리텔링으로 나눌 수 있지만 기본적으로는 어느 정도 자전적인 요소를 내포하고 있다. 필자가 경험해 보지 못한 이야기 세계는 아무래도 도전하기에 위험요소가 높다. 수업에서든, 교내 문학상 도전에서든, 스토리텔링을 써 볼 기회가 있거든 자신의 이야기 중 어떤 것을 변형해서 시도해 보는 것은 좋은 시작이다. 자신은 어떤 욕구의 인간형에 끌리는가? 대중적인 요소는 심사위원에게도 어필할 수 있을지 모르니 고려하자. 이 글을 읽으면서 하나의 테마를 잡아 보자.

행위주 모형

이 모형을 적용하면 스토리의 구조를 짜기에 좋다.

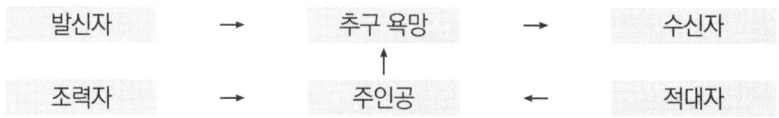

일반적으로 주인공, 곧 행위자에게는 추구하는 욕망이 있다. 그것을 그에게 허락해 줄 수 있는 존재가 발신자요, 그 욕망 성취의 수혜를 받는 자가 수신자이다. 주인공에게는 그의 욕망 추구에 도움을 줄 수 있는 조력자가 있는 반면, 그 일을 방해하는 적대자도 있다. 이러한 구도가 모든 스토리에 반영되어 나타난다. 예를 들어 황순원의 〈소나기〉라면 소년에게는 소녀와의 사랑이라는 욕망이 있으며 이를 그에게 이루어주는 발신자는 양가의 부모, 소녀라고 본다면, 그것의 수신자는 소년과 소녀라고 볼 수 있다. 그의 이러한 행위에 도움을 준 것은 징검다리와 소나기, 적대자는 소녀의 죽음이라고 볼 수 있다. 물론 이러한 기존 작품의 분석은 매우 해석적이며 독자 주관적이다.

우리가 스토리텔링을 쓰기 전 이러한 큰 그림과 구조를 잡아 보는 것은 글 쓰는 데에 도움이 된다. 성공 스토리라면 그에게 그 성공을 수여해 줄 수 있는 자가 누구인가? 신인가, 기업주인가, 어떤 운인가? 이러한 모형에서 필자의 세계관이 구성되고 나타난다.

개성적 인물

위에서 우리는 아직도 반복되는 보편적인 이야기 원형을 자신의 스토리텔링에 적절히 활용하라는 이야기를 했다. 여기까지 읽고 어쩌면 시시해졌을지도 모르겠다. 그런 것에 창의성을 부여할 수 있겠냐고 의문을 제기할 수 있다.

물론 보편적인 것만 있으면 새로운 이야기가 구성이 되지 않는다. 보편적인 욕망은 인류 공통의 것이지만 인간은 세계관도 다르고 직업도 다르며 관심분야도 각자다. 이제는 특수성의 문제로 들어가야 할 차례이다.

독특한 개성의 인물을 창조해 보자. 마루야마 무쿠는 이야기 전개에는 사건지향과 동기지향의 두 가지 전개법이 있다고 안내한다.[26] 사건지향이 '무엇이 일어났는가'에 초점을 맞춘 전개라면 동기지향은 '그가 무엇 때문에 그러한 행동을 하는가'에 초점을 맞춘 것이다. 예를 들어, 홍길동의 행동에 대한 해석을 사건지향에만 맞추는 것은 큰 공감을 일으키지 못한다. 당시 '홍길동'이라는 소설이 큰 반향을 일으킨 것은 그의 행동 이면에 있는 동기이다. 그 동기는 호부호형하지 못하고 신분상승이 불가한, 억울한 제도적 현실과 그의 주변에 가득했던 가난한 서민들에 대한 공감 및 분노에서 비롯된다. 이러한 그의 동기는 그의 돈키호테 같은 기이한 행동들을 설명하기에 충분할 정도로 시대적 공감을 이끌어 냈을 것이다.

외계인의 존재를 추적하는 영화들이 '무엇'에 초점을 맞춘 것이라면 이상의 '날개'와 같은 심리소설들은 '왜'에 초점을 맞춘 것이다. 그러나 이 둘을 명확하게 양분할 수는 없다. 우리는 '무엇이 일어났는가'에 초점을 맞추면서도 인물이 그러한 행동을 '왜 할 수밖에 없었는가'의 이유와 동기를 개연성 있게, 그리고 독자의 공감을 이끌어 낼 수 있게 잘 창조해 내야 한다.

불완전하나 성장하는 인물

우리는 지나치게 완전한 캐릭터를 창조할 필요는 없다. 인물형에는 고전적으로 햄릿형과 돈키호테형이 존재하는데 전자는 비극에, 후자는 희극에 주로 창조된다. 현대물도 이러한 인물형에서 자유롭지는 못하지만 두 가지 면모를 다 갖춘 바보형 천재도 자주 등장한다.

예상과는 다르게 장점보다 오히려 단점이 공감을 이끌어 내기 쉬울 때가 많고 극이 전개됨에 따라 점차 약점이 극복되고 성장하는 그런 유형의 인물을 창조하는 것이 대중(들)의 기대에도 부합하기에 추천할 만하다. 사실 약점 있는 인물을 어떻게 매력적으로 잘 그려내는가가 스토리텔링의 관건이라고 해도 과언이 아니다. 캐릭터를 창조할 때는 먼저 그의 성격을 결정한 후 그만의 세계관을 입힌다. 성격과 세계관은 전혀 다른 것이다. 성격과 그가 가진 세계관이 충돌하는 매력적인 인간형으로 조성해도 좋다. 예를 들어 그의 성격은 매우 강직하나 어떤 한 부분에 대해서만큼은 비위가 약하고 한없이 유약한 어떤 개성적인 인물로 창조해 보자. 어떤 부분이란 돈이 될 수도 있고 그가 가진 어떤 취향일 수도 있다.

대부분의 주동인물 주변에는 적대자가 있어 어떤 행동도 취하지 못하고 갈등하는 그가 어떤 행동을 취하도록 상황을 몰고 가거나 추동하여 그의 욕구를 좌절시킨다. 그러나 적대자가 입체적인 인물인 경우 갑자기 조력자로 변하기도 한다. 이 같은 관계의 이변이 있을 때 더 사실적인 반전이 생긴다. 조력자와 적대자의 + - 관계 형성을 통해 극이 발전해 간다는 것을 고려할 때 글쓰기 전 캐릭터를 계획적으로 잘 잡는 것은 매우 중요하다. 조력자뿐 아니라 적대자도 그의 행위가 충분히 이해가능하며 공감할 수 있는 인물로 그려지면 더 좋다.

'나'를 자꾸 괴롭히는 〈동백꽃〉의 점순이는, 그의 행동과 생각의 모순으로 인해 이야기가 자꾸 꼬이지만 독자들이 어떤 면으로 자신의 어린 시절을 떠올리고 그 행위를 잘 이해하고 공감할 수 있도록 돕기도 한다. 개성적이지만 매력적인 캐릭터를 정했다면 그것을 잘 드러내 줄 수 있는 습관적인 말투, 특정한 표정, 행동 등을 묘사하는 것도 좋다. 말을 더듬는 천재, 천사처럼 자주 웃는 악인 등 그의 콘셉트를 잘 잡아 보자.

인물을 묘사하기

인물을 묘사하는 데에는 두 가지 방식이 존재한다. 하나는 말하기(telling) 기법이고 다른 하나는 보여 주기(showing) 기법이다. 말하기 기법은 그야말로 작가가 전지적이어서 인물의 성격에 대해서 말로 설명하여 다 알려 주는 것이다. 즉 정보전달 콘셉트이다. 그러나 스토리가 다른 장르와 차별화되는 가장 큰 특징은 '보여 줄 수 있다'는 점일 것이다. 성격에 대한 진술보다 인물의 대사만으로 그 성격을 생각해 보도록 하거나 아무 설명 없이 그저 보여 주는 한 장면이 훨씬 더 많은 메시지를 주는 경우가 많다. 〈노인과 바다〉의 이 장면묘사를 보면 어떤 생각이 드는가?

별빛 아래 시시가가 싸늘해져 가는 밤공기 속에서 노인은 발라낸 만새기 살 반 조각과 내장을 꺼내고 대가리를 잘라낸 날치 한 마리를 꾸역꾸역 먹었다.[27)]

노인의 강건한 성격과 거대한 우주적 힘에 무릎 꿇지 않는 노인의 특수한 자연관을 보여 주기 위해 작가가 고의로 취한 묘사 방식이다. "나는 인간이 어떤 일을 할 수 있는지 또 얼마나 견뎌 낼 수 있는지 놈에게 보여 주고 말겠어." 노인이 어떤 생각으로 바다를 대하고 있는지 알려 주는 살아 있는 대사다. 이처럼 대사를 통한 보여 주기 방식도 있다. 보여 주기 방식을 잘 사용하면 함축적인 의미를 배가해 주면서도 감동의 용량을 늘릴 수도 있고, 주제를 감각적으로 구체화하기 때문에 읽는 사람도 재미가 있다.

배경의 의미 활용하기

시간과 공간적 배경은 그 자체로서 하나의 메시지가 된다. 시공간을 잘 활용한 대표적인 소설이 김유정의 〈동백꽃〉과 이효석의 〈메밀꽃 필 무렵〉이다. 이상하지 않은가. 소설에서 제목 정하기는 매우 중요한데 그 자체가 독자의 도서 구매를 결정하는 일이기 때문이다. 두 소설 다 '배경'을 제목으로 선정하였다. 전자는 동백꽃이 흐드러지게 핀 어떤 산골의 공간이고 후자는 메밀꽃이 필 무렵의 시간이다. 이 소설들이 긍정적인 평가를 받고 있다면 그중 하나는 이러한 배경의 의미를 잘 활용하였기 때문일 것이다.

정말이지 하늘이 이렇게도 깊고, 별이 이렇게도 빛나 보인 일은 일찍이 없었다… 만일 당신이 밖에서 밤을 새운 일이 있다면 모두가 잠을 자고 있을 그 시간에 어떤 신비로운 세계가 고요함 속에서 가만히 눈을 뜨고 깨어난다는 사실을 알고 있을 것이다. 그때 못가의 샘물은 더 한층 명랑한 노래를 부르기 시작하고 연못이나 늪은 작은 불꽃을 일으키며 온갖 산의 천사들이 깨어 일어나 공중의 나뭇잎을 흔들어 소리 나게 하고 나뭇가지와 가지를 흔드는 귀에 들릴 듯 말 듯한 작은 울림들을 들을 수 있을 것이다.[28]

알퐁스 도데의 〈별〉도 '별'이라는 하나의 소망의 상징이면서 사랑이 싹트는 배경이 되는 자연을 두근두근하는 목동의 심정에 빗대어 낭만적인 정취로 잘 묘사한 작품으로 자주 인용된다.

배경의 중요성을 이야기할 때 자주 거론하는 한국 소설은 양귀자의 〈한계령〉이다. 소설의 심리적 배경인 제목 자체가 주는 가슴 먹먹함이 곧 그 소설의 주제이기도 하다. 그 소설의 또 하나의 배경은 양희은이 부른 〈한계령〉이라는 노래이기도 하다. 이 소설을 여러 번 읽다 보면 이 노래가 소설을 읽는 내내 귀에 들려오는 현상이 생긴다. 두 작품의 서로 다른 내용이 하나의 배경을 토대로 합쳐지면서 새로운 의미를 만들어 낸다. 인생의 넘을 수 없는 한계령 앞에서 번번이 내려와야 했던 모든 인류의 숙명적 의식이 잘 반영되었다고 생각된다.

시공간적 배경을 정할 때 배경에 함축적 의미를 부여해 보자. 주제의식이 잘 드러나는 지명이나 시대를 지정해 보자. 이름 정하기도 의미를 부여하는 큰 작업이다. 〈데미안〉은 악마라는 의미를 가진 다미안과 예술가, 창조자의 의미를 갖는 데미우르크를 동시에 연상시키는 제목이다. 헤르만 헤세는 이 이름을 통해 자신의 주제의식을 전달하고자 하였다.[29]

이름에 대한 우리의 기호나 선호도와는 무관하게 주인공 이름, 배경, 지명 등에 주제의 힌트를 부가하는 것은 스토리텔링의 오랜 전통이다.

플롯 만들기

플롯은 줄거리나 사건과는 다르다. 플롯은 말하자면 재구성된 사건들이다. 작가가 자신이 전달하고픈 주제들을 잘 나타내기 위해 사건들을 목적에 맞게 엮는다. 과거, 현재, 미래의 사건은 작가의 서술에 따라 순서가 바뀔 수 있으며 어떤 사건들은 대폭 생략되고 소소한 사건들이 크게 부상하기도 한다.

플롯은 우리가 익히 알고 있듯이 발단부터 대단원까지 5단계로 구성되어 있다. 개인 내적, 외적 갈등이든지 사회적, 범우주적 갈등이든지, 문제가 없는 스토리는 존재하지 않는다. 약간의 능력과 연약함을 동시에 가지고 있는 한계적 인물이 등장하여 이 갈등과 문제를 해결해 나가는 과정이 곧 스토리라고 할 수 있다. 전개에서 절정까지 이 갈등을 최고조로 끌어올리기 위해 적대자의 역할은 강조된다. 당면 문제를 심화시키기 위해서는 주인공을 추동하는, 주인공의 욕망과 대치되는 어떤 상황이나 객체를 부각시켜야 하는데 이를 위해 문제 상황을 심각하게 몰고 가는 것이 작가가 구현해야 하는 역할이다.

이때 가장 문제되는 상황이 최고조에 이르러서 이를 급박하게 해결하는 과정에는 반드시 작가의 세계관이 적극 개입된다. 주제의식은 문제 상황을 어떻게 수용하고 어떤 방식으로 해결했는가에서 구현된다. 우연적인 요소가 문제를 해결했는가, 어떤 힘 있는 존재에 의존해서 좋은 결말을 얻었는가, 아니면 인간의 실존적 선택의 중요성을 강조하며 그의 비극적 결말을 존중했는가.

　최근에는 플롯에도 다양성이 생겼다. 옴니버스식 구성은 몇 개의 이야기가 다성적으로 연계되는데 서로 다른 인물, 서로 다른 에피소드를 번갈아 다루면서 병렬식으로 진행된다. 어떤 스토리는 하나의 사건을 바라보는 서로 다른 등장인물의 관점이 대립되거나 차별적인 것을 보여 주기도 하고 전혀 무관해 보이는 스토리들이 연계되기도 한다. 스토리 간 주제의 고리는 있는 듯 보이나 분명하지 않고 모자이크처럼 짝을 맞춰야 하는 퀴즈처럼 독자가 적극 개입해야 해석이 가능한 스토리들도 있다. 때로는 어떤 내레이터가 등장해 계속해서 사사건건 이야기를 반전시켜 놓는 경우도 있다. 대부분의 이야기가 반전이라는 코드를 이용해 흥미요소를 부여한다지만 내레이터가 매 장면마다 등장해서 독자의 몰입도를 방해하면서까지 잦은 반전을 추구하는 것은 독자 입장에선 난감한 일이다. 그러나 이것은 그 스토리가 허구라는 사실을 자기참조식으로 알려 주는 효과가 있다. 물론 패러디도 좋은 아이템이다. 기존의 작품을 재해석하여 새로운 이야기를 덧입히면서 이야기의 의미 범주를 확장하는 방식이다.

하이퍼텍스트로 스토리텔링하기

　독자의 의미 구성을 환영하는 스토리텔링은 하이퍼텍스트 글쓰기의 한 특징이기도 하다. 하이퍼텍스트는 누구나 공평하게 참여할 수 있는 공간에서의 글쓰기라고 이해하면 좋을 것이다. 저자가 어떤 이야기를 구성할 때 여러 복합양식 매체를 사용한다는 의미도 있지만 독자가 뒷이야기 이어쓰기나 다시쓰기 방식으로 적극 참여할 수 있도록 상호작용성을 높여 놓은 글쓰기 형태이다. 수업에서 이러한 글쓰기를 활용하는 것도 고려해 볼 만하다.

혼자 써 보기 어려운 스토리는 팀별로 함께 써 보는 수업에 참여해 보라. 타 집단이 창작한 이야기에 뒷이야기를 적어 보거나 이를 패러디한 작품을 쓰는 등의 연습들은 스토리텔링에 어색해 하고 쓰기 훈련이 안 되어 있는 학습자라도 호감과 자신감을 가지고 쉽게 참여할 수 있는 수업이 될 수 있다.

게시판을 활용할 경우 댓글이나 답글을 통해 스토리텔링 이어쓰기, 고쳐쓰기, 다시쓰기 등을 진행할 수 있고 자신의 블로그를 하나씩 제작하게 하여 타인의 방으로 옮겨가 글을 교환하는 방식도 있는데 이러한 블로그에 자신의 프로필을 적어 보는 등의 새로운 장르 글쓰기에도 도전할 수 있다. 이처럼 스토리텔링 장르에도 다양한 하위 장르들이 존재할 수 있으며 팬픽과 같은 글쓰기도 이에 해당된다.

이때 주의할 점은 각 장르 쓰기 규범들을 먼저 내면화해야 한다는 것이다. 인스타그램이나 페이스북인 경우도 일종의 글쓰기 규범이 내재화되어 있어 그러한 관습들을 지키지 않을 경우 입장이 제한되거나 소통에서 소외되는 일이 생기는데 이러한 이유로 각 장르별 쓰기 양식들을 미리 읽기를 통해 섭렵하고 도전할 필요가 있다.

좋은 스토리텔링을 쓰라

좋은 스토리란 무엇인가? 좋은 스토리는 화려한 언어적 기술이나 문학 장치들의 세련된 기교에만 의존하지 않는다. 좋은 스토리는 너무나 교훈적이다 못해 우리의 삶의 현실과는 거리가 먼, 어떤 지루하고 답답한 철학서와도 다르다. 좋은 스토리는 삶의 작은 부분을 아무렇지도 않게 조명하는데 낯설고 그럴듯하고 재미있다. 그 안에서 많은 생각이 샘솟게 한다. 나라면 어땠을까, 그게 저 사람에게 무슨 의미가 있기에 저렇게 심각하게 고민할까. 이러한 생각은 우리 주변을 따뜻한 시선으로 돌아보게 한다. 무심코 지나쳤던 일과 사람들, 그들의 어려움, 고민, 내가 발견하지 못했고 내가 주의를 기울이지 못했던 작은 외침들을 기억해 내게 한다.

그런데 그 필체가 맛깔스럽다. 동일한 사건도 누가 어떻게 이야기하느냐에 따라 매우 흥미롭게도, 지루하게도 느껴질 수 있다. 스토리텔링은 직관 어린 표현력에 매우 좌우되는 분야이다. 좋은 스토리텔링에는 우리가 이러한 반응을 하기 쉽다. 어떻게 아무렇지도 않은 일상에 저토록 진지한 통찰과 깊은 의미를 부여하는 것일까. 모든 음식에 맛이 있든 모든 글에도 맛이 있다.

이러한 맛깔스러움이 곧 문학의 형식미이다. 문학은 예술의 하위 장르로 소정의 미학을 갖추고 있어야 한다. 일정한 장르 미학을 갖추기 위해서는 일정량의 공부가 필요하다. 그러나 장르 쓰기를 그대로 답습하고 있어서는 발전이 없다. 그 장르가 멈춰 있는 어떤 고정된 형식이 아니라 나에 의해 더 새롭고 건전하고 도전적인 어떤 모양새를 갖추도록 거듭나야 한다.

그것이 위에서부터 이야기해 온 보편성과 특수성의 결합이다. 같은 이야기를 하는데 서로 다른 이야기를 읽는 것 같다. 잘 쓴 스토리가 있고 못 쓴 스토리가 있다. 더 고민하고 연습하고 훈련하라. 문학이 다른 글과 다른 점은 공감과 감동을 이끌어 내고 이웃을 온정적인 눈으로 이해하게 하며 사소한 주변에 따뜻한 시선을 갖게 한다는 것이다. 독자나 필자의 마음에 맺힌 슬픔과 미움이 한순간에 사라져 버리게 한다.

지구 저편의 어려움에 처한 사람들을 조명하고 꿈과 희망을 주는 그러한 스토리텔링을 하라. 작가의 세상을 향한 시선이 곧 스토리의 주제요, 세계관이다. 자신이 먼저 따뜻한 감성을 갖추고 이야기에 건설적인 대안을 심으라. 그러한 스토리텔링이 오래 간다.

이것만은!

1. 스토리텔링은 스토리와 텔링의 결합으로 저자와 독자의 상호작용과 창의적 재구성을 중요시하는 장르이다.
2. 스토리텔링은 인물, 사건, 배경을 갖추어야 하며 형식미와 내용을 모두 중시하는 장르이다.
3. 스토리텔링을 쓸 때는 보편적인 스토리구조와 주제를 담더라도 디테일은 독창적이고 특수하게 구성할 수 있다.

토론 문제

1. 자신이 듣거나 보거나 읽었던 스토리텔링 중에 기억에 남거나 인상 깊었던 것을 소개해 보자. 왜 그렇게 생각하는가?
2. 보편적인 주제이고 늘 들어 왔던 유형의 스토리였음에도 창의적이고 개성적으로 느껴졌던 스토리텔링이 있는가? 왜 그렇게 느꼈는지 이야기해 보자.
3. 좋은 스토리텔링의 특징에는 이외에도 어떤 것이 있는가?

활동

시인 이백과 두보, 모차르트와 살리에리처럼, 타고난 천재적 예술가와 노력하는 도인의 갈등과 대비는 어느 시대, 어느 지역에나 늘 있어 왔던 이야기이다.

다음은 이문열의 <금시조>라는 소설의 일부이다. 예(藝)보다는 도(道)를 먼저 닦으라고 하는 후천적 노력형인 스승 석담선생과 그 예(藝)의 출중함 때문에 스승과 늘 부딪쳤던 제자 고죽의 이야기이다. 평생 예인으로 살아왔던 고죽에게 배어 있는 사회 실천적 행동의 부재에서 기인하는 회의감, 이 모든 것에서 오늘날 이 시대의 우리의 글쓰기는 사회에 대하여 어떤 의미와 책임이 있는지 작품 전체를 찾아 읽고 이야기해 보자. 아울러 스토리텔링의 주제적 측면과 예술성 측면의 모순과 화해 관계에 대해서도 논의해 보자.

본질적으로 일치될 수 없는 것은 그들의 예술관이라 할까, 서화(書畫)에 대한 그들의 견해였다. 석담선생의 글씨는 힘을 중시하고 그는 아름다움을 중히 여기고 정(情)과 의(意)를 드러내고자 힘썼다. 그림에 있어서도 석담선생은 서화를 심화(心畫)로 여겼고 그는 물화(物畵), 즉 자신의 내심보다는 대상에 충실하고자 했다….

"서화는 심화니라, 물을 빌어 내 마음을 그리는 것인즉 반드시 물(物)의 실상에 얽매일 필요는 없다."

"…장부로 태어나 일평생 먹이나 갈고 화선지나 더럽히는 것이 얼마나 부끄러운 일입니까? 모르긴 하되 나라가 그토록 소중한 것일진대는 그 흔한 창의에라도 끼어들어 한 명의 적이라도 치고 죽는 것이 더욱 떳떳할 것입니다…."30)

제3부
과정별 글쓰기 전략

글쓰기에 대한 이론들은 상당한 변천을 거쳤다. 모범적인 글의 형식을 중시하고 고전을 모방하는 것이 글쓰기 교육이라고 믿었던 시대는 가고 체계적인 글 쓰는 과정을 통해 필자의 인지 구조 안에서 현명한 전략 선택을 강조하는 방향으로 변화하였다. 글 쓰는 과정은 우리에게 익숙한 내용들로 가득 차 있다. 이곳에서는 대학 신입생들이 고등학교 교육과정에서 배웠던 작문 내용의 수준을 감안하여 그보다 조금 더 전략 중심의 서술을 하려고 노력하였다. 특히 보고서 쓰기를 위한 과정별 글쓰기에 초점을 모았다.

1. 주제와 글감 어떻게 고를까

어떤 주제가 좋을까

　기본적으로 쓰고 싶은 주제가 있을 때 연필을 들게 되어 있으므로 주제를 어떻게 고를까를 고민한다는 것은 어불성설이다. 스토리텔링이나 시 등의 문예문, 문화 비평 등의 장르들도 자신의 주변에서 벌어지는 소소한 일이나 콘텐츠들을 소재로 삼는 경우들이 허다하다. 대부분의 문예문이 시적화자나 주인공을 타인으로 잡는다 하더라도 자전적인 이야기를 반영하게 마련이고 문화 비평도 자신이 인상 깊게 본 문화콘텐츠, 한 번쯤은 비평하고 싶었던 익숙한 작품들을 대상으로 한다. 평상시에 주변을 꼼꼼히 관찰하고 특별하고 엄청난 주제보다는 작은 일상에서 삶의 본질적 의미를 발견할 수 있는 그러한 주제를 선정하자.
　논리적 글쓰기나 보고서라면 자신이 이미 잘 알고 있는 이론이나 지식의 바탕 위에 평소 관심 있거나 알고 싶었던 관련 분야를 주제로 잡는 것이 쓰기에 용이하다. 다음의 사항들을 검토하라.

　1. 시의적절한가?
　2. 이론적 배경이나 관련 지식이 충분한가?
　3. 평소에 관심 있거나 흥미가 있던 주제인가?
　4. 과제에서 요구하는 주제와 제출 의도에 적합한가?
　5. 주제가 내 역량으로 감당할 수 있는 범주인가?

주제를 잡는 과정

먼저 수업에서 주어진 과제를 잘 관찰하자. 왜 그러한 과제를 내주었겠는가. 학생의 무엇을 평가하기 위한 것인가를 살피는 것이다. 예를 들어, 학생들이 한 학기 학습한 지식의 양을 측정하려는 목적인지, 이미 배운 지식들을 주변의 사물이나 콘텐츠에 적용하는 능력을 평가하려는 것인지, 어떤 분야에 대한 논리적 글쓰기 능력을 테스트하는 것인지에 대하여 고민해 보는 것이 가장 먼저 해야 할 일이다. 출제자의 시선으로, 그 부과 의도를 파악하여 대처해야 적합한 주제를 선정할 수 있다.

두 번째로, 일단 주어진 포괄적 주제 자체는 현대 사회와 관련된 것이 아닐지라도 시의적절한 주제로 점차 좁혀 나갈 수 있다. '영화'와 관련된 보고서 제출이라면 '코로나 시대의 영화감독, 봉○○' 등과 같이 관련 시기를 오늘날 현실에 유의미하도록 제안할 수 있다.

또한 그 주제에 관하여 학생이 이미 알고 있는 이론이나 지식 등이 있어 이것을 토대로 지식을 더 확장해 갈 수 있는 주제, 필자가 흥미와 관심이 있는 주제라서 몰입하여 쓸 수 있는 주제이면 더욱 좋다. 음악 관심자라면 '영화 음악의 최근 경향' 등으로 그 범위를 좁혀 자신이 잘 쓸 수 있는 주제로 한정하자.

그러나 언제나 쓰기에 안전한 주제만이 옳다는 뜻이 아니다. 우선적으로는 주어진 시간 내에 자신이 잘 쓸 수 있는 주제 등을 먼저 검토하고 여력이 있다면 주제의 범위를 조금 더 좁히거나 넓히는 방식으로 접근한다. 예를 들어 액션 영화 관심자라면 '액션 영화, 007의 음악 배경의 변화와 최신 경향' 등으로 말이다. 영화 음악의 최근 경향에 대해서 이미 알고 있는 사전 지식이 있다면 이것에 더하여 007음악의 발전사를 공부하고 이것의 최신 경향을 좀 더 심층적으로 분석하는, 연구적 성과가 있는 글쓰기를 기획하는 것이다. 이런 과정으로 주제를 설정해 나가면 자신의 역량으로 해결할 수 있는 수준에서 자동으로 행위가 멈추고 구체적인 주제가 선정되어 있을 것이다.

주제 범위 좁히기

이와 같이 학교에서 내어 주는 과제에서는 부여된 대략적 주제가 있으므로 주제를 글의 수준과 범위에 맞도록 좁혀 제시할 필요가 있다. 예를 들어, '외국어 교수법'이라는 주제가 주어졌다고 하자. 이 자체만으로도 포괄적 주제는 아니지만 학교에서 제출하는 5-10장 정도의 주제로는 여전히 폭이 넓다. 주제의 폭을 좁힐 때는 다음과 같은 기준들이 있을 수 있다.

> 1. 시대 2. 지역 3. 분야 3. 범주 4. 이론가(학계) 5. 연구방법

제목: 1950년대 미국의 시카고 대학 외국어 교육 프로그램에서 청각구두식 발음교수법에 관한 문헌연구
주제: 1950년대 청각구두식 교수법은 미국의 시카고 대학 외국어 교육 프로그램에서 시작된, 행동주의 심리학과 구조주의 언어학에 기반한 말하기중심 언어교수법이다.

위의 기준들을 적용하여 점차 주제를 좁혀 보면 피상적인 내용의 쓰다 만 보고서가 되지 아니하고 범위가 좁아진 만큼 깊이가 깊어진 서술이 될 수 있다.

제목도 마찬가지이다. 제목도 위의 기준들을 통해 그 범위를 내부 내용과 정확히 일치한 수준으로 한정해야 한다. 결과적으로 최종 보고서의 제목에서 접근방법과 주제 범위, 세부항목들을 어느 정도 예상할 수 있어야 한다. 따라서 주제를 잡기 위해서 대략적인 자료 조사는 기본이다.

주제 잡기의 예

예를 들어 '온난화 기후' 대처법에 대한 생각을 진술해야 한다고 하자. 우선 여러 백과사전이나 자료들을 검색해서 '온난화'에 대한 개념정의부터 살펴보아야 할 것이다. 언뜻 생각할 때 개념정의가 다 일치될 것 같아도 누가, 어떤 단체에서 그 개념을 정의하느냐에 따라서 외연과 내포가 달라질 수밖에 없기에 개념정의는 사람마다 기관마다 달리 표현될 수 있다. 따라서 그러한 개념들을 가지치기하고 정리하는 작업이 또한 필자가 해야 하는 일이다.

자신의 글에 적합한 개념정의를 취사선택하거나 재구성할 경우 이 개념정의는 필자가 자신의 글에서 하고자 하는 이야기를 온전히 커버할 수 있는 정의여야 할 것이다. 내 보고서가 10장짜리라면 엄청난 범위의 온난화 관련 문제를 결코 다 해결해 보일 수 없다. 100쪽 이상의 논문과 5장짜리 보고서가 온난화의 개념을 정의하는 방식은 완전히 다른 수준의 일이다. 욕심껏 큰 주제를 잡았다가는 내 글이 얕은 물가에서 첨벙거리기만 하고 아무 해결도 못 한 채 끝낼 수 있다는 생각을 해야만 한다.

 이때 중요한 것은 개념정의를 내 글의 관점과 수준에 맞도록 재조정하여 제시하고 서술의 한계를 분명히 하는 것이다. 계획 과정에서부터 자신이 논의할 범위를 점차 좁혀 나가는 것이 바람직하다. 그래서 되도록 **'주제는 좁게 잡으라!'**가 원칙이다. 좁게 잡을수록 내 글은 상대적으로 해당 주제에 대해 자세하고 심화된 내용을 제시할 수 있다. '온난화 기후 대처법'이 '한국 대학생이 대응할 수 있는 온난화 방지 대책' 정도로 수정되어야 하는 이유는 제목과 주제가 학생들의 글이 다룰 수 있는 범위와 수준에 부합해야 하기 때문이다.

자료 모으기

 〈스토리텔링 쓰기〉의 저자 장상용은 스토리텔링을 쓰기 전에 작가들이 일반적으로 하는 취재 범위를 소개하고 있다.[31] 머릿속에 있는 것만을 혹은 상투적인 이야깃거리를 양념만 더해서 재탕하는 스토리텔링 시대가 지났음은 다양한 사실로부터 알 수 있다. 많은 사람들이 신선한 이야기를 원하고 있고 또 무엇을 쓰더라도 그것에 코멘트를 할 수 있는 이 시대 각 분야의 전문가들로 넘쳐나고 있기 때문이다.

 따라서 내용과 표현의 실제성을 담보하여야만 한다. 실제성 담보는 관련 분야의 실제 취재를 통해 확보된다. 예를 들어 의료인을 주인공으로 하는 스토리라면 의료인들의 실생활이 어떠한지 병원생활을 탐구하여야 한다. 그들이 어떤 밥을 주로 어떻게 먹고 환자들에 대해 어떻게 말법을 주고받는지 철저히 탐구하기 위하여 아예 현장으로 나가 함께 어울리면서 오랫동안 관찰하는 시간을 보내 보자. 어떤 지역에 관한 연구라면 그 지역을 탐방하여 자료를 수집하고, 역사물이라면 광범위한 분야의 역사 고증은 기본이다.

　우리가 어떤 글을 쓸 때 자료를 찾아보는 것은 그것을 단순히 인용하기만을 위한 것은 아니다. 무엇인가를 깊이 알려면 그 담화 관습 내로 들어가 면밀한 관찰을 해야 한다. 본인이 대학 응급실에 갔던 경험은 짧은 몇 시간이었지만 내가 알고 있던 관념을 완전히 뒤집는 어떤 것이 있었다. 내가 생각하는 의사 이미지는 하얀 옷을 입고 움직임도 별로 없이 앉아서 처방을 해 주는 정돈된 어떤 장면이었다. 그러나 그곳에서 살펴본 의사 준비생들은 하루 종일 뛰어다니는 자들이었다. 핸드폰으로 환자가 도착했다는 문자가 오면 모든 의사들이 갑자기 달리기 시작한다. 전원이 함께 달리기 때문에 분위기가 심상치 않다는 것을 모두가 눈치챌 수 있었다. 인턴과 레지던트들은 환자가 오면 그 환자의 증세와 신상과 모든 것을 적으면서 암기한다. 선배 의사가 도착하면 자기가 암기한 증세와 가능한 병명을 틀리지 않게 브리핑하려고 노력하는데, 꼼짝없이 선생님 앞에 선 제자들처럼 빠르고 진지하다. 이와 같은 관찰은 내가 아는 의사에 대한 고정관념을 깨뜨리는 경험이었다. 그들의 문화가 보여야 글을 실제적으로 쓸 수 있으며 독자들의 편견도 깨뜨리면서 신선한 충격을 줄 수 있다.

자료의 선택지

　주제를 잡았으면 자료를 모아야 한다. 자료는 글감이라고도 한다. 위에서도 언급했지만 자료는 어떤 글을 쓰든지 글을 쓰는 내내 참고로 하는 것이다. 여기서는 과제로 제출하는 조사 보고서 등의 학술적 글쓰기에서 활용되는 문헌 자료들을 위주로 하겠다. 이들을 살펴보면 다음과 같다. 이러한 자료를 글에 엮어내는 방식을 문헌조사라고 한다.

  1. 전공 관련 서적, 이론서, 철학서 등
  2. 신문기사
  3. 학술 논문 및 관련 문서
  4. 관련 기관 홈페이지
  5. 각종 백과사전
  6. 통계청 자료

쓰기 전 자료는 주제를 구체적으로 잡기 위해, 자신이 관심 있는 분야가 무엇인지, 그리고 자신이 쓸 수 있을 만한 주제인지 알기 위해 검색하고, 일단 주제가 잡히면 본격적으로 쓸 내용을 위해 검색한다.

이때 쉽게 살펴볼 수 있는 자료는 인터넷 자료일 것이다. 현황과 사태, 이슈 등을 점검하기 위해 신문기사를 살펴보거나 각종 백과사전을 통해 핵심어, 개념어의 의미를 확인할 수 있다. 확인한 개념어의 의미가 자신이 알고 있는 것과 일치하는지, 그 개념어의 정의가 자신의 논지에 적합한 것인지를 확인한다. 또, 그 이슈와 가장 많이 관련되어 있는 기관의 홈페이지를 찾아 자료를 활용하고 그 이슈의 논의를 전개할 필요성을 찾기 위해 통계청의 자료 등을 활용한다.

예를 들어 한국 대학생들의 취업 선호도에 대하여 알고 싶다면 필자가 설문조사를 직접 실시하여 1차 통계 자료를 활용할 수도 있지만 통계청 자료나 기존의 논문 등에서 조사된 2차 자료도 활용할 수 있다. 최근에는 대학생들도 주변 대학생들에게 구글 등의 앱을 활용해 설문

문항을 만들고 그 통계치 결과를 활용하는 예들이 늘고 있으나 2차 자료도 최신의 것을 활용한다면 큰 문제가 없을 것이다.

이외에도 학술 논문이나 관련 도서 등을 참고하여 자신이 써야 할 내용의 이론적 배경을 마련한다.

글을 쓰기 전 '초고(first draft)' 작성의 위치라면 여기가 좋을 것 같다. 글쓰기를 설명하는 사람마다 초고 쓰기의 위치는 조금씩 다르게 제시하지만 나는 이 지점에서 쓰는 것이 가장 효과적이라고 생각한다. 주제가 잡힘과 동시에 자신이 그 주제에 대해서 가지고 있는 사전 지식을 토대로 한 편의 완성된 글을 써 보는 행위를 초고 쓰기라고 한다. 이때 쓴 글은 물론 논리와 자료의 빈 구석이 그대로 있는 불완전한 글이다. 그러나 이 글을 통해서 자신이 어떤 부분에서 전개가 미흡하고 논리의 허점이 있는지 확인하게 되고 그 결과 어떤 부분의 자료들을 더 모아야 할지를 알게 된다. 필요가 발견되면 다시 자료 수집으로 이행하면 된다. 자료가 모아지면 다시 글을 쓰고 또 주제로, 개요로, 글쓰기로 여러 번 순환할 수 있다.

질적 자료들

여기서 질적 자료들이란 기존 이론이나 선행 논의의 권위를 이용하기보다 자신이 조사한 데이터를 중심으로 어떤 **이론적 견해를 제안**하고자 할 때 활용된다. 비록 완전한 이론을 수립할 수는 없을지 모르지만 기존 이론들이 놓치고 있는 한 일면에 확대경을 들이댐으로써 이전 연구보다 심층적 자료들을 제공, 기존 이론들을 보충하기 위한 것이기도 하다. 예를 들면 다음과 같은 주제에서 시도해 볼 수 있다.

한국의 중등 교원들이 겪고 있는 심리적 어려움
코로나 시대 집콕이 가져다준 생활의 변화
고3 자녀를 가진 가정의 학부모를 위한 지도 프로그램 개발

위의 주제들이 주어졌다고 해 보자. 먼저 시도해 볼 수 있는 것은 신문 기사일 것이다. 인터넷 검색을 통해서 '중등 교원', '심리적 스트레스' 등의 검색어를 넣어서 신문 기사나 관련 이슈 등을 먼저 검색해 본다. 통계청이나 2차 자료를 통해서 활용할 만한 통계자료가 있는지도 확인한다. 관련 논문 등을 검색하여 이 이슈에서 자주 언급되고 있는 문제가 무엇인지도 대략 확인한다. 중요한 정보들은 모두 구비해서 자신에게 편리한 방식으로 정리해 놓는다.

위의 자료들은 기존 자료들이다. 이제 무엇인가 창의적인 정보를 제공하고 싶다면 다른 제출자와 차별화된 자신의 조사방법을 활용하고자 할 것이다. 어떤 방법이 있는가. 가장 쉬운 방법은 인터뷰이다.

인터뷰

자신의 은사나 잘 알고 있는 중등 교원 2-3명 정도 인터뷰를 요청할 수 있다. 인터뷰를 요청할 때는 강압성이 없어야 하고 인터뷰가 어떤 목적에서 어떤 배경으로 이루어지고 있는지를 인터뷰 대상자에게 반드시 일러 주어야 한다. 또 이 인터뷰에 협조하면 얻게 될 이득이나 부작용 등에 대해서도 안내한 후 동의를 받아야 한다. 할 수 있다면 동의서를 받으면 더 좋다. 그 다음에 해야 할 일은 인터뷰 일시와 장소를 정

하고 인터뷰 문항을 준비한다. 이때 인터뷰 문항은 조사자 자신이 알고자 하는 목표, 즉 '그들의 심리적 어려움'이라는 내용을 평가할 만한 타당성 있는 문항이어야 한다. 개방형 질문으로 몇 가지 준비할 수 있고 반구조화된 질문도 준비하여 그 상황에 맞추어 임기응변으로 질문할 수도 있다. 시간의 여유가 있다면 전문가에게 의뢰하여 그 문항들이 자신의 조사 목표를 실현하는 데에 적합한 것인지 내용 타당도를 점검해 본다.

또 인터뷰는 대상자와 인터뷰하는 사람의 라포 형성이 매우 중요하므로 자신을 소개하고 편안하고 공감대가 있는 분위기를 조성하는 것이 필요하다. 인터뷰는 녹음되는 것이 일반적인데 이것도 대상자에게 동의를 받아야 진행할 수 있다. 녹음이 다 이루어지면 인터뷰를 종료하고 사례할 수 있으면 사례하고 정중하게 헤어진다. 인터뷰 내용은 전사되어 분석될 것이며 이 내용이 조사보고서에 활용될 것에 동의하는지 물어보아 동의하면 전사해야 한다.

이때 전사된 내용은 몇 차례에 거쳐 읽기를 반복하여 대상자들에게서 공통적으로 나타나는 심리적 어려움을 범주화한다. 이때 범주화는 기존 이론이나 논의되어 온 이슈들보다 훨씬 더 심층적인 것일 때 가치가 있다. 기존 이론들이 발견하지 못했던 그들의 어려움을 더 깊이 조사하기 위하여 인터뷰라는 방법을 활용했던 것이므로 기존의 것과 유사해서는 효과적인 조사보고서를 쓸 수 없다. 이때 중요한 것은 조사자의 가치관과 세계관, 통찰과 직관 등이다. 같은 전사 자료를 주고 분석해 보라고 해도 저마다 다른 결과를 제안할 수 있다는 것은 조사자의 세계관이나 관점이 분석과 해석에 미치는 영향이 매우 크다는 것이다.

예를 들어 '집콕 생활이 가져다준 생활의 변화'라는 인터뷰를 실시했을 때 그저 '지루함', '가정을 돌아봄', '자신에 대한 성찰', '소통방식의 변화'와 같이 우리가 늘 예상할 수 있는 것들이 아니어야 한다. 이러한 일상적인 발견들은 심층적인 결과를 위해 실시한 질적 연구의 이상을 실현하기 어렵다. 보다 심화된 발견이라면 팬데믹 시대에 새롭게 발견된 현대인의 심리적 어려움들일 수 있다. 세기말에 관한 인식의 심화와 공포, 종교에의 귀의, 비대면 관계의 증가로 말미암은 대면활동에 대한 두려움 등 다양한 문제들이 심층적으로 논의될 수 있다.

다음은 학부모들이 미디어에 관해 보이는 심성모형을 인터뷰를 통해 조사한 범주들의 예이다.[32]

  유능함의 표상: 동경과 낯설음
  양면적 표상: 순기능과 역기능
  관계적 표상: 소통과 단절
  다층적 소통: 갈등과 화해
  공동의 영역: 개인과 사회

이러한 범주화는 우리가 미디어의 효능에 대하여 가지고 있는 긍정적인 이미지와 더불어 양면성이 짙은 부정적인 이미지도 함께 가지고 있음을 보여 주고 있다. 미디어가 소통뿐 아니라 단절감도 가져다줄 수 있다는 것과 갈등이 생길 수 있는 소지를 충분히 가지고 있음에도 불구하고 오히려 톡과 같은 기능을 통해 막힌 관계를 뚫게도 할 수 있다는 양면성을 드러내 주고 있음에 주목할 필요가 있다. 이처럼 인터뷰의 조사 결과는 어떤 개념이나 사물, 콘텐츠 등에 대하여 우리가 상식선을 넘어서 보다 깊이 생각할 수 있도록 도움을 주는 것이면 가치가 있다.

인터뷰는 상당히 복잡한 과정이고 분석과정도 쉬운 과정은 아니기 때문에 시간이 매우 오래 걸린다. 조사 보고서를 준비해 제출할 수 있는 기간이 충분히 남아 있는지 점검해 가능성을 타진해 보고 실시해야 한다.

현장 답사

인터뷰가 아니더라도 관련 현장을 답사하는 조사방법이 있다. 예를 들어, 중등학교를 방문해 그곳 교원들의 생활을 지켜보는 것 등이다. 선입견 없는 관찰로 그들이 충분히 느꼈을 법한 심리적 스트레스를 그들의 행동, 표정, 스케줄 등을 통해 조사자의 눈으로 해석해 보는 방식도 있다.

현장 답사의 장점은 문헌을 통한 탁상공론이 아닌 현장의 분위기를 생생하게 보고할 수 있다는 것이다. 물론 현장 답사라고 하여 그 현장에 대한 문헌 조사가 전혀 없이 수행할 수는 없다. 문헌 조사를 수행하면서 현장에 가서 어떤 조사방법을 실시할 것인지, 어떤 주제를 목적으로 할 것인지 결정하고 누구를 만나 견해를 들을 것인지 미리 섭외해야 할 것이다.

현장 답사에는 홈페이지 조사, 현장의 역할이나 수행하는 일 등의 관찰 조사, 사진 자료, 팜플렛 등이 함께 활용될 수 있으며 인터뷰도 부분적으로 활용 가능하다.

현장 답사는 자신이 조사할 주제와 살펴볼 측면을 미리 철저히 계획해 가는 방법도 있지만 대상자와의 상호주관적인 의미 생성을 목적으로 하는 문화기술지 방식을 따르는 방법도 있다. 전자의 경우는 철저한 사전 조사와 질문지 등이 필수이지만 후자는 전혀 반대의 접근을 한다. 편견 없이 순수하게 관찰에 의해서만 조사를 진행한다. 이렇게 판단 중지를 통해 얻은 현장에 대한 답사 기록을 자신의 해석으로 엮어 낸다. 그리고 인터뷰를 부분적으로 실시한다면 그 참여자와의 상호작용을 통해 함께 의미를 구성하는 방식을 취한다.

후자의 경우는 신입 대학생들이 시도해 보기 난해할 수도 있으나 점차 학년이 올라가고 대학원 진학을 목적으로 하는 능숙한 보고서 작성자가 된다면 한번 시도해 볼 만한 방식이다.

이처럼 스스로 조사방법을 설정하고 수행한 질적 자료들은 기존 자료들과 함께 제시될 수 있다. 기존 자료들과 자신의 발견 등을 동시에 제시하고 비교, 분석할 수 있다면 내용도 충실하고 심층화될 뿐 아니라 다른 보고서와 차별화된 조사 결과를 가져올 수 있다.

설문조사

설문조사도 한 방법이다. 대학생들의 어떤 측면을 조사하거나 사람의 의견을 구하는 경우에 설문조사를 실시할 수 있는데 이것이 객관식 문항으로 접근될 때에 어떤 수치를 얻는다. 수치는 어떤 현상에 대한 하나의 '경향'을 나타낸다. 요새는 구글과 같은 여러 사이트에서 설문을 위한 앱을 제공하고 있으므로 이를 활용하면 편리하게 비율을 얻어 낼 수 있다.

여기서 설문조사를 질적으로 접근하는 방법도 살펴보자. 설문조사를 객관식과 주관식 문항의 복합으로 출제할 경우 주관식 문항은 객관식 답변에 대한 좀 더 심층적인 이유나 포괄적인 맥락을 구하는 데에 활용될 수 있다. 수치가 다 조명하여 보여 줄 수 없는 내용들을 서술형 답안이 보여 줄 수 있기 때문이다.

설문조사는 참여자가 많으면 많을수록 보다 정확한 비율을 보여 줄 수 있다. 그러나 참여자가 많지 않다면 주관식 문항을 통하여 그 허수 값을 보완할 수 있다.

자료 수집과 정리

주제도 잡았고 자료도 1차로 수집해 보았다. 이때 찾은 자료는 어떻게 정리하는가.

각 자료들의 제목, 저자, 출판년도 등의 '서지정보'와 초록, 요약본, 인용하고픈 어구 등의 '내용정보'를 함께 파일로 정리해 둔다. 더 간편하게는 포스트잇으로 정리해 두는 방법도 있다. 글을 읽다가 내 글과 논지가 일치하거나 인용하고픈 어구나 구절이 있다면 포스트잇에 책제목과 페이지를 함께 적어 모아 둔다. 이때 포스트잇이 간편한 이유는 글을 쓰기 전 이들을 분류하고 순서를 잡기 매우 편리한 용품이기 때문이다. 개요를 작성하고 나면 각 단원이나 항목에 어떤 내용들을 접목하거나 인용하고픈지 생각해 보고 책상을 칠판 삼아 관련내용의 포스트잇을 순서 잡아 붙여 두면 보기에도 편하고 떼었다 붙였다 자유롭게 이동도 가능해 좋다.

좋은 자료

좋은 자료는 내 논지의 대전제가 될 수 있는 **공신력 있는 자료**와 가장 **실제적인 자료**, 그리고 **최신의 자료** 등으로 그 요건을 생각해 볼 수 있다.

먼저 대문호의 문장이나 고대 희랍 철학자들의 명언, 고사성어 등이 학술적인 글에서 자주 언급되는 이유는 그들의 사고와 이에 깃든 정신이 근대 문화를 이룩해 온 정신적 씨앗과 같은 기초이기 때문이다. 자신의 논지를 뒷받침하기 위해서 어느 누구도 신뢰하지 않는 학술 영역의 한 구석에서 어떤 자료를 가져온다면 내 글의 신뢰성도 좋지 않으리라는 것을 알 수 있다. 공신력 있는 자료를 가져오자.

또 실제 자료라고 하는 것은 우리가 탁상공론만 하게 만들지 않는 어떤 실제적 가치가 있는 자료를 말하는데, 과학적 증거 가치가 있는 자료를 독자가 더 신뢰하는 경향이 있다. 인문 과학이나 사회 과학 등의 영역에서도 통계치나 실제 경험적으로 확인할 수 있는 자료를 선호하는데 그 이유는 글이 공신력을 가져 독자들을 설득할 수 있는 역량을 강화하기 위한 것이라 할 수 있다.

그중에서도 기록이 오래 되어 가치가 절하된 자료가 아닌 최근에 생성된 자료가 더 가치가 있다. 특히 시의성이 있는 주제를 다룰 때에는 되도록 최근의 자료들을 선정할 수 있어야 한다.

자료와 글을 엮기

내 글에 자료를 인용하는 절차는 4부에서 절차적 지식으로서 소개하였다. 내 글에서 자료가 필요한 영역은 글을 쓰다 보면 자연스럽게 알게 된다. 이 말은 처음에 자료들을 수집하고 배열해 글을 쓰다가도 조금 더 정보가 필요한 부분이 생긴다는 것이다. 조금 더 지식을 참조해야 하는 상황들에 대한 감각을 기르기 위해 다음의 글을 살펴보자.

- 최근 하이퍼 문학을 쓰는 작가들이 많아졌다.
- 하이퍼 문학은 한마디로 퀼트적 글쓰기이다.
- 연결 불가능한 두 개 텍스트를 병렬 배치함으로써 인식의 기쁨을 얻으며 다른 텍스트를 자신의 텍스트로 가져옴으로써 상호텍스트성을 띠게 된다.
- 하이퍼텍스트에서는 주석과 본문 간의 위계성이 무너졌기에 원전의 개념이 무의미하며 주석과 본문의 위치가 뒤바뀔 수도 있는 탈중심화의 해체적 글쓰기이다.
- 작가에 의해 일방적으로 구성되던 플롯은 이때 수동적 위치에 놓인다.
- 독자가 플롯을 완성한다.[33]

위의 소주제문들을 연결시켜 한 편의 글을 쓰고자 한다. 이 주제들을 살펴보면서 어떤 자료가 내게 필요할지를 생각해 보자.

먼저, 개념정의를 가져올 필요가 있는가? 독자에게 어떤 개념을 먼저 주지시켜야 이 글을 잘 이해하며 따라올 수 있을 것이라 생각하는가? 맞다. '하이퍼 문학'이 들어올 것이다. 이 단어의 개념정의를 가져와야 할 필요성은 무엇이겠는가? 우선 최근에 발전된 문학 형식이기에 독자가 문화충격을 경험할 용어라고 생각했다면 잘한 것이다. 이미 들어 본 개념어라 할지라도, 대략적으로 무엇을 가리키는가는 알고 있어도 정확한 개념을 인지하는 데에는 개별차가 있기 때문에 자신의 논의를 전개하기 위해서 개념정의가 선행적으로 반드시 필요하다.

또 하나는 이 개념어가 이 글의 핵심어이기 때문일 것이다. 어떤 범주까지 내 글이 책임질 수 있는지 잘 살펴 하이퍼 문학의 하위 범주를 잘 지정한다. 그리고 글을 이어 쓸 때 개념정의에서 언급한 하위 문학들은 모두 다 포괄해서 설명할 수 있어야 한다. 때에 따라서는 '플롯'이나 '상호텍스트성'의 개념정의를 넣어야 할지 고민해야 하겠다. 이처럼 개념정의를 가져오는 일은 글의 초석을 까는 일이기에 신중해야 하며 가장 선행적인 작업이다.

둘째, 하이퍼 문학이 최근 많은 작가들의 관심사라면 독자에게 이 문학이 현재 시점에서 어느 정도의 영향력이 있는 장르인지 알려 줄 필요도 있다. 이 글을 읽을 필요성을 느끼게 해 주기 위한 작업이다. 하이퍼 문학에 헌신한 작가 비율이라든가 독자들의 하이퍼 문학에 관한 선호도 수치, 하이퍼 문학 출간 관련 기사, 전문가들의 견해 등을 검토해 설명해 주는 방법을 고려한다.

셋째, '퀼트적 글쓰기'나 '원전의 개념이 무너진다'는 등의 설명은 해체주의 문학에 관한 설명이다. 따라서 관련 이론이나 관련 학자들의 견해를 인용해 온다. 보다 자세한 설명을 덧붙인다.

넷째, '연결 불가능한 텍스트의 병렬배치' 등에 해당하는 하이퍼 문학의 한 예를 찾아서 인용한다. 또 '이질적인 두 장르가 결합된 텍스트'라든가 '글과 음악, 그림 등의 복합양식들이 이야기 구성에 동등하게 참여하는 텍스트'의 예들도 검색해 출처와 함께 제시한다면 독자들이 이 양식에 대하여 보다 이해하기 쉬워질 것이다.

이 외에도 '독자가 플롯을 완성하는 경험' 등에 대한 견해를 독자 인터뷰를 통해 보완하는 등의 다양한 방식이 사용될 수 있을 것이다. 독자 반응과 참여가 중시되는 문학이므로 작가에게 바통을 받아 플롯을 완성해 나가는 과정이 가진 흥미진진함과 의미 주도성도 인터뷰 결과 나타날 수 있지만 결말의 산만함이나 정서되지 못한 문장들의 저하된 수준 등의 비판적 견해도 함께 논의할 수 있을 것이다.

주제와 자료

수능이나 중고등학교 언어 시험에서는 '주제를 한 문장으로 찾는 문제'가 아주 많은데 학습자들이 매우 어려워한다. 어떻게 이렇게 긴 글이 하나의 문장으로 축약될 수 있는지 의아해하고 힘들어한다.

대학을 입학하고 나서 가장 좋았던 것은 그런 문제들이 더 이상 출제되지 않는다는 것이었다. 전공과목에 따라 다르겠지만 인문학에서는 시험지가 그냥 공백의 백지였다. 문제가 서술형으로 주어지고 1-2시간가량 글 쓰는 시간이 주어지면 정신없이 하고 싶은 이야기를 하고 나오는데 마치 누가 더 길게 쓰느냐의 싸움처럼 느껴졌다.

'한 줄 찾기'와 '최대한 쓰기', 이것이 어떻게 한 분야에서 능력을 평가하는 유사 기제가 될 수 있는지 모를 것이다. 매우 역설적이라 느껴질 것이다.

'한 줄 찾기'는 전체 글의 요약 능력을 보지만 '최대한 쓰기'는 한 줄 주제를 얼마나 자세하고 효과적으로 설득할 수 있는가에 관한 능력을 평가한다. 특히 '최대한 쓰기'에서 그렇게 긴 글을 쓰는데 오직 한 주제를 향해서만 달리고 있다면, 하나의 주제를 설명하기 위하여 B4용지의 2-3장을 앞뒤로 꽉꽉 메우고 나올 수만 있다면 좋은 점수를 받을 수 있다. 이것은 역설이기보다 글의 생리를 너무나도 정확히 보여 주는 두 극단적인 평가기제이다.

모든 글은 하나의 주제문으로 요약될 수 있을 때 좋은 글이라고 나는 단언한다. 그래서 긴 글이든 짧은 글이든 '네 글이 의미하는 바를 한 줄로 요약해 보라'고 요구하는 일은 결코 억지스러운 일이 아니다. **글을 쓰기 전에는 반드시 주제문을 더도 말고 덜도 말고 딱 한 줄로 기록**

해 놓고 시작하라. 그리고 활용하는 나의 자료와 지식, 문장들은 모두 그 주제문을 향하여 가장 효율적으로 기능하고 있어야 한다는 점을 기억하라. 그것이 주제와 자료의 활용 영역에서 우리가 알아야 할 가장 중요한 핵심이며 이 글의 한 줄 요약이다.

이것만은!

1. 주제는 최대한 좁게 잡고 자신의 관심사와 사전 지식을 최대 활용한다.
2. 자료는 내 글을 잘 설명해 줄 수 있는 것을 수집하고 선정하여 배열한다.
3. 주제는 한 문장으로 기술해 놓고 시작하며 지식과 자료는 주제를 향하여 긴밀하게 협동하며 기능한다.

토론 문제

1. 평소 관심 있었던 주제 한 문장씩 써 보고 보고서의 주제로 적합한지, 어떻게 수정하면 좋을지 돌아가며 조언해 주자.
2. 각 주제에 적합한 자료 찾기에 대하여 돌아가며 조언해 주자.

활동

다음 글은 문화상대주의에 관한 글의 첫 문단이다. 이 문단을 첫 머리로 해서 글을 쓴다면 어떤 내용의 글이 적당할까? 그 내용을 구상해 보고 제목을 정한 후, 이 글에 적당한 주제를 한 문장으로 진술해 보자. 그리고 그 주제를 뒷받침하기 위해 어떤 글감이 좋을지 실제로 자료를 찾아보자.

제목:

> 문화상대주의란 다양한 사회의 문화를 인정하고 각각의 문화를 그 사회의 고유한 환경 속에서 이해하고자 하는 태도를 말한다. 지극히 당연하고 상식적인 태도가 개념화된 이유는 서구의 경우 문화상대주의를 견지하기가 쉽지 않기 때문이다. 서구는 다른 세계를 힘으로 정복한 역사가 있기 때문에 서구 문화의 특징인 합리성과 효율성을 마치 보편적인 가치인 양 여기기 쉽다. 그러나 그런 관점에서는 다른 문화를 올바로 이해할 수 없다.[34]

주제: _____

2. 글의 골격 어떻게 짤까

글의 조직

글의 골격이란 글의 구조를 말한다. 글의 구조를 과정상 어느 위치에서 짤까.

주제를 정하고 자료를 모으면 이제 그것을 조직하는 방법을 연구한다. 소설이나 수필 같은 문예문에서는 글감을 모으지 않을 것 같지만 위에서도 이야기하였듯이 어떤 스토리를 쓰기 위해서는 글 속의 진정성 있는 화자가 되기 위하여 어느 정도 사전 취재활동을 한다. 수필을 쓰기 위해서라면 자신의 과거를 회상하거나 사진첩을 뒤적여 보기도 하고 자신이 예전에 써 놓은 글을 읽거나 부모님이나 친구들과 대화를 나눠 보기도 한다. 마찬가지로 학술적 글쓰기에서도 글의 골격은 하나의 장르적 특징이다. 주제를 글 속에 구현하기 위하여 글의 조직을 정하고 각 부분에 어떤 내용을 쓸 것인지 계획한다.

스토리라면 발단-전개-위기-절정-결말이라는 5단계로 조직하겠지만 일반적인 보고서 양식이나 논리적 글쓰기에서는 '서론-본론-결론', 혹은 '기-승-전-결'이 기본 틀이다. 조사 보고서와 같이 어떤 현상을 설명하는 글에서는 '도입-본문-마무리'의 순서가 될 것이다. 이 책은 대학생들의 학술적인 글쓰기에 초점이 맞추어져 있으므로 그 부분에 중점을 두어 이야기해 보겠다.

골격1: 서론과 결론

본론의 조직을 살펴보기에 앞서 서론과 결론을 어떻게 조직해야 할지 점검해 보자.

- **서론**

    최근 논의되고 있는 관련 시사뉴스
    조사나 논의의 필요성
    핵심어에 관한 정의
    관련된 주제 관련 통계
    주제에 관련한 선행 연구의 대략적 방향
    글의 목적
    앞으로 쓸 내용에 관한 주제 암시

- **결론**

    요약
    본문의 발견과 내용의 함축적 의미와 논의
    전망과 기대

서론의 역할과 내용

서론에서 쓸 수 있는 내용들은 위와 같다. 서론의 역할을 알면 왜 저러한 내용을 써야 하는지를 이해할 수 있다.

서론은 글의 첫인상을 결정하는 영역이고 그 글을 읽어야 할 필요성을 제시하는 공간이다. 잘 쓴 서론은 글 읽는 이에게 당면한 과제를 중요하게 인식해야 할 필요성을 제시하고 그 글을 끝까지 읽어 내게 만든다.

서론이 해야 할 또 다른 과제는 필자 자신이 앞으로 기술해야 할 내용들을 독자들이 잘 이해할 수 있도록 그 전제가 될 만한 내용들을 우선 제공하는 것이다. 예를 들어 핵심어에 관한 정의를 미리 제공하여 독자가 앞으로 본문에서 자주 언급될 핵심어에 대한 이해를 갖추고 전개될 논지를 이해할 수 있도록 도와주는 것이다.

또 주제에 관련해서 어떤 담화들이 기존에 펼쳐졌었는지 간략하게 소개하여 그 담화맥락에 발을 담글 수 있도록 도와주는 역할을 한다. 그리고 현 시대 우리 사회에서 그 화두와 관련하여 어떤 시사적인 문제가 관여되어 있으며 현재 그것과 관련하여 시의성 있게 논의 중인 학계의 이슈는 무엇인지 알려 주어 독자가 이 글을 읽는 일이 필요하다고 느끼게 한다.

그리하여 서론은 이렇게 끝이 맺어지게 된다. '**이러한 배경을 바탕으로 내가 글을 쓰는 목적은 ＿＿＿＿이고 이 글을 통해서 나는 ＿＿＿＿한 주장을 하려고 한다**'.

목적 진술과 독자의 기대감

사실 **목적 진술**의 한 문장이 있고 없고는 큰 차이가 아닐 수 있다. 목적 진술 없어도 글을 계속 읽어 나가게 하는 데에는 큰 문제가 없을 것이라고 생각하기 쉽다. 그러나 글을 읽는 목적을 분명하게 해 주는 것은 하향식 독해에 큰 도움을 준다.[35] 즉 내가 읽고 있는 글이 어느 지점에 닻을 내리고 정박을 하게 될 것인지에 대한 분명한 목적의식을 가지면 독자는 자신도 모르게 그 방향을 향하여 자신의 몸을 틀고 주의를 기울여 읽으면서 설득당할 준비를 한다.

독자가 글의 첫 부분을 읽는 순간 독자는 필자와 한 배에 탄 셈이다. 반대편 목적지에 이를 때까지 둘은 끝까지 한 방향을 바라보고 논리의 흐름을 타고 함께 이동해야 한다. 그 방향성이 마음에 들지 않는다면 독자는 그냥 돌아서 버린다. 하선하는 것이다. 때로 독자는 '그래? 내 생각과 정반대인데 대체 어떤 생각으로 이런 말을 하는 거야?' 하면서 끝까지 읽어 보는 경우도 있다.

서론에서 내 글의 방향성을 이야기하는 것은 따라서 독자와 일종의 협상을 하는 과정이다. 그리고 목적의식 있는 독서를 하도록 안내하는 친절한 행동이다.

읽기 전 글에 대한 기대감을 갖는다고 하는 것은 굉장히 중요한 것이다. 한번 베스트셀러를 펴냈던 작가에 대한 대중의 기대는 엄청난 것이다. 그들은 그 작가가 무슨 말을 할지 침을 꼴깍 삼키며 숨죽여 기다렸다가 출판 개시일에 그 책을 구입하여 읽는다. 때로 그 평가는 과장되기 마련이다. 극단적으로 '역시', '단연코' 하거나 '실망이야' 하거나 둘 중에 하나로 귀결되기가 쉽다. 어떤 쪽으로든 그 '필자에 대한 관심'이 그 글을 읽어 내게 한 것처럼 글에 대하여 반드시 기대감이 있어야 독자는 중단하지 않고 그 글을 끝까지 읽어 낼 수 있다.

서론의 분량

서론의 분량에 대해서는 주의를 기울여야 한다. 서론이 지나치게 길고 장황하면 본론에 들어가기 전에 지쳐 버린다. 또, 서론이 지나치게 스포일링을 하면 본론이 재미없어진다. 적절한 수준에서 자신의 본문이 잘 이해될 수 있도록 의미 단서의 징검다리를 안전하게 잘 깔아 놓는 과정이 서론 글쓰기이다. 그래서 서론 쓰기를 가장 마지막으로 하라는 추천이 글쓰기 강좌마다 강조되고 있는 것이다.

특히 서론 쓰기는 **글의 목적 진술을 위한 포석을 까는 과정**이라고 생각해도 좋다. 한 문장의 목적 진술을 하기 위해 핵심어 정의와 현대 이슈와 기존 논의들을 언급하는 것이다. 엄밀하게 말해서 목적 진술에 위배되거나 어긋나는 진술은 한마디도 없어야 한다. 서론을 하나의 커다란 문단으로 본다면 목적 진술 이외의 문장들은 모두 하나의 목적 진술을 위한 뒷받침 문장들이다. 통일성, 긴밀성, 완결성 등을 갖추도록 한다.

그래서 나는 학생들에게 이렇게 말한다. '너희들이 서론에서 증명하고 소개하고 이야기한 모든 것이 목적 진술에 가서 딱 귀결되어야 한다'고 말이다. 독자들은 이 시점에서 '아, 그렇다면 그렇게 생각할 수밖에 없겠구나. 그 사안이 중요하니 한번 알아봐야 하겠구나' 하고 일차적인 설득을 당하게 된다. 앞서 진술한 것들이 그 목적을 위하여 우리가 논의에 집중해야 할 정확한 이유여야 한다는 뜻이다. 독자가 본론이 있는 다음 장을 넘기며 고개를 한번 '끄덕' 하면 성공한 서론 쓰기라고 보아도 좋다.

이러한 성공을 위하여 딱 좋은 서론의 분량은 어느 정도일까? 그것은 필자만 알 수 있다. 충분한가? 부족한가? 아니면 남아도는가? 목표되는 딱 그 지점까지 왔는데 넘어서지도 모자라지도 않는 찰랑찰랑 하는 상태. 잉여와 사족은 일체 제거되고 깔끔하게 하나를 바라보고 있는 그 상태에서 서론을 마무리하자.

결론: 목적 진술의 귀결

결론에 다다른 때는 서론에서 제시했던 목표, 바로 그 지점에 안착한 시점이다. 본문에서 서술해 온 이야기들이 무엇을 위한 것이었는지 다시 한번 요약적으로 제시할 수 있다. 독해 연습을 하고 있는 학생이라면 자신이 본문을 읽을 때 '아, 이런 내용이구나' 느꼈던 점이 정말 그러한 내용이었는지 여기에서 재확인할 수 있다. 본문이 다소 산만하게 기술되어서 종횡무진하였을지라도 마치 여러 구슬들을 한 실에 나란히 꿰어 단정하게 하나의 소품을 만들어 보이듯, 결론은 도처에 흩어져 보이는 언어들을 단 한마디 말로 깔끔하게 정리해 줄 수 있다.

글의 의의 진술하기

결론은 자신의 글이 어떤 가치가 있고 의의가 있는지 간단히 기술해 준다. 이러한 마지막 영역이 자화자찬이라고 여겨 생략하는 사람들도 있지만 어쩌면 가장 중요한 부분이 이곳인지도 모른다.

평가자가 수많은 학생들의 글을 읽다 보면 글이 비슷비슷하여 특별히 누구에게 좋은 평가를 해야 하는지 모를 때가 많다. 이때 자신의 글의 가치나 의의에 관한 학생 필자의 코멘트는 그 글의 차별성을 제시해 줄 수 있다. 그리고 자신의 글에 대한 가치는 필자가 가장 잘 안다. 왜냐하면 그 가치를 실현하기 위해 고군분투하여 결말까지 써 온 것이기 때문이다. 그 글이 앞으로 어떤 분야에 공헌할 수 있을지 그 기대되는 바를 간략히 적어 본다.

독후보고서

'이 도서가 마음에 고통이 있는 사람들에게 읽혀서 그들에게 밝은 빛을 전해 주는 지표가 되어 주기 바라는 마음을 이 글에 담았다.'

조사보고서

'이 설문에서 얻어진 결과는 앞으로 글쓰기 교재를 집필하는 사람들에게 독자들이 정말 원하는 글쓰기 책이 무엇인지에 대한 단서를 알려 준다고 생각된다.'

의견보고서

'여기서 살펴본 해당 이슈에 대한 내 견해는 한 부분만을 집중 조명한 부분적인 견해이지만 현재 떠들썩한 사회 이슈에 대한 소수의 견해가 때로는 해답 위의 해답을 제시하는 것에 충분하다는 것을 증명해 보였기를 희망한다.'

위의 의의에 대한 문장들은 특별한 주제가 없이 대략적으로 적어 본 것이지만 어떤 글이든 의의와 가치는 존재한다는 것을 보여 준다. 아주 보잘것없는 의의라고 느껴지더라도 꼭 기술하도록 하자.

서론과 결론의 짝 맞추기

결론은 서론과 꼭 짝이 맞아야 한다. 서론에서 무엇을 하겠다고 적었다면 결론은 서론에서 하겠다고 한 것을 반드시 해냈는가에 대한 기술이 되어야 한다. 따라서 결론을 쓰고 나면 서론을 찾아 올라가 자신이 하겠다고 공언한 내용이 결론에 충실하게 구현되었는가에 초점을 맞추어 다시 한번 짝을 맞추는 시도가 있기를 바란다. 만약 초점이 약간 어긋났다면, 글이 좋은 게 무언가. 본론과 결론을 목적에 맞추어 다시 기술하면 된다.

글이 삼천포로 빠지기 쉬운 이유는 목적의식 없이 쓰기 때문이기도 하다. 그래서 인지주의 작문 교육법에서는 글 쓰는 목적을 반드시 끝까지 유지할 수 있도록 많은 전략들을 제공한다. 개요를 미리 짜는 것도 그러한 전략 중 하나이며 글을 수시로 다시 읽어 순환적으로 첨삭, 재구성할 수 있도록 안내하는 전략도 마찬가지이다.

어렵더라도 희망을 남기기

나는 결론을 적을 때는 반드시 희망을 보여 주라고 이야기한다. 어떤 이야기를 하였든 무슨 비판을 하였든 글은 궁극적으로 희망적이어야 한다. 비판을 위한 비판은 없다. 비판을 하는 이유는 세우기 위한 것이다. 우리가 내 글의 의의를 진술하는 이유도 내 글이 어떤 부분에서, 누군가에게는 희망을 전하기 위한 것이다.

서론이 글을 끝까지 읽도록 만드는 첫인상이라면 결론은 그 글을 끝까지 기억하게 만드는 끝인사이다.

본인은 이 글을 쓰면서 어떤 특정 글을 인용하고 싶을 때 그 글에서 인상에 남는 어구를 검색해서 작품들을 찾았다. 그중에 하나가 "왕후의 밥, 걸인의 찬"이다. 이 어구가 제목인 줄 알았는데 제목이 아닌 것을 알았다. 인상적인 결말의 한 부분이었다.

기억에 남는 글을 쓰기 위해서는 자신의 글을 인상적인 어구로 요약해 주는 것도 필요할 것이다. 어떤 토론 책에서는 토론의 마지막 진술을 할 때 고사성어나 어떤 품격 있는 격언으로 자신의 진술을 기억에 남도록 마무리하라는 전략을 알려 주고 있는데 그도 한 가지 방법이다. 신선한 결론을 위해 인상적인 서술을 하라. 길지 않아도 좋다.

주제에 따른 본론 쓰기의 유형

이제 본론에 왔다. 본론 쓰기를 가장 나중에 이야기하는 것은 본론이 글의 몸통으로서 가장 중요한 부분이며 서론 쓰기처럼 어떤 글쓰기 전략으로써 강의할 수 있는 부분은 아니기 때문이다. 논리적 글쓰기를 크게 두 유형으로 나누면 찬반형이 있고 문제해결형이 있다. 이외에도 세분화하면 다양한 전개양식이 존재하지만 여기서는 이 두 가지를 살피겠다.

찬반형의 예

1. 안락사에 대한 자신의 견해를 밝혀라
2. 대통령 직선제에 대한 자신의 견해를 밝혀라

문제해결형의 예

1. 지구온난화 현상의 원인을 제시하라
2. 대학의 비교과활동 활성화 정책에 관하여 기대되는 결과를 제시하라
3. 현 대학 입시제도의 대안을 제안하라

이렇게 주제나 문제가 주어졌을 때 문제유형을 가늠할 수 있을 것이다. '찬반형'이란 그 의견이 찬성과 반대로 극명하게 나뉘는 문제유형이다. 논제만 보면 대통령 직선제에 찬성을 하든지 반대를 하든지 둘 중에 한 가지 의견이 제안되는 것이지 그 중간지대는 없다. 그러나 찬반형 과제를 풀어 진술하는 방식에는 몇 가지 유형이 있다.

'문제해결형' 쓰기는 어떤 현 이슈에 대한 원인 제시/ 결과 제시/ 원인과 결과 제시/ 대안 제시 등으로 나뉠 수가 있다. 원인과 결과를 진술할 때 큰 문단 구분으로 보아서는 병렬식으로 하나씩 제안하면 되지만 그 내부의 문장은 기존의 논의와 이론적 배경들을 버무려서 자신의 설명과 견해를 뽑아내는 방식이므로 겉보기처럼 쓰기가 쉽지만은 않다.

전체 구도는 다음의 표와 같다.

	내 주장 몰입형	재반박을 통한 주장 강화형	찬반 통합과 대안형
찬반형	1. 내 주장의 근거 1 1-1. 근거 1의 근거 1 1-2. 근거 1의 근거 2 2. 내 주장의 근거 2 3. 내 주장의 근거 3	1. 내 주장 1-1. 근거 1 1-2. 근거 2 2. 반론과 그 근거 3. 반론에 대한 재반박	1. 찬성 주장 1-1. 근거 1 1-2. 근거 2 2. 반대 주장 2-1. 근거 1 2-2. 근거 2 3. 통합과 새 대안
	원인 제시형	결과 제시형	대안 제시형
문제 해결형	1. 원인 1 2. 원인 2 3. 원인들의 통합적 설명	1. 결과 1 2. 결과 2 3. 결과들의 통합적 설명	1.기존 문제해결 방안들 2. 문제점 3. 대안 제시 3-1. 이론적 근거 3-2. 실태 및 현황 3-3. 대안의 구체적 방법

먼저 찬반형 글쓰기에서 〈찬반 통합형〉 논지의 흐름을 대략적으로 정리해 보자.

이 사안에 대하여 찬성하는 측은 다음과 같은 내용을 제시한다. 그들은 ＿＿＿＿＿＿ 라고 주장한다. 이 주장은 ＿＿＿＿＿＿ 라는 근거와 ＿＿＿＿＿＿ 라는 근거를 가지고 자신의 의견을 내세운다. 그러나 이 주장은 ＿＿＿＿＿＿ 라는 점에서 문제점이 확인된다. 또 다른 한 집단은 ＿＿＿＿＿＿ 라고 반대 의견을 내세운다. 이들은 ＿＿＿＿＿＿ 라는 근거와 ＿＿＿＿＿＿ 라는 전제를 가지고 ＿＿＿＿＿＿ 라고 주장하는 것이다. 이 주장은 ＿＿＿＿＿＿ 라는 점에서 일리가 있다. 그러나 ＿＿＿＿＿＿ 라는 한계도 발견된다.

위에서 살펴본 서로 반대되는 의견들은 ＿＿＿＿＿＿ 라는 점에서는 일치하는 견해를 보이지만 ＿＿＿＿＿＿ 라는 점에서는 일치되지 않는 견해를 가지고 있다. 이들은 ＿＿＿＿＿＿ 라는 문제는 해결할 수 있었지만 이들 모두가 놓치고 있는 것은 정작 ＿＿＿＿＿＿ 였다. 이러한 이해를 가지고 본인은 ＿＿＿＿＿＿ 라고 하는 대안을 제시하고자 한다. 이 대안은 위에서 제시한 ＿＿＿＿＿＿ 라는 주장의 장점과 ＿＿＿＿＿＿ 라는 견해의 해결적 역량은 살리면서도 그동안 해결하지 못했던 ＿＿＿＿＿＿ 라는 제약까지 극복할 수 있는 새로운 대안이 될 것이다.

문제해결형의 마지막 형태인 〈대안 제시형〉 논지의 흐름도 다음과 같이 말로 풀어 보자.

나는 _____ 문제에 대하여 기존에 대응해 왔던 방식들에 대한 새로운 대안을 제시하고자 한다.
기존 문제해결 방안들에는 _____, _____, _____ 점들이 존재한다.
그러나 이들 방안들에는 _____ 라는 문제점들이 존재하였다. 이 문제점들은 _____ 한 문제들을 파생시켰다.
이러한 점에서 나는 이것보다 나은 _____ 대안을 제시하고자 한다.
이러한 대안을 뒷받침하는 근거는 _____ 의 이론과 _____ 의 원리에서 추출될 수 있다.
_____ 의 이론은 _____ 이라는 내용으로서 내가 제안하고자 하는 대안에 _____ 라는 점을 제공할 수 있다.
_____ 의 원리 역시 _____ 라는 점에서 내가 제안하고자 하는 대안을 지지한다.
현 시대는 모든 사람들이 _____ 란 경향을 가지고 있고 _____ 를 요구하고 있다.
따라서 나는 이들의 필요에 응답하기 위해서라도 위에서 제시한 _____ 라는 대안을 제안하는 바이다.
이를 구체적으로 실시할 수 있는 방법으로는 _____, _____, _____ 가 있다.

이러한 논지의 흐름은 그야말로 하나의 예시이다. 논지가 잘 성립되어 있어도 '표현을 어떻게 하느냐'에 따라서 편견이나 고정관념이 가득한 편협한 글로 보이기도 하고 근거가 탄탄하며 많은 문제를 해결할 수 있을 법한 혜안으로 수용되기도 한다. 타당한 논지 못지않게 적절한 표현방식도 좋은 글을 만들어 가는 주요 요소가 된다.

표현의 방식

이번에는 논리적 글쓰기에서 사용되는 여러 가지 표현방식들을 몇 가지만 검토해 보자.

■ 개념정의

개념정의란 내가 쓰고 있는 주제에서 핵심어로 거론할 수 있는 어떤 개념어의 뜻을 밝혀 적는 것이다. 개념정의를 하는 이유는 독자의 이해를 돕는 것이다. 또한 내가 어떤 글을 쓰려고 할 때 그 개념에 대한 의미의 준거가 필요하기 때문이기도 하다. 그 개념의 의미에 기대어 내 논지를 지지할 수 있고 내 글쓰기의 범위를 한정할 수 있다.

또 다른 이유는 어떤 개념어에 대한 정의가 사람마다 다르기 때문이다. 물론 모든 개념어가 첨예한 대립적 속성의 개념정의를 포함하는 것은 아니므로 많은 글에서 대표적인 백과사전이나 관련 대표 기관의 정의를 가져다 쓴다. 그러나 어떤 개념어인 경우는 내가 어떤 정의를 취하느냐에 따라 논의의 방향이 틀어져 버리는 경우가 있다. 그리고 제한된 분량의 글에서 그 넓은 외연을 다 포함할 수 없을 것 같다고 판단될 수도 있다. 그렇게 되면 기존의 개념정의에서 외연을 그 일부로 축소시킨다. 그래서 자신이 재정의한 개념에 따르자면, 그 개념적 폭에 한정시킨다면 자신의 논지가 참이 되도록 하는 것이다.

개념정의의 문장들은 일정한 형식을 따른다.

문학은 언어로 이루어진 예술이다.[36]

문학은 인간의 가치 있는 경험을 언어로 형상화한 예술이다.[37]

두 정의의 공통점은 다음의 형식이다.

(종개념) =
_____ (종차) + _____ (유개념)이다.

다시 말하여 유(類)개념인 '예술'에는 문학, 미술, 음악 등 다양한 하위 종(種)들이 존재하는데 그중에서 '문학'만이 가진 특징, 즉, 특정 종으로서의 차별적 특성은 바로 '언어로 이루어졌다'는 점이다. 음악은 어떨까? 다 똑같은데 종차만 다르다. 즉, 음악의 특성이란 '소리로 이루어졌다'가 아닐까?

형식으로는 그러하지만 두 개념정의는 내용 면에도 다소 차이가 있다. 첫 번째 정의는 '언어'라고 하는 형식에 집중한 정의이다. 두 번째 정의는 '인간의 가치 있는 경험'이라고 하는 내용을 추가하였다. 즉 두 번째 정의는 인간의 가치 있는 경험이 아닌 언어 형상화는 예술로 보지 않겠다는 뜻이 된다.

  글을 쓰는 입장에서 문학의 정의를 가져온다고 할 때, 필자로서의 '나'는 '언어'라는 형식에 집중한 논의를 펼칠 것인가 아니면 '인간의 가치 있는 경험'이라고 하는 내용도 중시하는 논의를 펼칠 것인가 결정하고 그에 맞는 정의를 가져오려고 할 것이다.

  만약 더 나아가 내가 언어를 문자 언어로만 한정 짓지 않고 다양한 이미지, 소리 등으로 어우러진 복합매체들까지도 문학의 범주에 포함시키고자 한다면 이 정의에 만족할 것인가? 그런 경우에는 자신이 정의를 다시 만들어야 할 것이다. 이 정의에 동의하지 않는 사람들이 다수 있을 것이기 때문에 자신이 왜 그러한 정의를 사용하는지에 대하여 설득력 있게 논증하고 정의를 다시 내리려고 할 것이다. 일단 정의를 새롭게 내려야만 하는 이유를 설득력 있게 설명하면 전문가 독자들은 그 정의에 생소함을 느끼거나 이에 적극 동의하지 않더라도 그 정의의 폭 안에서 내 글의 논리를 검증하려고 할 것이다.

  예를 들어, 다음과 같이 정의하고 글을 시작할 수 있다.

> 문학은 인간의 가치 있는 경험을 문자, 말, 이미지, 소리 등의 언어로 형상화한 예술이다.

  이러한 정의는 그 자체로 자신은 문자, 말, 이미지, 소리 등을 포괄적인 언어의 외연으로 보겠다는 선언이기도 하다. 이 정의를 전제로 글을 읽기 시작하면 독자에게 어떤 선행 지식이 형성되었기 때문에 글의 논지를 잘 따라가며 읽을 수 있다.

■ 상술

　상술이란 자세히 설명하는 기술(description)이다. 단락 안에서라면 소주제문이나 바로 앞 문장을 자세하게 설명하는 기능이다. 글을 쓰다 보면 문장의 문장 덧대기는 대부분 상술하고자 하는 의욕으로 나타난다. 어떤 명제를 던지고 난 후 그것을 자세히 설명하여 쉽게 제시하고 싶은, '내 말은 이런 뜻이야' 하며 독자를 이해시키고자 하는 의도에서 생겨나는 문장들이 상술이다. 다음 예문을 보자.

> 요약이 원 글을 압축하는 활동이라면, 반응은 원 글의 주장에 대한 태도를 드러내는 활동이다. 우리 삶의 상당 부분은 수많은 사건이나 현상에 대한 반응으로 이루어진다. 사람들은 책이나 영화를 보고 나서 혹은 식당에서 음식을 먹고 나서 모종의 의견을 갖게 된다. 누가 물어보면, 심지어 누가 물어보기도 전에, "그 책 재미있다", "그 영화 지루하다", "그 식당 맛있으니 꼭 가서 먹어보라", 아니면 "그 식당에 절대 가지 마라" 등의 의견을 제시한다. 일상에서도 이처럼 기회가 있을 때마다 의견을 개진하는 마당에 자신이 어느 정도 관심을 가지고 시간을 들여 읽은 글에 대해 의견이 없을 수 없다.[38]

　이 예시 단락의 소주제문은 첫 문장이다. 아마도 그 전 단락에서 요약에 대해서 설명한 것 같다. 요약과 반응을 비교하면서 '반응'이라는 것이 무엇을 의미하는지 설명하고픈 열망이 필자에게 자리 잡은 듯하다. 우리 일상에서도 특정 사건에 대한 의견이 늘 있듯이 독서 후 독자의 의견도 반드시 생기게 마련인데 그것은 자연스러운 현상이라고 말하고 싶었나 보다.

이처럼 우리가 서술하는 대부분의 문장들이 상술의 성격을 가지고 있다고 말할 수 있다. 상술하는 방향은 복잡함에서 단순함으로, 유개념에서 종개념으로, 추상성에서 구체성으로의 방향을 가지고 있다. 따라서 상술의 문장을 쓸 때에는 그 문장이 상술하고자 했던 앞 문장보다 더 쉽고 구체적으로 진술했는가 하는 점을 관찰해야 한다. 때로는 상술한 문장이 더 꼬이고 복잡해지는 경우가 있는데 그런 경우는 좋은 상술의 문장이라고 할 수 없다.

대부분의 문장이 상술의 성격을 가지고 있다고 해도 상술의 의미가 명확히 드러나는 담화 표지들이 따로 있다.

> 즉, 이 말은 _____라는 뜻이다.
> 다시 말하면, _____가 가진 생각은 _____라는 것이다.
> 상기한 내용은 _____라고 풀어쓸 수 있다. _____이기 때문이다.

위의 문장들의 예들이 보여 주듯이 상술은 일단 선행하여 말한 명제에 대한 구체적이거나 해석적인 진술이라고 생각하면 된다.

■ **예시**

예시는 사례를 들어 어떤 명제를 구체화하는 진술로 크게 보면 상술의 성격을 가지고 있다. 사례를 드는 목적도 독자가 어떤 명제를 추상적으로만 받아들이지 않고 경험적으로 이해하도록 돕는 것이다. 따라서 예시란 구체적이고 쉬운, 현실적 소재로 나타내 보여 주는 것이다.

오스트레일리아의 한 비평가는 이 영화를 보고 나서 '"싸인"은 전혀 신학에 관한 영화가 아니다. 정치에 관한 영화다'라고 잘못 결론을 내렸다. 그것은 이 영화가 의도한 바가 아니다. 예를 들어 영화는 외계인의 침입에 대비한 군사적인 해결책을 말하지 않음으로써 마지막에 여전히 도사리고 있는 미래의 테러에 대해 관객이 막연히 걱정하도록 내버려 둔다.[39]

위의 예시문을 보면 '한 비평가의 해당 영화에 관한 평가'에 대하여 반박의 예를 들고 있다. 그 예는 영화의 구체적인 한 장면이다. 아마도 이 글은 관객들이 영화가 통쾌하게 말해 주지 않는 것에 대해 막연히 걱정하고 있다는 가정을 가지고 있는 것 같다. 그리고 영화는 이 가정을 의도적으로 활용해 관객들에게 신의 존재에 대하여 생각해 보도록 유도하고 있다는 말을 하고 싶은 것 같다.

이처럼 예시를 들더라도 그 예시에 대한 상술이 또 따라 나와야 하므로 일종의 예시-상술 연쇄반응으로서 문장들이 구성된다고 보면 된다. 예시를 나타내는 문장도 대체로 담화 표지가 있다.

예를 들면, _____.
그 예로서 _____ 를 들 수 있다.
_____라는 예가 그 대표적인 경우이다. 등등.

예를 들 때는 모든 예를 다 들어 주기보다는 단 하나라도 그 사실을 대표적으로 잘 드러내는 사항 하나에 집중해서 설명하는 것이 보다 효과적이다.

■ 비교 대조

비교 대조는 두 가지 이상의 사례나 이론, 사물 등을 비기는 과정에서 이루어진다. 글 전체가 비교와 대조가 목적인 다음의 주제 등에서 흔히 나타나는 서술 방식이다.

    한국과 유럽의 교육제도의 역사적 전개
    특정 직업 성취도에 성별이 미치는 영향
    특정 외국어교육 프로그램의 효율성

첫째 주제는 한국과 유럽이 각각 교육제도를 어떻게 발전시켜왔는가가 목적이 아니다. 각각을 기술하더라도 종합적인 진술이 반드시 필요하다.

한국의 교육제도 역사
유럽의 교육제도 역사
한국과 유럽의 교육제도 비교 대조

둘째 주제는 직업 성취도에 남녀의 성별이 미치는 영향을 설명하기 위해서 비교 대조는 필수적이다.

> 특정 직업에서 남성의 직업성취도

> 특정 직업에서 여성의 직업성취도

> 특정 직업에서 남녀의 직업 성취도 비교 대조

　셋째 주제 역시 특정 프로그램의 효율을 알아보기 위해서는 그것을 수혜 받은 집단과 그렇지 않은 집단을 비교해야 알 수 있는 것이다. 따라서 이러한 글에서도 비교/대조는 필수적으로 필요하다.

> 특정 외국어교육 프로그램의 수혜 집단

> 특정 외국어교육 프로그램의 비수혜 집단

> 특정 외국어교육 프로그램의 수혜/비수혜 집단 비교

　위에서 볼 수 있듯이 우리는 굉장히 많은 글에서 두 가지 사물, 개념,

집단, 이슈 등을 비교하고 대조하면서 글을 쓴다. 글 전체 주제가 아예 비교/대조를 위한 것으로 주어질 때에는 아예 단락이나 문단 전체를 위와 같이 구안해야 하지만 꼭 그러한 주제가 아닌 경우에도 부분적인 비교나 대조는 늘 하고 있는 것이다.

```
이러한 사안은 _____라기보다는 _____이다.
A는 _____이다. 반면 B는 _____이다.
A는 B와_____라는 점에서 서로 다르다.
A와 B는 _____라는 점에서 일치하지만 _____라는 점에서 이질
적이다.
A와 B를 비교할 때, A는 _____이고 B는 _____라고 할 수 있다.
```

비교와 대조를 할 때는 견주는 두 대상이 유사한 무게를 지니고 있으며 보다 큰 상위 범주에 동시에 속해 있어야 가능하다. '남자'와 '여자'는 견줄 수 있지만 '사람'과 '어린이'는 견줄 수 없다. '어린이'는 '사람'이라는 범주의 하위 관계에 있기 때문에 유사한 의미적 무게를 가진다고 볼 수 없다.

또한 두 대상을 비교할 때는 비교하는 내용이 두 범주에 모두 속한 속성이어야 한다. 예를 들어 '성적'이라는 속성을 비교할 때 학생들에게는 그것이 중요한 속성이지만 성인들에게는 그것이 유의미한 속성으로 속해 있지 않기에 측정이 불가능하다. 또한 두 집단에게 그 속성이 동일한 무게와 가치로 인지되어야 한다. 유치원에 다니고 있는 아동에게의 '성적'과 고3 학생들에게의 '성적'은 전혀 다른 의미의 무게로 다

가올 것이기 때문이다.

　우리는 직관적으로 이러한 비교 대상 사이의 관계와 서로 비기는 방식을 잘 알고 있다. 그럼에도 불구하고 여기서 설명하는 이유는 이러한 '균형'이라는 방식이 비교/대조 설명방식에는 매우 중요하기 때문이다. 두 가지를 비길 때에 해석자의 편견이 작용해서는 안 되며 한쪽으로 기울어진 평가여서도 안 된다. 물론 그렇게 비교하는 사람이 어디 있는가 하고 의문을 던질지 모르지만 실제 자주 벌어지는 일이다. 한쪽 편에 할애하는 설명의 폭이나 깊이가 다른 쪽을 능가하지 않도록 주의하는 것은 매우 중요하다. 결과를 놓고 볼 때에 이러한 서술방식은 글의 신뢰도를 결정하기 때문이다.

A.

두 인물이 있다고 하자. 한 사람은 능동적이고 결단력이 있고 다른 한 사람은 수동적이고 우유부단하다. 한밤중에 두 사람의 집에 누군가가 유리를 깨고 침입한다. 수동적인 쪽은 일어나 앉아서 바들바들 떤다. 다른 쪽은 응급전화를 건다. 전화가 먹통이다. 무기가 될 만한 것을 찾아 뛰어다니지만 아무것도 나오지 않는다. 이때 수동적 사람은 여전히 몸만 떨고 있다. 다른 쪽은 창문을 열려고 애쓰고 있다. 열리지 않자 주먹으로 창유리를 깨뜨리고 유리조각을 손가락 사이에 끼워 무기대용으로 쓴다. 수동적 인물은 여전히 벌벌 떨고 있다. 능동적 인물은 이제 유리가 찔러 주먹에서 피가 흐르는데도 문 뒤에 몸을 숨기고 있다. 한 인물은 한 가지 행동을, 다른 인물은 다섯 가지 행동을 취했다. 새로운 행동들은 제각각 이 인물에 관해 말해준다.[40]

B.

두 인물이 있다고 하자. 한 사람은 능동적이고 결단력이 있고 다른 한 사람은 수동적이고 우유부단하다. 한밤중에 두 사람의 집에 누군가가 침입한다. 침대에 누워 있는데 유리가 깨지는 소리가 들려온다. 수동적인 쪽은 일어나 앉아서 바들바들 떤다. 다른 쪽은 응급전화를 건다. 그런데 전화가 먹통이다. 무기가 될 만한 것을 찾아 뛰어다니지만 아무것도 나오지 않는다. 그는 창문을 열려고 애쓰고 있다. 이제 유리가 찔러 주먹에서 피가 흐르는데도 문 뒤에 몸을 숨기고 있다. 한 인물은 한 가지 행동을 취했고 다른 인물은 다섯 가지 행동을 취했다. 새로운 행동들은 제각각 이 인물에 관해 말해준다.

위의 두 지문은 마지막 문장이 소주제문이다. 인물의 성격이 그 행동을 통해서 구현된다는 스토리텔링 작법에 관한 설명이다.
그러나 A와 B를 비교해 보자. 능동적인 사람과 수동적인 사람을 비교함에 있어 수동적인 사람이 한 일이 벌벌 떤 것밖에 없다고 해서, 그에 대한 묘사를 B와 같이 줄였다면 분명히 독자는 필자가 능동적인 사람을 선호한다고 느꼈을 것이다. 필자의 생각은 그저 행동이 그 사람의 성격을 나타내는 표지라고 이야기하는 것일 뿐인데도 독자가 그렇게 느끼는 것은 필자의 묘사가 한 사람에게 더 많은 분량을 할애하고 있기 때문이다. 어쩌면 필자가 실제로 능동적인 인물을 그의 스토리에서 더 선호하고 있기 때문인지도 모른다.
편파적인 인상을 주지 않기 위하여 두 가지 개념이나 사물을 비길 때에 반드시 같은 조건, 같은 환경, 같은 상황이라는 배경이 필수적이며 그것 안에서 비교하고 대조할 때 독자는 신뢰를 가지게 될 것이다.

글의 골격을 되돌아보기

좋은 글의 조건을 항상 몇 가지로 요약할 수 있는 것만은 아니다. 그 중에 하나는 체계성이다. 체계적으로 잘 쓰인 글은 일반 예술 작품이 주는 장중한 형식미가 있다. 논리적인 글도 마찬가지다. 형식과 골격이 균형 있고 튼튼히 잘 건축된 글은 늘 읽어 오던 글이더라도 감동을 전해 준다. 서론의 역할에 충실한 목적 진술, 결론의 기능을 다한 마지막 진술 하나가 글을 살리는 요소들이다.

특별하고 예측불허의 독창적인 골격을 찾기 이전에 이미 우리에게 주어진 장르 지식을 잘 활용하자. 위에서 제시한 표현 방식도 평상시에 잘 연습해 두자. 자신이 상술은 많이 쓰고 있으나 개념정의에 약하다면 글의 풍성한 측면을 위해서 정의하는 법도 연습하자. 오케스트라의 여러 악기들이 하나로 어우러져서 웅장한 교향곡을 창출하듯이 우리가 글의 어느 구석에서 쓰고 있는 작은 예시 하나가 글 전체를 밝히는 희망이 될 수 있다.

가능하다면 학술적인 글에서 쓸 수 있는 효과적인 진술방식들을 잘 개발하여 자신의 글 적재적소에 활용할 수만 있다면 그것은 좋은 출발이 될 것이다. 독창성은 하늘에서 떨어지는 어떤 것이 아니라 글의 기초를 잘 닦는 일에서 점차 성장하는 것이다. 기초가 튼튼한 논증에서 한 줄기 뻗어 나오는 가지처럼 소소하지만 빛나는 별 하나가 그 글을 신뢰성과 독창성을 다 갖춘 글로 만들어 줄 줄 믿는다.

글의 골격을 넘어서서

글을 쓸 때 골격 이상으로 중요한 것이 있다. 글의 이슈는 부정적인 것을 어쩔 수 없이 다루더라도 마무리에서 긍정적인 것으로 반드시 옮겨 가는 것이 좋다. 원인과 결과를 진단하는 글이나 대안을 제시하는 글이나 모두 그러한 작업을 통해 더 나은 사회를 만들 수 있다는 소망의 피력이다. 결말에서는 반드시 희망적인 미래의 대안을 제시하도록 하라. 이러한 철학이 필자에게 있다면 글에서 긍정적인 에너지가 흘러서 독자들에게 힘을 주는 글이 될 것이다.

정호승의 〈희망을 만드는 사람〉을 읽고 힘을 받기를 바란다. 꿈이 있는 사람은 희망을 어떤 상황에서든 만들어 낸다. '꿈을 받아라 꿈을 받아라'. 시인은 꿈조차 우리에게 받을 것을 권고한다. 꿈은 꾸는 것이지 받는 것이 아니지 않은가. 그런데도 그는 꿈을 품고 가꾸며 서로에게 도전하는 작업이 우리에게 필요함을 역설한다. 자신의 글이 독자의 미래에 꿈을 주고 희망을 만들어 낼 수 있는 힘이 있다면 그 이상 더한 사회적 공헌은 없으리라 생각해 본다.

별을 보고 걸어가는 사람이 되라.
희망을 만드는 사람이 되라…[41]

이것만은!

1. 서론과 결론에는 반드시 진술해야 할 것이 있다. 그 기능에 충실한 글을 써라.
2. 주제에 따라 본론의 전개방식이 결정된다. 효과적인 전개방식들을 모두 숙지하고 전략적인 글을 써라.
3. 결론은 대안이든 전망이든 희망의 메시지를 남기라.

토론 문제

1. 위에 제시된 표현양식 말고 본론의 전개방식으로 적당한 다른 방식들을 이야기해 보자.
2. 인상적이었던 서론이나 결론의 내용들을 제시해 보고 왜 그렇게 생각했는지 이야기해 보자.
3. '과학과 경제학, 심리학, 미학은 모두 종국에 사람을 탐구하고 사람을 유익하게 하는 것이다'라는 주제로 글을 쓰고자 할 때 팀별로 서론을 구성해 보자. 서론의 역할을 먼저 인지하고 어떻게 서술해야 예상 독자들이 글을 읽을 필요성을 느끼게 될지 관심을 두고 기술하자.

활동

다음 글의 골격을 개요화해 보고 구성에서의 특징 등을 이야기해 보자. 그 효과는 어떠한지도 말해 보자.

현대인들은 불확실한 죽음 너머의 세계 인식을 포기하는 경향이 있다. 천선영은 현대인들의 이러한 사고작용의 포기원인을 초월성 관념의 부재 혹은 상실에서 찾고 있다. 현대인들은 근대의 무산한 신뢰의 대상, 즉 이성의 힘으로도 죽음 이후를 알지 못한다면 헛수고를 하지 않겠다고 생각한다. 차라리 현재의 삶을 최대한 누리고 난 후 고통 없이 죽는 방법을 택하는 쪽으로 인간 한계에 대한 대처법을 바꾸었다. 요즘 유행하는 화장 장례법을 죽음 의미의 축소와 의식의 간편화라고 이해하는 경향도 이러한 시대정신과 분명한 관련이 있다.

이처럼 죽음에 대한 이해는 시대, 상황, 신념과 종교 등의 변수에 틀림없이 영향을 받는다. 그러므로 죽음에 대한 관점을 단순화하여 몇 가지로 유형화한다는 것이 애초에 불가능할지도 모른다. 그럼에도 불구하고 웨버는 고대 고고학적 예술품들에 드러난 죽음에 대한 관점을 분석해 보았는데 그의 이해를 토대로 인간이 죽음을 보편적으로 어떻게 인식하는가의 내용을 4가지로 일반화해 정리해 본다.

첫째, 원자론적 죽음관이다. 인간의 육체를 인간 삶의 전부로 인식하여 영혼의 존재를 인정하지 않는 관점이다. 이 관점대로라면 인간의 육체가 땅에 묻히고 분해되어 가면 그 삶도 함께 종결된다. 이러한 생각에는 인간이나 동물을 한 가지로 이해하는 관점이 담겨 있다. 인간을 물질의 원소로 이해하고 진화론적 사고를 따르기 때문에 인간의 정신이나 영혼의 존재는 부정할 수밖에 없다.

둘째, 불가지론 혹은 현세지향의 관점이다. 실증되지 않고 경험되지 않는 것은 신뢰할 수 없다고 믿는 이들로부터 지지되는 관점으로서 사후 세계의 존재와 삶의 지속 가능성에 대해서는 알 수 없다고 결론짓고 더 이상 죽음 이후에 대해 관심을 가지지 않는다. 이들은 현재의 삶에 충실하고자 하는 것에서 의미를 찾고 이 세상에서 오래 살다가 임종의 고통 없이 잘 죽을 수 있는 방식에 관심을 가진다.

셋째, 영혼불멸의 죽음관이다. 영혼의 사후 실존 가능성을 인정하는 관점이다. 죽음과 더불어 육체가 소멸한다 하더라도 그 영혼은 가시적이든 비가시적이든 지속된다는 관점이다. 쉽게 이해할 수 있듯이 인간이 분해되어 육체가 흙으로 돌아가는 현상과는 분리되어 인간의 영혼은 산 자들의 주변을 끊임없이 맴돌며 그 산 자들과 소통할 수 없다고 믿어진다.

때로는 그 영혼이 초현실적인 시공간으로 이끌려 갔다가 다시 현실 속에 출현하기도 한다.

넷째, 사후세계의 죽음관이다. 이 관점에서 죽음은 보다 나은 세계로 들어가는 관문이다. 죽음 이후에는 현실보다 나은 세계에서 더 이상 눈물도 고통도 없는 지복의 삶이 기다리고 있으므로 죽음은 더 이상 공포의 대상이 아니다. 당장은 사별이 슬플 수 있으나 죽은 자들은 약속된 어떤 세계에서 다시 만날 것이 기대된다. 잠시 분리되어 살아가는 기한이 있다는 것에 대한 슬픔은 애착하는 사람과의 약속된 만남을 전제로 한 일시적 분리불안이면서 기다림의 수고를 의미할 뿐이다.[42]

위의 네 죽음관은 서로 달라도 인간 삶의 끝에 무엇이 있는가에 대하여는 동질의 이해를 가진다. 죽음은 인간의 세계관 중에 핵심사항이다. 이 세계관이 종교를 지시하기도 하고 삶의 방향성을 결정한다. 생물학적 죽음관의 대표적인 예는 유물론이요, 사후세계 죽음관과 영혼불멸의 죽음관은 종교성을 지시한다. 점점 간편화되어 가고 있는 장례의식들과 행복을 극단적으로 지향하는 현대인들의 가치관은 둘째의 죽음관과 관련되어 있을 것이다. 이 네 가지 죽음관은 분리되어 있으나 동시성을 가지고 출현하기도 한다. 또 한 번 소지한 죽음관은 잘 변화하지 않으며 의지적인 성향을 가진다. 우리의 죽음관은 곧 우리의 삶에 대한 규정이기 때문이다.

3. 어떻게 단락을 쓸까

단락이란

　단락은 '문장'보다 크고 '글'보다 작은 쓰기 단위이다. '문단'과 동의어로 쓰이기도 하나, 보통 들여쓰기를 하면서 시작하는 글의 단위이며 하나 이상의 문장으로 구성된다. 단락은 길기도 하고 짧기도 하지만 보통은 3-5개 정도의 문장으로 이루어진다.
　단락은 하나의 완결된 생각을 표현하는 최소의 의미 단위이다. 글도 완결된 생각 단위라고 도전을 하기 전에 '최소'라는 단어에 주의하자. 최소한 의미의 완결성을 이야기하고자 한다면 단문 하나보다는 길어야 한다. 필자에 따라서는 단락의 길이가 반 페이지 이상 늘어나는 경우도 있고 두세 문장으로 단축되는 경우도 있다. 이 말은 단락이라는 것이 어떤 정해진 공식의 적용을 받지는 않는다는 것이다. 단락을 아주 길게 늘여 쓰는 필자에게 어떤 곳에서 단락을 나누라고 한다면 버럭 화를 낼 수도 있다. 왜냐하면 그는 글의 호흡이 아주 긴 글쓰기를 즐겨 하는 사람일 것이기 때문이다. 그러므로 '아직 생각이 완결되지 않았는데 왜 단락을 나누냐'고 하며 화를 낼 수 있다.
　그렇다. 완결되었다는 것도 매우 주관적이며 심리적인 것이다. 생각의 호흡이 긴 작가가 아직 설명할 내용이 많이 남아 있다고 느끼면 단락을 쉽게 나눌 수가 없다. 더 설명해야 의미가 완전해질 것 같기 때문이다. 반대로 단락을 아주 짧게 끊어 쓰는 사람들은 긴 설명보다는 글 진행의 신속성을 우선순위에 두고 깔끔한 글쓰기를 선호하는 사람이다.

필자의 선호도를 떠나 나는 단락의 길이를 결정하는 것은 단락의 소주제문이라고 생각한다. 원칙적으로 소주제문의 범위에 따라 단락이 길어지기도 하고 짧아지기도 한다. 소주제문이 구체적일수록 뒷받침 문장을 많이 필요로 하지 않는다. 소주제문의 내포와 외연이 넓으면 넓을수록 이를 설명하기 위한 뒷받침 문장이 많이 필요하다. '완결'이라는 선결조건만 생각해도 그러하다. 그러므로 단락공부의 시작은 소주제문을 적절한 수준에서 잘 잡는 것이라고 믿는다.

본인은 글쓰기 수업의 시작은 단락 단위부터가 적당하다고 본다. 소주제문 잡기를 연습하면 글 전체의 주제문 잡기를 위한 연습도 된다. 단락을 구성하는 연습을 하고 나면 글 전체를 구성하는 방법도 습득할 수 있다. 글쓰기 학습의 시작부터 '문장 단위의 쓰기'라는 세부적 연습은 대학생들에게 너무 미시적인 접근이 되기가 쉽고, 글 전체 단위는 개요 짜기가 아니라면 수업에서 면밀하게 지도하기에 상당히 큰 의미 단위이다. 이럴 때는 단락 정도의 중간 단위가 적당한데 이를 놓고 글 전체의 '구성'과 개별 '문장' 쓰기라는, 양쪽을 다소 모형적으로 연습할 수 있기 때문이다.

단락구성과 소주제문

단락을 구성한다는 것의 의미를 이해해야 한다. 단락은 문장들의 집합이다. 단락을 구성하는 것은 일단 모인 문장들을 순서에 따라 배열하는 것이다. 따라서 하나의 단락도 내부의 개요를 작성할 수가 있다.

단락 구성이란 필자가 전체 글 안에서 해당 단락의 위치를 이해하고 이에 적합한 소주제문을 결정하며 이를 잘 뒷받침할 만한 문장들을 선점한 후 이들 사이의 연결이 자연스럽도록 배열하는 과정이라고 생각하면 된다. 따라서 글을 쓸 때는 전체 글의 개요 속에서 해당 단락의 위치에 따른 주제문의 수준을 결정해야 하며, 단락 내의 개별 문장은 그 다음 순서에서 작성된다.

아래는 하나의 글에서 단락별 소주제문만 나열해 놓은 것이다.

> 1. 어려운 글은 저자 자신도 무슨 소린지 모르고 쓴 글이다.
> 2. 글은 전달이 목표인데 읽는 이가 이해를 못 한다면 글이 아니다.
> 3. 따라서 _____.
> 4. 하숙집 아주머니는 독서를 좋아하나 내 말을 알아듣지 못하는 한계가 있다.
> 5. 지적 상태와 정신태도 고정된 것이 아니다.
> 6. 인습적인 것이 쉬운 글은 아니며 어렵다고 나쁜 글은 아니다.[43]

만일 '글은 독자를 고려하여 쉽게 쓰는 것은 좋으나 글이 무조건 쉬워야 좋은 글이라는 평가도 버려야 한다'라는 주제를 가지고 글을 전개한다고 하자. 위의 소주제문들을 연결하여 글을 전개하려고 개요를 단락 전개 중심으로 잡아 보았다고 할 때 3의 수준에서는 어느 정도의 소주제문이 적당할까. 3단락은 앞에 나온 두 전제에 대한 임시 결론을 내리는 단락으로 보인다. 4단락부터는 어려운 글이 써지는 상황에 대한 설명으로 이어지므로 '글은 쉽게 쓰는 것이 기본적으로 맞다' 정도의 수준에서 단락을 완결해야 할 것이다. 어느 정도 예외사항의 여지를 남긴 채 말이다. 글 전체의 주제가 쉽게 쓰는 글과 어렵게 쓰는 글을 상황별로 다 옹호하는 입장이기 때문에 '글은 어떤 상황에든 쉽게 써야 한다'라는 완결성을 지나치게 추구하면 어색한 글의 흐름을 생성하게 된다. 그러니 글의 전체 구도 속 이 위치에서는 의미의 적정선을 유지해야 한다.

정리해 보면, '단락의 완결성' 역시 글의 전체 구도 속에서 그 정도가 규명되며 이는 소주제문을 적정한 의미 범위 안에서 결정하는 것에서 출발되는 작업이다.

단락구성의 원리

먼저 하나의 단락은 통일성, 일관성, 완결성을 갖추어야 한다.

통일성

▪ 단락의 통일성 개념

통일성이란 전체가 하나의 주제로 연결된 관계라는 의미이다. 보통 한 단락에는 한 개의 소주제문이 포함되는 것이 일반적이므로 말하자면 하나의 소주제문과 여러 개의 뒷받침 문장들이 하나의 주제를 전달하는 일에 통일성 있게 공헌하고 있어야 한다는 뜻이다. 가끔 어떤 단락을 읽다 보면 한 주제를 향하여 치밀하게 논리를 전개하다가 느닷없이 다른 이야기로 비약하는 경우들이 있는데 통일성이라는 측면에서는 좋은 단락이 아니다. 틀린 글쓰기라는 말이 아니라 내용이 순간 비약하거나 한 끗 달라지는 데에서는 단락을 나누는 것이 맞다는 뜻이다.

단락의 길이가 필자의 글쓰기 호흡에 따라서 길어지기도 하고 짧아지기도 한다는 말은 참말이다. 즉, 길고 짧고의 문제는 그리 중요한 문제는 아니라는 것이다. 그러나 독자의 독서 호흡을 배려하고 의미 이해에 최선을 다한다는 의미에서 적정한 길이로 단락을 나누는 것은 필요하다.

나아가 단락이 길어지면 발생할 수 있는 문제에 대해서도 필자는 충분히 인지하고 있어야 한다. 무엇이 가장 문제가 되겠는가? 문장이 길어지면 발생할 수 있는 문제와 동일하다. 소주제문인 첫 문장에서 멀어지면 멀어질수록 망각 효과가 일어난다. 다른 이야기로 전개되어 가기가 쉽다. 그래서 단락을 적정선에서 다듬고 의미를 맺은 후 엔터키를 눌러 다음 생각으로 이동하는 연습은 굉장히 중요한 연습이다. 누르기 전 다시 한번 소주제문을 쳐다보자. '음, 저것이 소주제문이었지.', '저기서 일탈한 문장은 없는가?' 하며 살펴보는 연습 말이다. 그리고 엔터키를 눌러 다음으로 이동할 때마다 생각해야 한다. '자, 이제 새로운 생각의 시작이야. 어떻게 새 생각에 대한 운을 뗄까.' 큰 호흡으로 심기일전하는 것이다.

너무 어렵게 생각하지 말자. 다시 읽어 보면서 내용이 달라지는 곳에서 단락을 나누어 주자. 단락의 불충분한 설명 공백을 뒷받침 문장으로 다시 보충하자. 그리고 전체적인 흐름을 살펴보자. 괜찮은가? 그럼 다음으로 진행하자.

일관성

■ 단락의 일관성 개념

일관성이란 문장 사이의 긴밀한 관계를 지칭한다. 한 단락이 3-4개 이상의 문장으로 연결되었다고 볼 때에 문장 사이에는 반드시 그렇게 논리가 진행될 수밖에 없는 필연적이고 설명 가능한 이유가 있어야 한다. 이러한 문장 사이의 관계는 대부분 상술, 예시, 핵심어에 대한 정의, 관련 경험, 인과관계에 의한 결론이나 원인 등이 될 것이다.

■ 접속사와 지시어 사용

이러한 관계를 분명히 해 주기 위해서는 문장 사이의 관계를 긴밀하게 연결하는 접속사나 지시어 등을 사용하는 것이 좋다. 먼저 핵심어를 무한 반복하기보다는 지시어 등을 사용하여 깔끔하게 문장이 흐르도록 하는 것이 좋다. 단 지시어는 그 누가 보더라도 앞에 나온 어떤 단어나 문장, 인물 등을 지칭하는지가 분명해야 한다. 둘째로 그러므로, 그래서, 그러나, 그리고, 또, 예를 들면 등의 접속어를 사용하는 것이 문장 사이를 분명하게 나타낼 수 있어서 좋다.

이러한 방식들은 쓰는 사람에게도 좋다. 자칫 글을 쓰다 보면 앞에 나온 문장을 잊어버리기가 쉽고 논리의 흐름에 집중하지 못하는 경우가 생기기 때문에 자기 자신을 위해서라도 접속어 등을 사용하여 문장 사이의 관계를 분명하게 종결해 주면서 쓰는 연습이 글쟁이 인생의 나중을 위해서 좋다. 물론 이러한 원리들은 모두 의미의 잉여나 중의성, 불명확한 표현을 불러들이지 않기 위한 방법이다. 지시어를 쓸 때마다 앞쪽에 나온 무슨 단어를 내가 지칭하기 위해서 이 지시어를 썼는지, 그리고 처음 읽는 독자들에게도 쉽게 지칭하는 대상을 찾을 수 있도록 구조화했는지, 문맥에 맞는 접속사를 정확하게 사용했는지 항상 뒤돌아 점검해 보는 습관이 중요하다.

▪ 보다 현명한 사용

그러나 내가 위에서 이야기한 것은 글쓰기의 기초이다. 보다 현명한 사용을 위해서는 아래의 권고를 따르기 바란다.

먼저, 접속사를 지나치게 사용하면 글이 세련되지 못한 경우가 생기므로 꼭 필요한 경우, 글의 의미를 분명하게 하거나 강조할 때만 사용하는 것이 좋다.

공자가 말한 '온고이지신 가이위사의'는 그 출발점이 과거이다. (**이것은**) 옛것을 바탕으로 새로운 지식을 만들어낼 수 있을 때 비로소 스승이 될 수 있다는 뜻이다. (**즉**) 가르치는 사람은 단순히 지식을 재생산하는 것 이상으로 자신만의 새로운 주장을 펼쳐야 한다는 것이다. (**반면**) 청출어람은 <순자> 제1편 <권학>에 나온다. '학불가이이 청취지어람이청어람, 빙수위지이한어수', (**즉**) '학문은 멈추어서는 안 되고 청색은 쪽에서 나왔지만 더 푸르며 얼음은 물에서 나왔지만 물보다 더 차갑다'는 말이다. (**이는**) 초점을 제자에 두는 점에서 적어도 내가 볼 때에는 발전과 미래가 더 강조되는 것 같다. [44]

위의 단락에서 지시어와 접속사를 점검해 보자.

첫 번째 '이것은'은 앞 문장 전체, 즉 공자의 말을 받는 지시어이다. 이 지시어는 있어도 좋고 없어도 좋다. 있으면 문장의 관계가 분명해지고 없으면 문장 사이의 거리가 가까워져서 긴박한 전개가 된다. 특별히 필수적인 지시어는 아니라고 볼 수 있다.

그러나 '즉'의 경우는 앞에서 지시어를 썼을 경우와 쓰지 않았을 경우에 따라 넣어야 할지 말아야 할지를 숙고해 보아야 하는 접속사이다. '이것은'이라는 지시어를 썼을 경우는 두 문장 사이에서 한번 문장 사이의 관계를 생각해 볼 휴지(休止)를 준 셈이다. 따라서 여기서 '즉'이라는 접속사를 또 넣으면 문장에 또 한 번 휴지를 주는 셈이 되어 자꾸 호흡이 걸리게 된다. 이런 경우는 깔끔하게 생략하는 것이 좋다. 다시 말하면 '이것은'과 '즉'은 둘 중에 하나만 적는 것이 문장의 흐름을 세련되게 한다.

'반면'은 어떤가? 이런 접속사가 필수적인 접속사이다. 이 단락은 앞의 성어와 뒤의 성어를 비교하려는 목적이기 때문에 그 의도를 분명하게 드러내는 이 접속사를 생략할 경우 문제가 발생한다. 두 문장이 정반대 의미이기 때문에 느닷없이 문맥이 끊기고 만다. 필수 접속사이다. '하지만', '그러나' 등 대부분의 역접 접속사가 여기에 포함된다.

그 뒤를 이어 나오는 '즉'은 의미를 정의하거나 앞 문장을 상술할 때 쓰는 접속사인데 이 경우는 필수라고 볼 수 없다. '즉'이라는 접속사가 나오면 독자는 누구나 '이제 그 뜻을 분명하게 풀어서 쉽게 설명해 주겠지'라고 기대를 한다. 접속사는 그러한 역할을 해 준다. 그 다음 문장에서 어떤 내용이 따라 나올지에 대하여 미리 단서를 주고 그러한 기대감 가운데 문장을 쉽게 이해하도록 도와준다.

그러나 이도 생략 가능하다. 써 주면 의미는 분명하나 사족처럼 걸리고, 써 주지 않으면 문장의 흐름이 긴박해져서 쉽게 읽히나 의미의 흐름을 명백하게 규정하지는 못한다. 이런 경우 꼭 문장 사이의 관계에 신경을 쓰게 하는 접속사의 도움이 없더라도 의미를 순식간에 파악하는 데는 큰 어려움이 없다.

다시 전체 글의 문맥을 고려해 보자. 앞의 고사를 설명할 때와 균형을 맞춰 준다는 차원에서 본다면 쓰는 것이 안전하다. 앞쪽에서 성어의 의미를 해석하는 '즉'을 써 줬다면 이곳에도 써 주는 것이 둘을 비교하는 저울질에서 보다 독자의 이해를 돕는 구성방식이 될 것이다. 마지막에 '이는'도 한번 생각해 보라. 같은 현상이다.

위의 단락 분석은 그저 하나의 예이다. 보다 학술적인 글에서 지시어나 접속사를 사용하는 예가 빈번한 것은 정확한 서술에 대한 요구가 크기 때문이다. 그러나 일반적인 글에서는 접속사를 꼭 필요한 데만 사용하고 절제하는 것도 글 읽는 속도감을 높여 주고 문체를 깔끔하게 할 수 있는 방법이 된다. 또 이것은 개인적인 글 쓰는 스타일에 귀속되는 문제이기도 하다.

▪ 단락과 단락 사이

이러한 문장 차원의 흐름을 단락 안에서 살펴본다면 이제 단락과 단락 사이의 흐름도 살펴볼 원리가 생긴다. 단락과 단락을 연결할 때 하나의 열쇠는 단락을 열 때의 '첫 말'이다. 접속사이든, 핵심어이든, 감탄사이든 그 말 하나가 앞 단락과 뒤 단락의 관계를 규명하는 필자의 선언이요 독자를 위한 단서가 된다.

'그러므로'로 시작하는 단락이 있다고 치자. 단락을 이 말로 시작했다는 것은 이제 그 글의 결론이나 되었을 때 쓸 수 있는 말이다. '결론적으로'라는 담화표지처럼 원인과 결과 사이의 관계가 빈틈이 없고 정확하게 인과관계의 선후를 조준하고 있어야 한다. '따라서'보다 어감이 매우 강하다.

영어에서 Therefore나 Hence, Thus 이런 접속사들은 굉장히 강력한 말이다. 그저 한 사건의 원인과 결과를 이어 주는 말이 아니라 글 전체의 결론을 내릴 때에 한 번 정도 사용할 수 있는 접속사인데 한국어에서는 '그러므로'가 이에 해당한다. 내가 이 말을 하는 것은 '그러므로'를 남발하지 않아야 하고 접속사 사용에도 신중을 기해야 한다는 것을 전하고 싶어서이다. 접속사에도 어감이 있다. 적재적소에 사용하자.

■ 일관성 없는 단락

위에서 설명한 이야기는 단락 구성의 원리 중 '긴밀성'에 관한 것이다. 일관성이라고 해도 좋을 것이다. 문장의 흐름이 서로 긴밀한 관계를 맺고 진행되어야 한다는 뜻이다.

문제가 없는 삶은 불가능하다. 문제는 우리 삶을 양질의 것으로 만들 수 있다. 문제가 없는 삶을 가질 수 있을까? 문제가 있으면 우리는 그것을 해결하기 위해 여러 가지 방안과 대안을 찾는다. 문제가 있는 삶이 오히려 평범한 것이다. 방안과 대안을 찾으면서 우리는 다양한 시도를 해 보기도 하고 극복하려는 의지를 키워 내기도 한다. 문제가 없는 삶은 있을 수가 없는 것이다.

위의 단락에서 소주제문은 무엇인가? 두 번째 문장임을 누구나 금세 알아챌 수가 있다. 그리고 전체적으로 하려고 하는 이야기가 무엇인지도 알 수가 있다. 그것은 우리 삶에 일어나는 문제들이 있을 때 그것을 해결하기 위한 방안을 적극적으로 구하면서 우리가 성장한다는 것이다.

그러나 단락의 긴밀성 측면에서는 어떠한가? 문장들이 통일성을 견지하고는 있으나 긴밀성이 없으니 모래알처럼 문장들이 다 뿔뿔이 흩어져 버린다. 이렇게 되니 지시어나 접속사를 쓸 수 있는 여백도 없다는 것을 알 것이다.

본인은 지금 위의 단락을 써 내려가는 데에 너무 힘들었다. 그 이유는 우리가 의식적으로 논리적인 흐름이 있는 생각을 하고 그것을 순서대로 써 내려가는 데에 익숙해져 있기 때문이다. 그렇기에 이러한 논리적 생각의 흐름을 애써 무시하고 억지로 문장을 이어 붙이는 작업은 굉장히 필자의 사고를 힘들게 하는, 어려운 일이다.

그러므로 크게 애쓰지 않아도 좋다. 내 말은, 애쓰지 않아도 정상적인 인지능력을 가지고 글을 전개하고 있다면 긴밀성은 자연스럽게 보장된다는 것이다. 다만 가끔 가다가 이런 문장들이 불쑥 생성되지 않도록 노력은 해야 한다. 컨디션이 좋을 때 글을 쓰고 의식을 가볍고 원활하게 만들어라. 글이 글을 써 내려가게 하면 된다.

완결성

■ **단락의 완결성 개념**

마지막으로 완결성에 대한 이야기를 해 보고자 한다.

완결성은 한 단락이 글 내의 자신의 기능을 다하기 위해, 각 단락마다의 소주제문이 말하고자 하는 바를 그 단락이 온전히 설명하고 다음 단락으로 넘어가야 한다는 원칙이다. 마치 서론에서 진술한 목적이 결론에서 완수되었는지 점검해 볼 때와 마찬가지로 단락 내에서도 이 의미 완결성이 실행되어야 한다는 뜻이다. 이때 생각해야 할 것은 뒷받침 문장들을 효과적으로 구성할 수 있는 방안뿐만 아니라 한 단락의 수준에서 설명 가능한 의미 범위를 품고 있는 소주제문의 선정이다.

예를 들어 '대한민국은 좋은 나라이다'와 같은 소주제문을 썼다고 가정해 보자. 이 주제를 해결하기 위해서 우리는 얼마나 많은 자료를 가져와야 하는가. 이것을 4-5문장짜리 뒷받침 문장이 해결해 줄 수 있을까? 글 전체 주제여도 큰 주제이다.

그러므로 이 같은 난관에 부딪치지 않기 위해선 우선 글 전체 주제를 내가 해결할 수 있는 선에서 가다듬고 이를 더 세부적으로 나누어 각 단락의 위치에 맞는 소주제들로 소분하는 것이 먼저이다. 그리고 그렇게 특수화된 소주제문을 뒷받침하기 위해 나머지 문장들이 활발하게 제 기능을 완수해야 한다.

여기서 한 단락의 소주제문으로 적당한 수준은 '한국의 입시제도는 10년 전보다 많이 개선되었다' 정도가 아닐까. 사실 이보다도 더 세분화되어야 뒷받침 문장들이 편해진다. 얕은 물가에서 맘껏 첨벙댈 수 있는 자유로움이 생긴다. 완결성이 결여되었다, 설명하다 말았다, 피상적이다 등의 비평은 최소한 듣지 않아야 한다.

▪ 소주제문의 위치 고려

　우리는 단락의 구성 원칙인 완결성, 통일성, 긴밀성에 대해서 이야기해 보았다. 이 세 원칙을 통해서 재확인할 수 있는 것은 단락의 기능 중 가장 중요한 것이 단락 하나하나 자신이 맡은 소주제를 전체 글의 주제에 최대한 기여하도록 효과적으로 진술해야 한다는 것이다.

　단락의 주제문을 소주제문이라 하는데 이것의 위치에 대해서도 깊이 생각해 볼 필요가 있다. 이러한 숙고는 모두 의미 전달의 '효과'를 의식한 전략이다.

　소주제문을 단락의 첫 번째 자리에 놓을 경우 나머지 문장들은 일단 던진 명제를 해결하기 위한 설명과 예시들로 채워질 것이다. 반대로 단락의 맨 마지막 자리에 놓을 경우 그 앞의 문장들은 어떤 결론을 끌어내기 위한 전제들로 기능하게 될 것이다.

　아래 글을 보면 전자(A)는 연역적인 구성이고 후자(B)는 귀납적인 구성이다. 물론 두괄식 구성은 연역적 구성이기 쉽고 미괄식 구성은 귀납적 구성이기 쉽다. 그러나 언제나 천편일률적으로 그렇다는 뜻은 아니며 귀납적인 구성도 두괄식으로 얼마든지 쓸 수 있다. 어떤 진술의 순서상의 개념일 때 그렇다.

A.
우리는 시간의 제약을 평상시에 크게 의식하지 않고 살아간다. 시험을 치를 때면 50분이라는 시간이 매우 짧게 느껴진다. 종료를 알리는 종소리가 들릴 때쯤이 되면 갑자기 머리가 팽팽히 돌아가고 손이 빨라진다. 그러나 평상시에는 우리가 모두 시한부 인생이라는 점에 대해서 깊이 생각하고 살지 않는다. 그렇기에 하루하루 1시간 1시간을 아끼고 쪼개 빈틈이 생기지 않게 하려는 궁리를 하지 않는 것이다. <u>우리의 인생이 짧고 주어진 시간의 끝이 있다는 생각을 가지는 것은 우리의 삶을 알차게 만들고 낭비 없고 투자효율 높은 시간 사용법을 선택하게 하는 길이다.</u>

B.
<u>우리는 삶에서 소비되는 시간을 아끼고 아껴야 한다.</u> 그 이유는 우리가 시한부 인생이기 때문이다. 우리는 이 땅에 영원히 살아가지 않는다. 암 환자가 아니더라도 우리는 알 수 있다. 우리의 종료시점은 매일 조금씩 큰 발자국 소리를 내며 우리에게 성큼성큼 다가서고 있다. 또 우리는 우리의 시간이 결코 우리의 주저함을 기다려 줄 인격체가 아니라는 점도 기억해야 한다. 시간은 우리가 생각에 실패하고 나약한 심리를 탓하고 있을 때 나를 동정해 주고 위로해 주지 않는다. 가차 없이 혼자서 가 버린다. '시간은 금이다'. 이 격언의 긴 생명력만 보더라도 이 말은 이미 그 값어치를 스스로 증명한 셈이다.

A단락은 **미괄식** 구성이다. 우리가 시간을 염두에 두고 살아가지 않는 현실, 시험 때와 일상이 다르지 않다는 점, 시한부 인생의 삶의 소

중함 등은 우리 삶의 낭비 없는 시간 사용에 꼭 필요한 전제로서 역할하고 있다. 같은 이야기를 펼치고 있는 B단락은 아예 주제 자체를 앞쪽으로 배치했다. 이미 자신이 그 생각을 먼저 선언하였다. 그러므로 뒤의 문장들은 그 '이유'를 설명해 내는 방식으로 배열되어 있다.

현대인들은 B단락 형식, 즉 **두괄식**으로 쓰는 것을 선호한다고 한다. 그 이유는 현대인들이 복잡하고 길게 설명하는 것을 그리 좋아하지 않기 때문이다. 중요한 것을 앞쪽에서 이야기하면, 뒤의 이야기들은 심하게 말하자면 일종의 사족이 된다. 들으면 설득이 잘 되지만 듣지 않아도 무슨 이야기를 하고 싶은지 이미 알고 있기 때문이다. 회사에서 프레젠테이션을 할 때도 CEO들은 주제를 처음부터 밝혀 줄 것을 요구한다고 한다. 나열된 전제들을 듣는 일에 피곤함을 느끼고 핵심부터 이야기할 때 프레젠테이션의 주제가 보다 선명해지고, 들을 때 이해하기도 편하기 때문이다.

따라서 소주제문의 위치 정하기는 문장을 어떻게 배열하느냐의 문제라고 생각하기 쉽다. 그러나 인문학에서는 B형태의 글이 많고 사회과학에서는 A형태의 글이 많은 것도 숙고해 볼 문제라고 생각한다.

원칙적으로 A형태의 글은 자신의 생각을 미리 정하고 쓰는 형식은 아니다. 어떤 전제들을 쭉 나열하다 보면 결국 어떤 문장에 가서 귀결되는 현상이다. 그러기에 보다 과학적인 서술에 적합하다고 느끼는 것이다. B형태의 글은 처음부터 내세우는 자신의 주장이 매우 강하고 선언적이다. 그것을 설명하기 위해 필요한 조건들을 선택하여 끌어올 수 있다는 장점이 있다. 요컨대 A는 '자료가 이끌어 가는 글쓰기', B는 '주제(주장)가 이끌고 가는 글쓰기'라고 할 수 있다.

나는 주제문의 위치에 따른 글쓰기 유형들이 각 필자가 설명하고 싶은 주제에 따라 취사선택할 수 있는 가치중립적 과제라고 생각한다. 어떤 단락 구성 원칙이 더 나은가 함은 주제와 상황에 따라 달라지는 것이라, 무조건 더 좋은 구성방식은 없다.

또 다른 단락

이제 정리를 하면서 '그러면 천편일률적으로 단락은 이렇게만 구성되는가' 또는 '모든 단락이 정말 그렇게 구성되었단 말인가' 하는 독자들의 질문에 답을 해야 하는 때인 것 같다.

이런 질문을 해 봤다. '나도 이렇게 글을 쓰고 있는가?' 언제나 그렇지만은 않다. 어떤 좋은 글을 읽어 보아도 이렇게 모든 단락에서 소주제문을 찾을 수 있거나 모든 문장들이 그저 주제문의 증명을 위해서만 활용되고 있지는 않다. 꼭 주제의 뒷받침을 위한 서술이 아니더라도 그 자체로서 모퉁이 돌처럼 긴요하고 중요한 문장이 있다.

단락 차원에서 보더라도 논리적인 글쓰기에서조차 주장의 강조를 위해, 그저 설명을 한 차원 더 깊이 하기 위해서, 오직 예시를 위해서만 한 단락 떼어 놓는 경우도 많은데 이러한 경우는 상술의 내용이나 예시 그 자체가 주제문만큼 중요한 경우에 해당된다. 이러한 경우, 해당 내용에 설명이 더 요구되어 단락의 길이가 걷잡을 수 없이 길어지므로 따로 단락화하는 것이다. 물론 논지를 해치면서까지 길어지지 않으려면 각주를 다는 등 설명하는 조금 다른 방법들도 있다.

관련 담화 표지 문장(sign sentence)도 있으니 활용하자.

<u>단락 구성 원칙에는 통일성, 긴밀성, 완결성이 있다.</u> 통일성이란 단락에서 모든 문장들이 하나의 주제를 향하여 기여하고 있어야 한다는 뜻으로 주제에서 벗어난 문장이 없어야 한다는 것이다. 통일성을 한 단락에 부여하기 위하여 해야 할 가장 중요한 생각은 우선 소주제문을 어떻게 잡느냐이다. 그 다음은 뒷받침 문장을 소주제문의 논지 강화에 어떻게 적절히 활용할 것인가이다.

위의 단락에서 이상한 점은 무엇인가? 소주제문인 첫 문장을 나머지 문장들이 완결성 있게 설명해 내지 못했다. 첫 문장은 3가지 원칙을 이야기했는데 나머지 문장은 고작 한 가지 원칙에 대해서만 설명하고 있다. 더 단락이 길어지지 않기 위해서 필자가 여기서 황급히 단락을 구분했다면 이제 그것 때문에 더 문제가 발생한다.

이런 경우에는 첫 문장을 따로 떼어 하나의 단락 처리를 하는 것이 좋다. 한두 문장짜리 단락은 일종의 담화표지 단락이다. '이제 내가 이런 원칙 하나하나를 설명해 갈 거야. 기대해도 좋아' 하는 단락이다. 앞으로 전개될 이야기에 대한 단서를 제공하면서 이후에 등장할 단락들에 일종의 교통표지 역할, 방향성과 순서를 통일성 있게 규정해 주는 그런 단락인데 이런 단락 배치는 글의 논리와 독해를 위해 매우 필수적이며 독자를 배려한 전략이라고 할 수 있다.

아래의 예시와 같은 문장을 만나면 이제 표지단락을 구성하는 문장이라는 것을 알 것이다. 주로 그 다음 생성되는 내용들은 항목화되어 있거나 복수의 설명, 단계적 구성을 취하게 되는 경우임을 알 수 있다.

- _____을 설명할 수 있는 단서에는 다음과 같은 것들이 있다.
- 아래의 표(설명, 그래프, 항목들)는 _____ 에 대한 결론이다. 하나씩 살펴보자.
- 지금까지 설명해 온 내용을 간추리면 다음의 항목들로 요약될 수 있다. (첫째, 둘째, 셋째)

아래의 밑줄 그은 표지단락에는 최소한 3개의 단락이 더 필요하다. 첫 단락은 표지 단락, 나머지는 그 각각에 대한 설명 단락이다.

    단락 구성 원칙에는 통일성, 긴밀성, 완결성이 있다.
    통일성이란 단락에서 모든 문장들이 하나의 주제를 향하여 기여하고 있어야 한다는 뜻으로 주제에서 벗어난 문장이 없어야 한다는 것이다. 통일성을 한 단락에 부여하기 위하여 해야 할 가장 중요한 생각은 우선 소주제문을 어떻게 잡느냐이다. 그 다음은 뒷받침 문장을 소주제문의 논지 강화에 어떻게 적절히 활용할 것인가이다.
    긴밀성이란 단락을 이루고 있는 문장 사이의 논리적 관계가 긴밀해야 한다는 뜻이다. 긴밀성을 확보하는 방법에는 지시어와 접속어 사용 등이 있다.
    완결성이란 여러 문장으로 이루어진 한 단락이 단락 내 소주제문의 범위를 완결성 있게 포괄하고 있어야 한다는 의미이다. 이를 위해 한 단락의 소주제문은 최대한 좁게 설정하고 설명을 충분히 해 주는 것이 필요하다.

마지막으로 한 가지만 더 이야기하자. 위의 내용들은 대체로 보고서, 논리적 글쓰기, 비평문 쓰기에 적용되는 구성방식이라는 점을 밝히고 싶다.

수필이나 비평문 중에는 글의 마지막 한 단락을 어떤 여운을 남기거나 자신의 주장을 재강조, 분위기를 환기하는 일에 할애하는 경우가 종종 있다. 이런 단락도 예외이다. 강한 여운과 재강조의 효과를 위해서 뒷받침 문장은 생략하고 한두 문장으로 간단하게 자신의 생각을 피력하게 되는데 이러한 결말 쓰기 방식이 때로는 본론 한가운데에 배치되지 못할 필연적 이유는 없다.

다시 말해 단락 구성 원칙이 위와 같다고 해도 단락의 종류와 역할은 매우 다양하고 필자의 문체나 글의 장르, 주제의 유형 등에 상당히 많은 영향을 받는 영역이다. 이러한 사실을 알고 예외적 단락에도 문을 열어 두는 열린 글쓰기를 하기 바란다. 물론 전체적으로 **단락구성의 원칙을 지키면서** 일정 영역만 뻗어 나온 별스런 가지 같은 예외 단락이어야 독자에게 신뢰를 줄 수 있다.

마지막으로 옛말에 '청출어람'이라는 말이 있다. 여기서 누구라도 가르치는 자의 논리와 설명을 뛰어넘는 효과적인 구성방식을 창안할 수 있다면 이 또한 기쁘지 아니한가.

이것만은!

1. 단락은 하나의 생각을 완결성 있게 표현해 낸 최소의 의미 단위이다.
2. 접속사와 지시어를 정확하게 사용하여 단락 내 긴밀성을 확보해야 하나 때로는 문장들의 긴박감 있는 전개를 위해 생략하여 쓸 수 있다. 다만 이러한 글쓰기는 주제의 효과적 전달이나 자신의 전체적 문체와 대치되지 않아야 한다.
3. 통일성, 완결성, 긴밀성이라고 하는 3원칙을 기억하고 숙지할 필요가 있으나 때에 따라서 자신의 논지를 효과적으로 표현하기 위한 창의적인 단락을 생성하는 것도 필요하다.

토론 문제

1. 평상시 쓰고 싶었던 주제에서 추출 가능한 소주제문 하나를 지정해 보라. 이 소주제문이 단락 수준의 소주제문으로 적합한지 논의해 보고 이 소주제문을 뒷받침할 수 있는 문장이나 내용들에 무엇이 있는지 의견을 내 보라.
2. 지금 쉽게 발견할 수 있는 글의 한 단락을 선정해 보자. 그 단락의 소주제문을 찾아보자. 쉽게 찾을 수 있는가? 찾을 수 없다면 무엇 때문인지 앞뒤 문맥을 통해서 이야기해 보자.
3. 좋은 단락의 조건을 몇 가지 더 제안해 보라.

활동

다음 문장으로 시작하는 귀납적인 미괄식 단락 구성을 해 보자. 문장 수는 상관없다. 팀원들끼리 같은 문장으로 시작했으나 어떻게 다른 결론을 얻었는가, 마지막 문장들을 통해서 확인해 보자. 왜 한 단락의 마지막 소주제문이 이렇게 다르게 나타나는지 이유를 생각해 보자.

한국인들의 독특한 말법에는 '빨리 빨리'가 있다

4. 어떻게 문장을 쓸까

문장 쓰기에 정도(正道)가 있을까? 만일 문장을 정확성의 관점에서만 보자면 컴퓨터에 글쓰기를 맡겨 둘 일이며 여러 명의 저자들이 동일한 주제를 서로 다른 필법으로 저마다 다룰 필요가 없을 것이다. 시중에 나가 보면 글쓰기에 관한 책들이 이미 쏟아져 나와 있다. 글쓰기에 대한 정확한 매뉴얼이 공식처럼 존재한다면 그렇게 많은 책들이 왜 필요할까.

간결체의 신화(myth)

문장을 간결체로 쓰라는 글쓰기 책의 요구들을 들으면서 나는 속으로 생각한다. 왜 문체의 유형이 저렇게 많은데 하나의 문체를 강요하는 걸까. 만연체도 있고 간결체도 있다. 강건체도 있고 우유체도 있다. 화려체가 있는가 하면 건조체도 있다. 요사이 이러한 문체 유형들의 이름이 글쓰기 책에서 점차 사라지고 있는 현실이 조금 아쉽다.

헤밍웨이가 지은 〈노인과 바다〉를 보면 그 문체가 상당히 강하고 건조함을 느낄 수 있다. 일반적으로 소설은 공감을 유도하기 때문에 훨씬 더 섬세한 묘사를 많이 포함한 장르다. 아이러니하게도 다소 불친절한 것도 같은 문체를 소지한 그의 소설이 이토록 유명해진 것에는 특이한 그의 문체도 한몫하고 있다.

그는 오랫동안 신문기자로 활동했으며 그것이 그의 문체를 다소 '남성적이다'라는 평가를 받게 한다. 세부 묘사가 거의 없고 아주 굵직한 사건의 나열이 주를 이룬다. 노인에 대한 내면묘사를 할 때 그저 여러 가지 사물을 통해 그것을 암시하도록 상징적으로 보여 준다. 또 헤밍웨이는 전쟁 참전 용사다. 이러한 그의 이력이 글과 함께 독자에게 전해진다. 전쟁을 함께 겪었던 사람들에게 투박한 그의 글은 일종의 아픈 향수처럼 느껴질 것이다.

다시 간결체로 돌아가 보자. 간결체를 선호하는 현대인들은 우선 시간을 다소 주변적인 이야기를 읽는 데 허비하고 싶어 하지 않는다. '결론부터 말해'가 두괄식 구성을 유행시켰다면 '핵심만 말해'가 간결체를 주류 문체로 만들었다고 할 수 있다. 독자들에게 발견학습의 기회를 주고 귀납적 사고력을 키워 주는 미괄식 구성도 독자를 배려하는 글쓰기인 것처럼, 지나치게 획일화되어 가는 글쓰기 전략 트렌드는 간편식처럼 편리하지만 필자와 독자의 사고 깊이는 얕아지게 한다.

문법 면에서 간결체를 선호하는 이유는 정확한 문장을 쓰고 짧게 써서 문장의 오류를 줄이자는 것이다. 일종의 경제성의 원리다. 문장이 길어지는 것 자체가 나쁘다기보다는 문장이 길어지면 발생할 수 있는 오류가 너무 많기 때문이다. 가장 대표적인 것이 주어와 서술어 호응이다.

결코 간단하지 않은 호응의 문제

내가 그대를 생각함은 항상 그대가 앉아 있는 배경에서 해가 지고 바람이 부는 일처럼 사소한 일일 것이나 언젠가 그대가 한없이 괴로움 속에 헤매일 때에 오랫동안 전해오던 그 사소함으로 그대를 불러보리라.[45]

위의 문장은 황동규 시인이 쓴 〈즐거운 편지〉의 한 연이다. 한 문장으로 되어 있다. 이 문장을 문법의 정확성 차원에서 볼 때 이상한 점은 무엇일까? 이 문장은 크게 두 문장이 연결된 문장이다. 첫 번째 문장은 '내가 그대를 생각함은 (…) 사소한 일일 것이다', 두 번째 문장은 '언젠가 그대가 (…) 그대를 불러보리라'이다. 두 문장 사이는 '그러나'라는 접속사가 매개하고 있다고 보면 될 것이다.

그러면 첫 번째 문장의 주어는 어디일까? 그렇다. '내가 그대를 생각함은'이라는 명사절이다. 명사절이 다른 문장의 주어 자리에 안겨 있다. '생각함은 (…) 사소한 일일 것이다' 이 부분은 크게 틀린 부분이 없다. 자, 이제 문장이 이어지면서 길어진다.

두 번째 문장을 보자. '그대가'는 '헤매다'의 주어다. 그러면 맨 뒤로 가서 '불러보리라'라는 서술어를 확인해 보자. 불러 보는 이는 시적 화자 '나'이다. 언뜻 보고 '그래, 주어가 생략되어 있어'라고 쉽게 생각할 일이 아니다. 앞 문장과 뒤 문장이 이어지면서 문제가 발생한 것이다. 이어진 문장에서 앞 문장의 주어는 책임져야 할 공간이 앞 문장의 서술어뿐만 아니라 뒤 문장의 서술어까지이다. 그런데 두 번째 문장을 이어 쓰면서 필자는 주어를 잊어버렸다. 주어를 과감히 생략하다가 호응 문제가 발생했다고 볼 수 있다.

물론 시인의 문장에 이런 가정을 하는 것이 어불성설일 수 있다. 그러나 일상 언어생활에서도 만연체가 가져온 결과로서의 이런 문장을 우리는 수시로 생산해 내고 있다. 자신이 쓴 글 중 하나를 아무것이나 가져와 보라. 만연체로 길어진 문장들을 단지 주어-서술어 호응만 관심 있게 들여다보자. 비문법적인 문장을 우리가 상당히 많이 생산하고 있다는 것을 자연스럽게 알게 될 것이다.

그러면 이러한 문장은 어떻게 고쳐야 할까? 제일 쉽게는 문장을 나누는 것이다. 간결체로 쓰는 이유는 바로 그것이다.

나는 항상 그대가 앉아 있는 배경에서 그대 생각을 할 것이다. 이는 해가 지고 바람이 부는 일처럼 사소한 일일 것이다. 언젠가 그대가 한없이 괴로움 속에 헤매일 때가 있을 것이다. 그때 오랫동안 전해오던 그 사소함으로 그대를 불러보겠다.

주어가 다른 두 문장을 이어 쓰는 데에는 굉장히 많은 것들을 고려해야 한다. 주어를 일치시키기 위하여 진짜 하고 싶은 말을 희생하기도 하고, 주어를 하나 더 달아 줌으로써 문장을 촌스럽게 만들기도 한다.

<u>나는</u> 항상 그대가 앉아 있는 배경에서 해가 지고 바람이 부는 일처럼 사소한 일일 <u>뿐인 그대 생각을 할 것이나</u> 언젠가 그대가 한없이 괴로움 속에 헤매일 때에 오랫동안 전해오던 그 사소함으로 그대를 불러보리라.

내가 그대를 생각함은 항상 그대가 앉아 있는 배경에서 해가 지고 바람이 부는 일처럼 사소한 일일 것이나 언젠가 그대가 한없이 괴로움 속에 헤매일 때에 오랫동안 전해오던 그 사소함으로 <u>나는</u> 그대를 불러보리라.

고치기는 해 보았으나 작가에게 미안할 지경이다. 정말 이런 이야기를 하고 싶었을까?

다양한 문체, 나의 문체

만연체는 잘못된 문체가 결코 아니다. 길고 짧은 것이 문제가 되는 것이 아니라 정확하고 정확하지 않은 것이 문제가 된다. 오히려 자세한 서술이 필요한 글의 장르와 주제가 있다. 자신의 개성적 문체의 특성도 있지만 글의 주제나 성격에 따라 문장의 길이가 달라질 수 있다는 점을 더 중시해야만 한다. 다만 만연체가 가져올 수 있는 글의 오류 가능성을 인식하고 문장이 길어질 때는 항상 즉시 돌아서서 자신이 방금 완성한 문장의 주어와 서술어를 다시 연결해 보고 호응이 되었는지 항상 점검해 보는 습관을 들이자. 부정확하지 않다면야 무엇이 나쁘랴.

자신만의 문체를 개발하려는 노력을 아끼지 말라. 길고 짧은 것만 문제가 되는 것이 아니고 수식어를 많이 사용하는 문체와 수식어를 줄이고 필수성분 위주로 기술하는 문체도 있다. 화려체와 건조체를 이와 같은 기준으로 구분한다. 물론 수식어구를 많이 사용하다 보면 길어지기 때문에 만연체가 되기 쉽기는 하다.

그러나 수식어구를 쓰는 것은 자세한 서술을 시도하는 것으로 독자를 배려하는 데에서 오는 것이니 그 자체로서는 크게 문제될 것이 없다. 불필요한 수식어구를 남발하지 않는 제한 안에서 최대한 자세하게 서술해도 좋다. 그리고 계속 써 나가는 가운데 자신의 문체를 지속적으로 관찰하라. 그 성격을 이해한 후 자신의 개성적 문체 안에서 세련되게 쓰기 위한 노력을 하라. 그것이 바른 순서이다.

너무나 많은 사람이 줄을 서 있는, 기나긴 인파를 지치도록 기다리고 지나쳐 도달한 곳은 다름 아닌 허름한 진료소. 허물어져 가는, 앉아 쉴 곳 없는, 잠깐 호흡을 멈추고 바늘을 꽂다.

긴 인파가 기다리는 줄을 지나쳐 진료소에 도달했다. 생각보다 허름하고 앉아 쉴 곳도 없었지만 잠깐 접종을 하느라 숨을 가다듬었다.

두 문장이 같은 내용을 서술하고 있다고 해도 각각 장르는 다를 것이라는 것을 충분히 문체 자체로 알 수 있다. 첫 번째 문장은 우회적 진술이고 두 번째 문장은 직접적 진술이다. 어떤 것이 의미 전달에 더 협조적인가? 물론 두 번째 문장이다. 그러나 앞뒤 문맥이 더 서술되어 흐름을 어느 정도 알 수 있다면 첫 번째 문장이 힘들게 그곳에 도착한 '그'를 안쓰럽게 느끼도록 만드는 서술양식임을 동의할 것이다. 또 너무나 많은 사람이 줄을 서 있다는 것이 기나긴 인파를 의미한다고 해서 하나를 지워 버린다면 작가가 얼마나 오래 서서 기다리는 시간을 어려워했는가를 다 표현하기에 힘들었을 수 있다는 생각도 든다.

의미의 문법

문장을 문법 규칙으로만 접근하는 것에는 문제가 있다. 문장은 형식과 내용을 포함하고 있어 형식만을 따질 때에는 문제가 발생하게 된다. 언어 생득주의 학자 노암 촘스키는 언어습득장치(Language Acquisition Device)가 인간 내면에 선천적으로 존재한다고 믿었고 이러한 점 때문에 인간이라면 보편문법(Universal Grammar)이라는 것을 타고난다고 설명했다. 여기서 보편문법은 모든 이 세상에 존재하는 언어들의 본질에 운행되고 있는 어떤 공통의 문법적 법칙을 의미한다. 모든 언어에 통하는 공통 원칙과 특수 원칙이 있어 각 나라의 언어는 공통 원칙 + 특수 원칙으로 구성된다는 것이다. 공통 원칙이란 예를 들면 '주어는 서술어 앞쪽에 위치한다'라거나 '수식어는 피수식어 앞쪽에 위치한다' 등이다. 물론 예외도 있지만 대체적으로는 위의 원칙들이 지켜진다.

* 파란 학생들이 사납게 놀이터를 먹고 있다.

비문이라고 느껴지는 이유는 무엇일까? 문법으로는 틀린 부분이 없다. 다만 의미가 통하지 않을 뿐이다. 이후에 촘스키는 생성변형문법을 수정안으로 내어 놓는다. 어떤 보편규칙에 의해 하나의 문장이 생성된 이후에도 어떤 의미규칙을 받아 문장이 한 번 더 변형되어야 한다는 규칙이다. 예를 들어 주어와 목적어의 순서가 바뀜으로써 수동태가 적용된다든지 능동문이 피동문으로 변형된다는지 하는 수준에서의 문법이다.

오늘날에는 단순히 문장 수준이 아니라 담화맥락 속에서 그 문장의 의미 수준을 논하고 있다. 다시 말하여 글의 흐름을 의미하는 문맥 속에 배치되어 이 문장이 파란색 옷을 입은 학생들이 놀이터 모양을 한 케이크를 먹고 있는 상황에서라면 위의 문장이 크게 틀린 것은 아닐 수도 있다는 뜻이다. 한 문장만 떼어서 논의하는 것의 한계를 다시 생각해 볼 수 있어야 한다.

나아가 이것이 문맥의 수준이 아닌 사회문화적 맥락 속에서 용납되는 경우도 있다. 예를 들어, 빨간색/파란색 팀으로 나누어 놀이터에서 놀이를 하고 있는 두 팀이 있는데 파란색 팀이 그 놀이터 놀이를 장악하고 있다고 해 보자. 벤치에 앉아서 학부모가 이 놀이를 보며 대화를 나누고 있다고 상정할 때 두 사람 사이에서는 특별한 문맥이나 상황 설명 없이도 고개가 끄덕여지는 소통을 이루어 낸 것이라 할 수 있다.

내가 하고 싶은 이야기는 문법을 그냥 형식으로만 여겨서는 안 된다는 것이다. 문법의 영역을 조금 더 확장하자.

> 자신이 혐오하고 비난하고 싶은 대상에 '벌레 충(蟲)'을 결합한 '~충'은 일부 인터넷 사용자들이 사용하던 것에서 이제는 젊은 세대가 자연스럽게 활용하는 일종의 접미사가 되었다.[46]

아무리 살펴보아도 문법 형식면에서 큰 오류는 없다. 그러나 이제는 이런 문장 하나하나를 조금 더 깊이 살펴보아야 한다. 예를 들어, '일부 인터넷 사용자들'과 '젊은 세대'의 관계는 서로 배타적인가? 두 계층이 대조 관계이거나 확장적 관계이어야 이 문장이 성립가능하다. 그런데 일부 인터넷 사용자와 젊은 세대는 무엇이 무엇보다 큰 포함 관계가 그다지 없다. 하나는 사용자 개념이고 다른 하나는 나이 개념이기 때문이다. 게다가 '자연스럽게'라는 용어가 인터넷 사용자들과 배타적인 의미를 갖는 부사는 아니다. 따라서 보다 정확한 표현력에 방점을 찍자면 '그런대로 괜찮아도 아직 더 고쳐야 한다'가 맞다.

더 따져 볼까? 이 문장의 주어는 '~충은'이다. 문장을 여러 번 읽다 보면 의미는 통한다. 특별히 비문이라고까지는 할 수 없다. 그러나 주어를 꾸미는 수식절이 지나치게 길어서 잠시 어리둥절해지는 시간이 필요하다. 이제 전달 효과 면에서도 잘 따져 보아야 한다. 수식어구를 간단히 만들거나 뒤로 빼거나 하는 방법이 좋겠다. '혐오'와 '비난'은 동의어이므로 하나를 생략하고 '혐오하는 대상'과 '혐오하고 싶은 대상'이 큰 의미 차이를 만들어 내지 않는다는 전제하에 전자를 택한다면 수식어구가 짧아질 수 있다. 더 잘 고치려면 '~충은 _____ 대상에 '벌레 충(蟲)'을 결합한 것인데, _____' 하고 문장을 두 개로 나누어 기술할 수 있다. 이러한 의미 차원의 어순 전략도 큰 범주의 문법이라고 할 수 있다.

지혜로운 조사 사용

본인은 조사 사용에도 신중을 기할 것을 당부한다. 한국의 조사는 첨가어적인 성격으로 외국인들이 한국어를 배울 때 가장 힘들어하는 문법이다. 조사는 격조사와 보조사가 있어 단순히 어떤 단어의 문법적 성격만 나타내 줄 뿐 아니라 어떤 소정의 의미까지 더해 주는 역할을 한다. 특히 '은/는'과 '이/가'는 서로 주어 자리를 놓고 티격태격하는 조사들이기 때문에 항상 구분을 어떻게 하는지 질문을 받게 되는 영역이다. 그러나 우리는 경험적으로 직관적으로 어디서 어떤 조사를 써야 할지 잘 알고 있기도 하다.

우리(는/가) 시간의 제약을 평상시에 크게 의식하지 않고 살아간다.

위의 문장에서 어떤 조사가 더 어울리는가. 누구나 '는'이 적합하다고 생각할 것이다. 특히 한 단락을 이끄는 첫 문장이라면 더욱 그렇다.

'이/가'라는 조사는 주어임만을 표시해 주는 격조사로 특별히 무게감은 없다. '은/는'은 주제를 나타내 주는 보조사로 '이/가' 조사 자리에 대신 들어가기도 하지만, 이중 주어 형식으로 한 문장 안에서 '이/가'와 동시에 쓰일 때는 주어 자리를 꿰찰 정도로 굉장히 강하다. 같은 문장에 '은/는' 자리에 '이/가'를 썼을 때는 중심 무게가 주어가 아닌 다른 자리로 움직이기 쉽다.

ㄱ. 엄마는 마음씨가 곱다.
ㄴ. 엄마가 마음씨는 곱다.

또 목적어 자리에도 적용해 보자. '우리가 시간의 제약은 크게 의식하지 않고 살아간다'라고 썼다고 하자. '시간의 제약은'으로 무게 중심이 옮겨졌음을 느끼는가? 거꾸로 '우리'의 조사로 '은/는'을 썼을 때는 이 문장이 인간인 '우리'에게 중심 무게가 주어진다. '우리'가 이 문장의 주어이면서 주제이다.

시험을 치를 때면 50분이라는 시간(이/은) 매우 짧게 느껴진다.

위의 문장에서 '이'라는 조사는 그 시간을 그저 주어진 고정된 시간으로 표현한다. 시험은 대체로 50분 안에 치르니까 주어진 시간을 객관적으로 담백하게 쓴 것일 뿐이다. '은'이라는 조사를 쓰면 '50분이라는 시간'에 특정한 의미를 부여한다. 50분이라는 시간은 다른 시간보다 매우 짧다. 즉 '대조'의 의미를 드러낸다. 다른 시간 분량과 비교하는 의미를 더해 주는 역할을 한다. 따라서 그 다음 문장은 '1시간 정도는 주어야지' 같은 형태로 옮겨가기가 쉽다. 왜냐하면 50분이라는 시간을 타 시간과 비교하는 식으로 '주제화'했기 때문이다.

그러나 평상시에는 우리(가/는) 모두 시한부 인생이라는 점에 대해서 깊이 생각하고 살지 않는다.

위의 문장도 보자. 이 문장에 주어는 '우리는'이다. '우리는 (…) 깊이 생각하고 살지 않는다'가 맞다. 그러나 '평상시에는'에서 보조사 '는'을 덧대어 넣어 주다 보니 뒤에 '은/는' 조사는 더 이상 쓸 수 없게 되었다.

이 이야기는 한 문장에는 주제가 하나 이상 될 수 없다는 점을 보여 주는 것이다. 여기서 '평상시에는'을 '평상시에'로 고쳐 보자. 그러면 뒤에 오는 '우리가'는 '우리는'으로 바꾸어 줘도 크게 어색하게 느껴지지 않는다. 이때 '우리는'이 전체 문장의 주제로 귀환한다.

'평상시에는'이라고 써 준 이유는 '평상시'를 '특별한 다른 시간'과 '대조'해 주기 위한 직관으로 쓴 조사임에 틀림없다. 특별한 상황에서는 우리가 시한부 인생이라는 것을 깊이 생각할 기회도 있다는 것이다. 그러나 평상시에는 그렇지 못하다. 이런 복잡한 필자의 사고가 순식간에 반영된 조사이다.

그러한 미세한 의미를 문장으로 다 풀어써 주지 않아도 필자는 직관적으로 그런 생각을 조사 하나에 담았다. 이렇게 되면 주어는 어디 갔는가. 주어는 생략된 것이다. 다시 말해 부사격조사 뒤에 보조사 '은/는'을 더함으로써 주어 자리에 써야 할 '은/는'은 더 이상 쓸 자리가 없어 생략된 것이며 '보편 주어'이므로 생략되어도 의미를 해석하는 데에 아무 지장을 받지 않는다.

엄격히 말해서 '우리가'라는 단어는 주어인 것처럼 보여도 '우리가 모두 시한부 인생이다'라는 안긴문장의 부분적 주어일 뿐이다. 전체 문장의 주어는 '평상시에는'이라는 한 단어 때문에 자취를 감출 수밖에 없었다. 아마 필자는 직관적으로 '우리는 평상시에'를 쓸 것인지, 주어 생략 후 '평상시에는'을 쓸 것인지 잠깐 고민했을 것이다. 어떤 것이 경제성의 원리에 의해서 적합한지, 어떤 것이 의미를 전달하는 데에 더 효과적인지 고민하다가 후자를 선택했을 것으로 생각된다. 이처럼 조사를 고르는 일도 의미에 관여하는 일이다. 또 수많은 보조사들이 존재한다는 것은 우리가 조사 하나만 바꾸어도 비문이 되기도 하며 조사 하나를 제대로 사용함으로써 글 전체의 의미에 정확성을 주기도 하고 나아가 조사 하나로 글 전체의 의미를 좌지우지할 수 있다는 것을 의미한다.

우리의 인생이 짧고 주어진 시간의 끝이 있다는 생각을 가지는 것은/ 우리의 삶을 알차게 만들고 낭비 없고 투자효율 높은 시간 사용법을 선택하게 하는 길이다.

조사를 사용할 때 한 문장에 조사가 두 개 이상 겹치는 일을 배제하는 것도 문장을 비문 없이 정갈하게 쓰는 방법 중 하나이다. 예를 들어 주어가 두 개 이상 들어가지 않았는지, 목적격 조사가 두 개는 아닌지 등이다. 이 문장은 안은문장 안에 세 개의 문장이 안겨 있다. 하나는 주어 자리에 있는 명사절이고 다른 두 개는 '길이다'를 꾸미고 있는 관형절이다. 이런 경우에는 각각의 문장 안에 주어나 목적어가 배치될 수 있다. 따라서 문장을 쓸 때 안은문장과 안긴문장에 대한 인식을 분명하게 하고 글을 쓸 필요가 있다. 표면적으로 보이는 문장이 아닌 심층적으로 문장이 형성되는 과정과 그 방식에 대한 이해가 필요하다.

내가 공부를 하는 것을 두고 미래에 무엇이 될 것이냐를 물어본다면 무엇을 말해야 할지 잘 모르겠다.

위의 문장도 세 절이 연합되어 있다. '내가 공부를 한다', '미래에 무엇이 될 것이냐를 묻는다', '무엇을 말해야 할지 잘 모른다'.
이러한 경우 크게 문법이 어긋났다고 볼 수는 없지만 좋은 문장이라고 볼 수는 없다. 왜냐하면 목적격 조사가 여러 번 반복됨으로써 읽는 이가 의미 해석에 어색함을 느끼고 불필요하게 문장을 여러 번 다시 읽는 수고를 하게 되기 때문이다. 이러한 경우에도 문장을 손볼 수 있다. 목적격 조사가 꼭 필요한 부분이 아니면 다른 방식으로 표현해 보라.

내 공부를(내 공부하는 것을) 두고 미래에 무엇이 될 것이냐고 물어본다면 무엇을 말해야 할지 잘 모르겠다.

문장의 뜻은 그대로 두면서 목적격 조사가 불필요하게 여러 번 반복되지 않도록 조치를 하였다. 문장을 잘 쓰는 것은 의미 혼돈을 줄이고 독자가 어색하지 않게 문장을 수용하여 의미를 정확히 이해하도록 하는 일이다. 우선은 기본적으로 이 연습부터 하자. 조사도 의미에 관여한다. 격조사도 때로는 그렇다.

대등하게 이어진 문장에서 순서 문제

두 개의 절이 대등하게 이어진 문장에서 절 배열의 순서에도 관심을 가지자.

1. 학교가 다시 문을 열었고 학생들은 학교에 등교하기 시작했다.
2. 학교가 다시 문을 열고 학생들은 학교에 등교하기 시작했다.
3. 학교가 다시 문을 열자 학생들은 학교에 등교하기 시작했다.

위의 1,2 문장을 보면 두 개의 절이 대등하게 연결되어 있다. 이러한 문장은 연결어미 '-고', '-이며' 등의 도움으로 두 절이 이어진 문장이다. 두 절이 반의 관계라면 '-지만', '-나'와 같은 연결어미로 연결될 것이다.

1문장과 2문장은 어떤 차이가 있는가. 1문장보다는 2문장에서 앞 절이 뒤 절에 보다 종속된다. 2문장은 앞 절이 뒤 절에서 충분히 독립적이지 않다. 과거 선어말 어미 '-었'을 생략함으로써 뒤 절의 앞 절에 미치는 영향력을 열어 놓았다. 두 개의 서술어가 있을 때 시제는 뒤 절에 의존한다. 2번 문장의 의미는 종속형 연결어미 '-자'가 쓰인 3번 문장에 더 가깝다. 앞 절이 뒤 절의 원인으로 읽힐 수 있기 때문이다. 꼭 인과관계의 진술로 보지 않더라도 앞 절이 뒤 절에 종속됨으로써 뒤 절이 더 중요한 문장으로 떠올랐다. 일반론적으로 앞 절은 뒤 절에 대한 하나의 배경과 조건으로 역할하게 되기 때문이다.

이와 같이 심지어 대등하게 이어진 문장에서조차 문장의 연결 관계에서 순서는 매우 중요하다. 필자는 무엇을 말하고 싶은가. 뒤 절의 사건이다. '아빠는 키가 크고 엄마는 키가 작다'라는 문장이 그 문장 자체로만 존재할 때는 대등하지만 문장의 배열 안에 들어가면 이야기가 달라진다. 결국 다음 문장에서는 어떤 내용으로 전개될 것 같은가. 엄마가 키가 작아서 겪는 애환으로 이어지지 않을까. 하나의 가능성이지만 말이다. 결국 문장의 연결에서 의미의 우선권은 뒤 절에 주어진다는 것이다. 선후 관계의 두 절 중 무엇을 결론처럼 말했는가의 문제로 귀결된다.

그러므로 이어진 문장을 쓸 때 선후 절의 배치에 주의하자. 뒤 절에 무게 중심을 잡는 연습을 하자. 내가 이야기를 진행하고자 하는 의미 중심이 뒤쪽에 배치되도록 해야 그 다음 흐름이 자연스럽다. 우리말은 끝까지 들어 봐야 안다는 말은 단순히 서술어의 위치만을 지시하는 것은 아니다. 뒤 절에 의미 우선권이 주어지므로 앞 절 자체는 뒤 절에서 무슨 이야기를 하기 위해 화두를 그렇게 꺼냈는가의 문제로 남기 때문이다.

ㄱ. 나는 밥을 먹었고 친구는 약을 먹었다. 나는 밥이 보약이라고 생각하기 때문이다.
ㄴ. 친구는 약을 먹었고 나는 밥을 먹었다. 나는 밥이 보약이라고 생각하기 때문이다.

아래 문장이 더 자연스러운 흐름을 가진다는 것이 보일 것이다. 첫 문장에서 친구가 약을 먹은 사건은 잉여처럼 처리되지만 두 번째 문장에서 친구의 약은 내 보약인 밥의 성격을 비교를 통해 설명하기 위한 전제로서 작용하는 구조이다.

문장 사이의 거리

문장과 문장 사이의 거리는 글쓰기에서 잘 말하지 않는다. 개인의 문체 영역이기 때문이다. 그러나 문장과 문장 사이의 거리를 적절하게 잘 유지시키는 것에 대해서도 글쓰기 지도가 다루어야 한다고 생각한다. 그 이유는 글이란 독자에게 이해시키는 일차적인 목적을 실현해야 되기 때문이다.

문장 사이의 거리가 촘촘하고 가까우면 심리묘사나 자세한 묘사 등을 할 때 유리하고, 문장 사이가 아주 멀면 시적인 행간의 함축 효과를 가질 수 있다. 따라서 문장 사이의 거리는 글의 유형, 즉 장르의 영향도 많이 받는다.

일반적으로 이 책이 가장 많이 다루고 있는 논리적인 글쓰기 등에서 접속사는 지시어 등을 사용하여 문장 사이의 관계를 명료하게 나타내며 적정한 거리 둘 것을 요구한다. 한 단락 안에서 긴밀성 없는 문장들이 모래알처럼 나열되어 있을 때 글의 내용을 이해하는 것이 어렵듯이 문장 사이의 논리에 빈 공간이 많거나 중간 설명들을 건너뛰어 기술하면 글의 논리 흐름을 따라잡기 힘들게 만들거나 지나친 일반화의 오류 같은 결과를 필자 자신이 초래하게 된다.

A.
음악교육의 목적과 관련하여 아리스토텔레스는 세 가지, 즉 재미, 성격형성 그리고 여가를 제안한다. 음악은 즐거움을 주는 과목이며 더 나아가 플라톤이 강조하는 것처럼 성격발달에 중요한 역할을 한다. 음악은 "올바른 판단을 형성하는 데 그리고 좋은 성격과 고상한 행동들에 기쁨을 느끼는

데" 도움을 준다. 젊은이들에게 올바른 종류의 음악교육은 올바른 판단과 성품적 덕의 구성요소가 되는 감정을 획득하는 수단이다. [47]

B.
사회적으로 보자면 기업이든 정부든 끊임없이 서로 다른 생각을 가진 사람들이 모이고 많아지고, 그런 것들을 관용하고 포용하며, 그 다양성이 존중되어야 합니다. 그래야 모든 사람이 동일한 의사결정을 하고 같은 잣대로 세상을 들여다보는 위험 사회가 되지 않을 수 있습니다. 사람들이 갖기 어려운 미덕 중 하나가 겸손함과 결단력입니다. 다양한 시도를 통해 세상을 배우는 사람이 되시길 바랍니다.[48]

두 글을 비교해 볼 때 어떤 것이 문장 사이가 가깝고 어떤 것이 먼가. 첫 글은 가깝고 두 번째 글은 멀다. 첫째 글은 독자에게 자신이 하고자 하는 논지를 자세히 설명해서 이해시키려는 목적으로 유사한 이야기를 표현을 달리하며 여러 차례 상술하고 있다. 두 번째 글은 강의를 전사한 것으로 문장 사이가 상대적으로 멀다. 다소 비약이 가미되어 있는 문장들이지만 속도감이 빠른 강의에서는 충분히 가능하다고 본다.

장르의 성격과 목적에 따라 문장 사이의 거리를 잘 조정하는 것이 중요하고 특히 논리적 글쓰기에서는 논리의 빈틈이 생기지 않도록 적정한 간격으로 문장을 배열하는 것이 좋다.

C.
사실 글쓰기 능력은 돌연변이나 유전인자 같은 생물학적인 기원이나 자질과는 거의 관계가 없다. 조상으로부터 물려받은 DNA, 생물학적인 유전인자와 밀접하게 관련이 있는 영역은 음악, 미술과 같은 예술 분야가 아닐까 생각한다. 이 같은 나의 믿음은 예술사의 숱한 사실들이 이미 증거해 주었다. 이런 종류의 예술가들에게 있는 예술적 자질과 글쓰기의 자질은 근본적으로 다른 종류라고 나는 믿는다. 심지어 문학조차 이들 예술과는 다르다고 나는 주장한다.[49]

위의 글은 내 생각과는 일부 다르지만 순전히 단락 구성의 예를 보여 주기 위하여 가져왔다. 첫 문장만 읽어 보아도 이것이 소주제문인 것을 알 수 있다. 그저 추론만 해 보자. 앞에는 어떤 내용이 왔겠는가? 아마도 돌연변이나 유전인자 같은 생물학 기원에 대하여 설명하지 않았겠는가? 또 다 읽고 나서 어떤 생각이 들었는가? 아직 충분히 논의되지 않고 단락이 끝난 느낌을 주지 않는가? 나와 비슷하게 느꼈다면 제대로 읽었다.

단락 하나만으로 글 전체의 내용을 알 수는 없다. 똑같은 단락을 어떤 글 속에 배치하느냐에 따라 그 단락의 역할은 완전히 상반된 작용을 할 수 있다. 단락은 그 단락이 글 속에서 해야 하는 역할을 할 수 있으면 된다. 우리가 예측하는 바대로 이 단락 다음에 이어지는 단락부터 자신의 주장을 뒷받침할 수 있는 근거들이 하나씩 제시된다.

그러나 이 단락 내 문장들의 연결들만을 살펴보자.

'소주제문 – 비교/대조 – 통계/예시 – 재확인 – 세부화'

이와 같이 소주제문이 말하는 글쓰기 역량의 후천성을 비교적 선천적인 재능이라고 믿고 있는 타 예술들과 비기기 위하여 다양한 문장

유형을 통하여 논지를 펼치고 있다. 문장들의 배열은 이와 같이 각 문장들이 단락 내에서 하고 있는 역할들을 명확하게 규정할 수 있을 때 바람직한 구성을 이루었다고 말할 수 있다.

자의식과 문장과의 거리

자의식이 지나치게 강해도 문장은 쉽게 풀려나오지 못한다. 자의식이 약해도 문장은 힘없이 구성된다. 자의식이 적당할 때 그 문장이 필자와 적절한 거리를 유지한다. 소설에는 1인칭 시점이 있고 3인칭 시점이 있다. 주인공이 자신의 관점으로 자신의 이야기를 할 때 독자와의 거리는 가장 가깝다. 마치 독자를 몰래 불러 귓속말을 하는 것 같은 상황이 되기 때문이다. 적당히 자신의 주관을 이야기하면서 객관적인 거리를 두자.

내 속엔 내가 너무도 많아 당신의 쉴 곳 없네
내 속엔 헛된 바램들로 당신의 편할 곳 없네.[50]

문장이 술술 풀려나오게 하는 방법

자신에 대한 생각으로 가득 차 있을 때는 오히려 문장이 잘 안 풀려 나올 수가 있다. 글을 쓸 때는 산책을 하거나 친구와 수다라도 떨어 보자. 긴장감을 떨쳐 볼 필요가 있다. 어떤 사람은 타인의 책을 읽으면서 생각을 크게 한다. 유사한 주제의 글을 통으로 읽는다. 또 음악을 듣고 영화 한 편을 본다. 이때 오히려 글이 잘 풀려나올 수 있다. 문예문은 말할 것도 없고 논리적인 글인 경우도 감정이 앞뒤가 꽉꽉 막혀 있거나 불안 심리가 높으면 쭈뼛거리며 문장이 힘없이 부서지고 만다.

지나친 완전주의자들도 글 쓰는 일을 어려워한다. 한 문장 한 문장 심혈을 기울이다가 전체적인 흐름을 놓치거나 조금만 막히면 쉽게 '난 안 되는군.' 하며 포기를 해 버린다. 따라서 정서적 필터링에서 불안 심리는 최대한 낮추고, 쓰고자 하는 동기는 강화하면서 '지금은 최선으로 쓰고 나중에 다시 고치자' 하고 스스로에게 관용하는 마음을 갖는 것이 중요하다.

글쓰기에 특별히 정해진 방법론이 있는 것은 아니다. 그러나 자신과의 거리를 두는 것, 자신의 생각을 객관화하는 것, 그 생각을 정돈하고 비평해 보는 일 따위는 글쓰기 과정상 계속되는 작업이다. 글쓰기에 필요한 두 사고인 확장적 사고와 수렴적 사고는 순서상 전자가 먼저인 것이 맞다. 글쓰기 전 생각은 최대한 넓게 펼치고, 다양한 선택지를 검토하며, 정서도 가장 풍성하게 만들어라. 그리고 막상 글을 쓸 때는 생각을 뾰족하고 좁게 만들어야 한다. 자신이 쓰고 있는 단어와 문장 하나하나에 누가 더 집중하고 이를 제련하고 있는가의 싸움이다. 한마디로 '넓게 사고하고 깊게 쓰는' 방식이다.

최근에는 쓰기 교육에도 다양한 방식이 활용되고 있다. 음악을 듣고 연상되는 의성어나 문장, 글을 적어 보라고 한다든지 미술작품을 글쓰기에 활용하는 등의 방식이다.

최근 글쓰기 전 다큐멘터리를 보여 주는 수업에 관한 글을 읽어 본 적이 있다. 해당 주제에 대한 다큐멘터리를 미리 보여 주고 글을 쓰게 한 팀과 보지 않고 글을 쓰게 한 팀 중에서 어느 팀이 훨씬 더 글쓰기의 역량을 월등하게 보여 주었을 것이라고 생각하는가. 글을 좀 쓸 줄 아는 사람들은 고개를 흔들 수도 있다. 그거야 남의 생각이 아니냐고, 인용 교육을 제대로 시킨 거냐고… 다큐멘터리에서 지식을 받는 일에 부정적일 수 있고 그러한 생각에 나도 십분 동감한다.

그러나 쓰기 수업에 동참해 보았는가? 어떤 주제를 주면 무엇을 어떻게 써야 할지 모르는 것이 대부분 신입 학습자들의 글쓰기 자세이다. 이러한 경우 다큐멘터리는 어떤 주제를 알게 하고 생각을 준비시키는 데에 매우 효과적인 기폭제이다. 인용교육은 일단 글쓰기가 자연스럽게 분출될 수 있는 지점에서 할 수 있는 연습이다. 처음에는 자신의 머릿속 사전 지식을 가지고 무엇에든 말참견을 할 수 있는 글쓰기 학습자로 만드는 일이 중요하다. 이런 경우 관련 지식을 통째로 제공하면서 다양한 관점을 제안하고 생각을 다각도로 정련할 기회를 주는 다큐멘터리는 짧은 시간에 학습자들이 글을 쓰고 싶게 만들 수 있다.

대신 책이 어떻겠느냐고 제안할 수 있다. 물론 더 좋다. 반드시 그렇게 진행되어야 한다. 그러나 처음에 글쓰기를 시작할 때 딱딱하고 읽기 어려워하는 서적보다는 누구나 쉽게 접근하고 짧은 시간 안에 흥미를 가지고 집중할 수 있는 매체들을 이용하면 그것도 글쓰기의 사고 기폭제로는 그다지 모자라지 않다. 그 이후 도서에서의 인용교육과 글의 형식 및 정갈한 문장 쓰기 등으로 진행하는 것이 보다 현명한 접근일 것이다.

정리해 보자. 글이란 필자의 사고에서 나오는 것이므로 글 쓸 준비를 한다는 것은 다름 아닌 필자의 사고가 준비되는 것이다. 글쓰기 전 마인드맵을 그려 본다거나 메모를 해 본다거나 하는 것은 꽉 막혀 있는 생각의 흐름을 뻥 뚫어 주는 역할을 한다. 글의 주제를 잡거나 글감을 선정하는 것은 원대하고 그 깊이를 알 수 없는 대해에서 조개 하나를 건져 내는 일처럼 크게 일을 벌여 놓아야 무엇 하나 쓸 만한 것을 건져

낼 수 있는 작업이다. 생각의 폭을 넓히고 창의적인 정리를 해 보아야 하지만 정작 글쓰기의 문장 하나하나로 좁혀 들어갈 때는 생각과 글이 일치되도록 미시적으로 꼬장꼬장하게 따지면서 문장을 적어 나가도록 해야 한다. 문장을 하나 적었을 때는 매번 다시 돌아보고 그 문장이 정말 내 생각인가를 확인하는 연습을 들이면 도움이 된다.

이것만은!

1. 간결체만 소중한 것은 아니다. 여러 종류의 문체적 특징에 개방적인 마음을 가지되 자신만의 문체를 개발하자.
2. 형식만을 따지지 말고 의미 수준의 문법을 추구하자.
3. 조사에도 의미가 있다. 조사를 지혜롭게 사용하자.
4. 문장 사이의 거리는 너무 멀지도 가깝지도 않아야 한다. 그 문장을 거기에 왜 배치했는지를 분명하게 설명할 수 있을 정도까지 훈련하자. 단, 장르별로 문장 사이의 거리에 대한 허용 기준은 다를 수 있다.

토론 문제

1. 기억에 남거나 자주 인용하는 문장 하나를 이야기해 보고 좋은 문장인지 생각해 보자.
2. 자신의 문체를 관찰하라. 자신의 문체적 특징을 서로 이야기해 보라. 서로의 문체에 대해 조언해 주라.
3. 이 외에도 좋은 문장은 어떤 문장인지 요건이 있다면 논의해 보자.

활동

다음 글을 읽고 문법을 정확하게 아는 것과 문장을 제대로 쓰는 것의 상관관계를 토론해 보자.

> 무결점 문장, 순도 100%의 문장은 애초에 존재할 수 없다. 기본 문법책에 나오는 문장, 예컨대 '나는 집에 간다', '나는 밥을 먹는다', '내 이름은 순희다' 같은 문장은 실제로는 잘 쓰이지 않는다. 우리가 실제 글을 쓸 때는 문법책에 나오는 화석화된 문장이 아니라 살아 있는 문장을 쓴다. 글은 사유의 흐름이기 때문이다. 시시각각 움직이는 생명체와 다를 바 없는 것이다. 문법 공부를 다시 해야 하나? 물론 모르는 것보다는 낫다. 하지만 문법을 정확하게 알고 있는 것과 문장을 제대로 쓰는 것은 다른 문제다.[51]

5. 어떻게 첨삭을 할까

첨삭과 효용

첨삭이란 글을 다듬는 과정을 말한다. 기본적으로 우리가 첨삭을 한다 할 때는 글쓰기가 완결된 후 누군가에게 전적인 퇴고를 맡기는 경우를 의미할 것이다. 그러나 나는 책의 처음부터 매 문장마다 다시 돌아보기를 강조해 왔던 터라 이 글을 읽는 사람들은 첨삭이란 글을 쓰는 시작부터 일어난다는 것을 상기하고 있을 것이다.

첨삭은 길고 긴 과정이다. 글을 잘 쓰고자 하는 학생이라면 첨삭은 단순히 전문가 한 사람이 한 차례 읽고 코멘트하는, 그렇게 간단한 과정이 아니라는 것을 이해할 것이다. 또 자신이 먼저 글을 퇴고한 후에도 여러 동료들에게 보여 주기를 두려워하지 않을 것이다. 그 두려움이 글 쓰는 역량을 발전시키고자 하는 열망을 이기지 못할 것이기 때문이다. 또, 첨삭의 과정을 거치면서 점점 더 글의 수준이 높아지는 사실을 발견하는 기쁨과 더불어 보다 나은 글을 어떻게 써야 하는지를 배울 수 있는 기제가 되기 때문에 더 가치가 있다. 즉, 첨삭 과정은 생선보다 생선 잡는 법을 스스로 터득하는 과정이다.

첨삭 훈련의 중요성

　대학을 다닐 때 '문장수사론'이라는 과목을 들은 적이 있다. 그 과목에 걸었던 나의 기대는 문장을 유려하고 화려하게 만드는 어떤 기법을 배울 수 있겠다는 것이었다. 그러나 그 학기 내내 우리가 공부했던 것은 글 첨삭이었다. 좋은 글에 대한 원칙을 가지고 좋은 글과 나쁜 글을 각각 찾아서 그 이유를 설명하고, 나쁘다고 여겨지는 글은 분석하고 첨삭하여 발표하는 수업이었다. 한 학기 내내 같은 수업방식이어서 답답하기도 하였지만 그 수업이 기억에 많이 남는 이유가 있다. '좋은 글'에 대한 나의 관점이 대전환을 맞이했기 때문이다. 문장수사란 문장을 예쁘게 꾸미는 것이 아니라 자신의 생각과 의도를 정확하게 잘 표현하는 것이었다.

　그 수업을 거치면서 나는 내가 쓰고 있는 문장에 크게 겁을 먹었다. 문장이라고 하는 것이 이렇게 치열하게 써야 하는 거였구나. 그냥 제멋에 겨워 일필휘지로 글을 쓰는 것으로만 문학을 이해했던 나에게 그 수업은 어휘 하나, 문장 하나에 얼마나 자신의 혼을 담아야 하는지를 충분히 가르쳐 주고도 남았다. 문장 하나하나 돌아보고 다시 고치고 고치는 습관을 들이기 시작했다. 그 수업에 참여했던 모든 학생들이 그러했을 것이라고 생각한다.

　또 하나 얻었던 교훈은 이 세상에 완벽한 문장과 글은 없다는 것이다. 우리가 가져온 글들은 주로 신문의 사설이거나 전문서적이었지만 그 글이 좋기도 하고 때로 나쁘기도 하였다. 어떤 문장이든 손보고 또 손보면 얼마든지 더 잘 쓸 수 있다는 관점을 가져다주었다. 나는 지금도 그러한 수업을 해 보고 싶다. 정말 글쟁이가 되고 싶은 사람에게는 더할 나위 없이 좋은 수업시간이 될 것이라고 믿는다.

첨삭의 유형과 방법

학교에서 활용하는 첨삭에는 세 가지 유형이 있다.

1. 자가첨삭
2. 동료첨삭
3. 교수 및 전문가 첨삭

자신이 자기가 방금 완결한 글을 다시 되돌아보면서 글이 전체적으로 자신의 생각을 적절하고 효과적으로 잘 나타냈는지, 단락 구분이나 소주제문, 근거 제시가 전체 주제에 적합한 논지의 흐름을 가지고 있는지, 그리고 각 문장의 표현과 맞춤법, 띄어쓰기가 잘 이루어졌는지 돌아보는 것은 지극히 당연한 것이다.

그리고 한국의 교육제도를 거친 학생들이라면 첨삭 과정의 중요성을 알지 못했다고 부정하는 사람도 없을 것이다. 다만 그 중요성을 알아도 정작 글을 낼 때 마감시한에 촉박하게 글을 시작하고 데드라인에 거의 맞춰 마치기 때문에 정작 시간에 쫓겨 첨삭 없이 그대로 제출해 버리는 일이 허다하다. 정말 안타까운 일이다.

글을 잘 쓰기 위한 연습 중 하나는 글을 제출시한을 기준으로 얼마 전부터 시작을 해야 하는지 계산하여 미리 글쓰기 계획을 세우는 일이다. 나는 먼저 착수한 사람이 더 잘 쓸 가능성이 높은 사람이라고 단언한다. 그 이유는 지금까지 이야기해 온 바와 같다. 글 쓰는 습관도 처음부터 잘 들여놓는 것이 좋다. 제출기한에 맞춰 글을 써 온 사람들은 그 게으른 관습을 고치기가 힘이 든다. 벼락치기 공부를 하는 것처럼 늘 위험천만하게 글을 쓴다.

그러나 아예 처음부터 제출시한 일주일 전 첨삭 몇 회, 자료 검색에 2-3일, 검색을 위한 도서관 방문 하루, 주제 선정에 하루 등 계획을 세워 글을 쓰는 것이 좋다. 이렇게 글쓰기를 해 보면 글을 쓰는 시간이 점점 단축이 된다. 어느 정도의 길이와 보고서이면 며칠 전부터 시작하는 게 좋다는 해답이 나온다. 다시 말하여 계획을 세울 때 첨삭을 위한 기한을 따로 책정해 두라는 이야기이다.

평가자의 입장에서 보면 첨삭을 해 온 글은 확실히 눈에 띄게 마련이다. 맞춤법이 틀린 글자가 그대로 노출된 글을, 빨간 줄이 처리되지 않은 채로 방치된 글을, 규격이나 단락의 모양새 등을 다듬지 않고 보낸 글을 받게 되면 읽어 보나마나라는 생각이 든다. 감점은 물론이다. 좋은 글의 조건에서 언급한 '정성이 들어간 글'이라는 개념이 무슨 뜻인지 이제 이해가 되는가. 여기서 '정성'은 많은 것을 내포하는 것이다.

첨삭을 얼마나 해야 할까

첨삭의 중요성은 두 번 말하면 잔소리이다. 누가 그런 걸 모르겠냐며 이 단원을 건너 띄어 읽는 학생들도 대단히 많을 것이다. 그러나 내가 얘기하고자 하는 것은 첨삭의 중요성 정도가 아니다. 어떻게 하면 첨삭을 진지하게 여러 번 시도해 완성도 있는 글을 써 낼 수 있을까? 다음의 자가 첨삭의 수준들을 검토해 보라.

첫째, 매 문장을 쓴 후 되돌아보기
둘째, 매 단락을 쓴 후 되돌아보기

셋째, 글을 쓰고 난 후 다시 전체를 통으로 읽으며 글의 내용이 곧 내 생각인지 점검하기
넷째, 문장 대 문장으로 문법을 점검하기
다섯째, 하루 지나 컨디션이 좋을 때 다시 한번 읽으면서 틀린 부분이나 보충할 내용이 없는지 점검하기
여섯째, 마감 시한 앞에서 최종 퇴고하기

범박하게 구분해도 최소 6번 이상이다. 글 쓰는 사람이라면 이 정도는 기본이다. 왜 당신은 글쓰기에 천재가 아니냐고 물어도 할 수 없다. 이것이 진실이며 이것에서 자유로운 사람은 아무도 없다. 이것 외에도 동료 첨삭이 가능하고 글쓰기 센터를 찾아가 첨삭할 수 있으며 다시 교수에게 제출 후 피드백을 받을 수 있다.

이런 복잡한 절차를 거치는 사람들의 특징은 단순히 이번 보고서 하나 점수를 잘 받아 보겠다는 심리를 가진 사람들이 아니다. 어떤 첨삭 잘하는 사람 하나가 내 글을 환골탈태하게 해 줄 것이라 기대하는 요행 심리도 아니다. 대체로 이런 사람들은 글을 하나의 예술 작품으로 생각하는 경향이 있으며 완성도에 거는 기대가 크다. 또한 눈 가리고 아웅 하는 식의 즉각적 글쓰기 단편 완성에 목적이 있는 것이 아니라 그냥 자신이 글을 잘 쓰는 사람으로 거듭나는 것에 관심이 있다. 그래서 어떤 주제를 주어도 그 주제에 맞는 글을 최선으로 완성해 낼 수 있는 기본 역량을 갖추고 싶은 사람이다.

첨삭의 수준과 방향

첨삭의 수준은 먼저 전체에서 세부의 수준으로 옮겨 가는 것이 적당하다.

1. 글 전체 수준	■ 주제영역: 처음에 확정한 글의 주제가 통일성 있고 완결성 있게 구현되었는가? ■ 구조영역: 도입-본문-마무리에서 각각 해결하고 제시해야 할 과제가 잘 해결되었는가? 도입에서 쓰겠다고 약속한 것들이 본문과 결론에 모두 다 구현되었는가? ■ 논리영역: 논리의 비약이나 삼천포로 빠진 논리의 흐름은 없는가? 근거가 약하여 효과적으로 주장이 전달되지 못한 영역은 없는가? 사족이나 불필요한 예시 등으로 글의 내구력과 결속력을 약화시킨 곳은 없는가?
2. 단락 수준	■ 통일성 영역: 소주제문이 있는가? 소주제문은 정확하고 효과적으로 기술되었는가? 소주제문을 뒷받침하는 문장들은 소주제문을 적절하게 뒷받침하는가? 주제 문장에서 빗나가거나 무관한 진술은 없는가? ■ 긴밀성 영역: 단락 내 문장들 사이의 관계는 긴밀하며 논리의 흐름을 따라 진술되었는가? 지시어나 접속사의 사용이 적절하며 효과적인가? ■ 완결성 영역: 단락을 분리해야 할 부분은 없는가? 소주제문의 내용적 범위를 뒷받침 문장들이 완결성 있게 커버하는가? 소주제문을 위해 설명해야 할 내용들이 충분할 정도로 기술되었는가?

3. 문장 수준	■ 호응영역: 주어-서술어 관계, 목적어-서술어 관계, 수식어-피수식어 관계 등 ■ 어휘영역: 정확한 어휘를 사용했는가? 더 적합한 어휘는 없는가? 어휘의 개념정의가 내 글의 논지에 적절한가? ■ 복합문영역: 문장이 대등하게 혹은 종속적으로 이어졌을 때 문장 사이의 관계가 분명하게 드러났는가? 연결어미의 활용이 적절한가? 문장을 더 나누거나 합쳐야 할 부분은 없는가? ■ 맞춤법, 띄어쓰기가 잘못되거나 중의적 표현을 사용한 부분은 없는가? ■ 더 분명하게 진술하거나 정확하게 기록해야 할 문장은 없는가? ■ 지나치게 수식어가 장황한 문장이나 모호한 문장은 없는가?

위 표를 보면서 '와, 점검해야 할 게 저렇게 많구나' 하고 생각해야 정상이다. 이것은 아주 기초적인 점검표이고 실상 눈에 거슬리거나 어색한 부분들은 모두 그 대상이 된다. 우리가 첨삭을 그저 맞춤법이나 띄어쓰기 정도 고치는 작업으로 생각하는 데에서 첨삭 과정을 귀찮아하는 관습이 생긴다.

그러나 첨삭은 최우선적으로 글의 구조부터 다시 점검하는 것이다. 대대적인 작업이다. 서론이 너무 길거나 장황할 때 가지치기를 해야 할 것이고, 본문이 서론에서 쓰겠다고 약속한 것에 비해서 충분한 설명이나 설득을 수행하지 못했을 때, 결말이 논지를 분명하게 요약하지 못하거나 임팩트 있는 전망 없이 흐지부지 종결되었을 때 농지를 갈아엎듯 글을 다시 재구성해야 한다.

첨삭의 순환성

항상 강조하듯이 글의 전개과정은 순환적이고 회귀적이다. 주제를 잡았다고 해서 글 쓰면서 주제가 절대 변해서는 안 된다는 것은 주객전도이다. 글의 주체는 필자이다. 주제는 언제 어디서든 변경될 수 있다. 글을 쓰다가 주제를 수정하는 일은 빈번하게 일어난다.

1. 처음에 잡아 놓은 주제보다 더 중요하고 요긴한 주제가 생각났을 때
2. 선정한 주제에 적합한 자료가 생각보다 적을 때
3. 주제가 너무 광범위하여 글이 제한된 분량보다 길어지고 여전히 미해결로 남아 있을 때

위에 세 가지 상태만 보아도 글을 쓰다 보면 주제가 재수정되고 좁혀지고 방향을 조금씩 틀게 되는 것은 자연스러운 현상이라고 생각될 것이다. 그와 함께 제목도 물론 수정된다. 동시에 이러한 이유로 서론보다 본론을 먼저 쓰라는 제안이 폭넓게 수용되는 것이다. 본론을 써 내려가면서 글의 수정이 다반사로 일어나므로 현황 이슈나 집필의 필요성, 글의 주제나 조사 방법론 등을 안내하는 서론도 방향을 틀어야 하기 때문이다.

본인의 경우는 글을 쓰다가 펜을 내려놓고 관련 도서를 찾아 읽는 경우도 많다. 그것이 효율적인가 아닌가를 떠나 글을 써 보면 자신에게 보다 적합한 글쓰기 방식이 있다는 점을 알게 된다. '갑자기 글을 중단하다니 그게 무슨 말인가' 하고 생각할 것이다. 하지만 잘 안 써지는 글을 잠시 접고 다른 글을 읽다 보면 글의 전개방식이나 어떤 주제에

접근하는 통찰이 불쑥 생겨나는 경우가 많이 있다. 즉, 이는 생각을 더 풍성하게 하기 위한 작업이기도 하다.

글이란 말과 달라서 수시로 더 적어 넣을 수 있는 매체이다. 내 글의 내용이 지극히 평범하고 새로운 접근방법이 필요하다고 느껴질 때 잠깐 펜을 내려놓고 다양한 활동을 통해 사고를 풍성하게 해 보자. 주제를 언제나 새롭게 다듬을 수 있듯이 자료 선정도, 어휘 및 문장 배열도 언제라도 제출 전 새롭게 가다듬을 수 있다. 이 점이 첨삭을 글쓰기 과정 내내 가능하게 한다.

첨삭을 둘러싼 활동들

첨삭 이야기를 하면서 이런 활동들을 제안하는 것은 포괄적 의미의 첨삭을 개념화하기 때문이다. 첨삭이란 글을 계속 다듬고 고쳐 가는 과정인데 글을 쓰는 순간부터 제출의 순간까지 첨삭은 쉴 새 없이 행해지므로 실제로 글 쓰는 과정 대부분과 일치한다고 볼 수 있다. 첨삭을 문장이나 어휘, 문법 정도로 보지 않고 글 전체를 구성하고 재구조화하는 전체 과정이라고 볼 때, 결국 첨삭 과정은 글을 쓰다가 잠깐 쓰기 활동을 멈추고 곰곰이 그동안의 사고의 흐름을 정리하는 것까지 포함한다고 할 수 있다.

이러한 과정에서 할 수 있는 것들을 제안하는 여기는 '쉬어 가는 코너'다.

1. 자신의 글을 독자가 되어 처음부터 써 온 데까지 단숨에 읽어 본다.
2. 잠시 경치 좋은 곳을 산책하며 책 내용을 상기하고 정신을 환기한다.
3. 친구에게 전화하여 자신이 쓰고 있는 글에 대해 이야기해 주며 생각을 정리한다.

4. 관련 키워드로 인터넷 검색을 해 본다.
5. 관련되어 있다고 생각되는 도서나 자료들을 찾아 읽어 본다.
6. 잠시 다른 글을 써 본다. 이틀 정도 지난 후 이전에 쓰던 글로 돌아간다.

첨삭은 그저 글을 쓰는 과정의 일부이며 글쓰기의 연장이다. '다시 돌아보기' 정도로 생각하면 위에서 제안하는 활동들이 왜 필요한지 알게 될 것 같다.

첨삭의 방향

여기서는 부분 첨삭의 예시를 살펴본다. 글의 모든 부분이 첨삭의 대상이지만 몇 가지 첨삭의 주요 분야를 예로 들어 설명해 보려고 한다. 글의 전체 구조 첨삭은 이후 첨부된 첨삭지의 내용을 통해서 확인하기 바란다.

- **긴밀성**

<예문>
책 쓰기가 서민적인 취미 활동이 되다 보니 책의 가치가 점차 하락하고 있다는 생각이 든다. 서민적 취미 활동은 책 읽기에도 영향을 미칠까 그것에는 다시 회의적이 된다. 읽기가 쓰기의 기본 역량이 된다는 사실에 가벼운 MZ 세대들이 보일 반응이 궁금하다.

⇒ 책 쓰기가 서민적인 취미 활동이 되었다. 이제 누구나 책 쓰기에 도전할 수

있고 출판이 가능하게 되었다. 이러한 시대에 도서 가치 수준의 평균화가 우려된다. 이러한 서민적 취미 활동이 되어 버린 책 쓰기가 서민들의 책 읽기 훈련에도 영향을 미칠까? 이런 생각에는 회의적인 마음이 든다. 책 읽기가 사실 쓰기의 기본 역량이 된다는 이 기본적인 원리에 가볍게 자신을 표현하기를 즐기는 MZ 세대들이 부정적인 반응을 보일까 염려된다.

〈해설〉
책 쓰기가 서민적인 취미 활동이 된 것과 책의 가치가 점차 하락하고 있다는 생각 사이에는 상당히 많은 설명이 필요하다. 연결된 두 문장 사이의 긴밀성을 위해서 '누구나 책 쓰기에 도전할 수 있고 출판이 가능하게' 된 현실을 언급하면 문장 사이의 거리를 타당하게 좁힐 수 있다. 또 다음 문장에서 '서민적 취미 활동'이 갑자기 등장하면 책 쓰기뿐 아니라 다양한 활동들까지 포함되는 오해를 낳는다. 따라서 지시어를 활용해 의미를 특정 영역에 국한하였다. 여기서는 '가벼운 MZ 세대들'이라는 한정어를 사용해 의미를 제한하였다.

■ 호응

〈예문〉
무인도로 여행을 갈 때 챙겨야 할 것의 우선순위를 세우라고 하면 사람마다 가장 중요한 것이 무엇인지 가치 매김이 다를 것이다. 이때 무인도에서 다시는 돌아오지 못할지도 모른다는 첨언을 붙이면 이 일은 항상 심각해진다. 우리가 사람이 그 무슨 가치보다 위라고 여기면 배우자나 자녀 등의 마지막을 함께하고 싶은 사람을 내세울 것이고 자신의 일을 중시하는 사람들이면 컴퓨터나 서류가방을 가지고 간다고 말한다.

⇒ 무인도로 여행을 갈 때 챙겨야 할 것의 우선순위를 세우라고 하면 사람마다 가장 중요한 것이 무엇인지에 대한 가치 매김이 극명하게 다르다는 것을 알 수 있다. 이때 무인도에서 다시는 돌아오지 못할지도 모른다는 첨언을 붙이면 그 차이는 더 심각해진다. 사람이 그 무슨 가치보다 위라고 여기면 배우자나 자녀 등의 마지막을 함께 하고 싶은 사람을 내세울 것이고 자신의 일을 중시하면 컴퓨터나 서류가방을 가지고 간다고 말할 것이다.

〈해설〉
호응은 여러 가지에서 온다. 가장 무시하기 쉬운 것이 주어와 서술어의 호응이다. 첫 문장에서 우선순위를 세우라고 한 주체가 교사나 지도자라면 이어진 뒤 문장에서도 그 주어가 여전히 주어로서 상정되고 있다는 것을 깨달아야 한다. 따라서 뒤 이어진 문장도 '-을 알 수 있다'로 마쳐야 한다. 두 번째 문장도 마찬가지다. '첨언을 붙이는' 자가 여전히 같은 주체이기 때문에 뒤 이어진 문장의 주어도 동일인이어야 한다. 서술어를 살펴보자. '심각해진다'라는 표현을 쓸 때는 사람이 주어일 수 없고 어떤 상태나 상황이어야 한다. 이럴 때는 뒤 문장의 주어를 따로 써 주는 것으로도 해결이 가능하다. '그 차이는'은 이러한 이유로 들어간, 뒤 문장의 주어이다. 마지막 문장에서도 '우리가'라는 주어가 입말처럼 들어가 있는데 사실상 삭제해도 보편 주어로서 의미의 중의성이 생기지 않는다. 오히려 들어가서 복잡한 문장 구조를 더 어지럽히기 때문에 깔끔하게 생략했다. '여기면'이라는 앞 절의 서술어 형태와 호응을 맞추기 위해서 '중시하면'으로 바꾼 것도 확인할 수 있을 것이다.

■ 균형

〈예문〉
독감 예방주사를 맞아도 감기에 걸리는 사람이 있고, 주사를 맞지 않아도

감기에 걸린다. 이런 차이는 면역력의 차이에서 오는 반면 면역력은 병균에 저항하는 힘을 말한다. 52)

⇒ 독감 예방주사를 맞아도 감기에 걸리는 사람이 있고 주사를 맞지 않아도 감기에 걸리는 사람이 있다. 이런 차이는 면역력의 차이에서 온다. 면역력이란 병균에 저항하는 힘을 말한다.

〈해설〉
'독감 예방주사를 맞아도 ― 사람이 있고'를 다른 문장과 대등하게 연결하고자 한다면 같은 문장 구조를 가져야 한다. 따라서 이어진 문장을 동일한 구조로 수정하였다. 두 번째 문장은 반대되는 의미가 아닌 두 문장을 '반면'이라는 대립적 표지어를 사용하여 이었다. 어색하게 느껴진다. 이때 문장을 분리하면 간단하게 수정할 수 있다.

■ 어휘, 표현의 적절성

〈예문〉
미래 사회를 예측하는 것은 온통 잿빛이다. 알 수 없는 것을 예측하는 일에는 무리수가 게재되며 항상 변수가 따른다. 우리는 매우 조심스러워하지만 미래를 예측하는 일도 그만둘 수 없는 중요한 일이다. 우리가 어떤 정책의 방향을 결정할 때 반드시 미래 사회에 대한 예측을 바탕으로 해야 하기 때문이다.

⇒ 미래 사회를 예측하는 것은 흐린 하늘에서 오후 날씨를 예측하듯 부정확한 일일 수밖에 없다. 알 수 없는 것을 예측하는 일에는 무리수가 개입되며 항상 변수가 따른다.

> 이 일은 누구나 매우 조심스러워하지만 그만둘 수 없는 중요한 사업이다. 우리가 어떤 정책의 방향을 결정할 때 반드시 미래 사회에 대한 예측을 바탕으로 해야 하기 때문이다.

〈해설〉
'온통 잿빛이다'라는 예문의 첫 문장부터 살펴보자. 미래 사회를 예측하는 것은 매우 어렵다는 뜻일 것이지만 비유적으로 의미는 이해되나 어휘의 적절성 측면에서는 재고될 필요가 있다. 또, '온통'이라는 극단적인 어휘도 적절치 않다. 그래서 '부정확' 정도가 적합한 표현이라는 생각이 들었다. 무리수가 '게재'된다는 말도 틀린 표현이다. 게재된다는 말은 '실린다'는 뜻이다. '개입' 정도가 적당하다. 그 다음 문장에서 '미래사회를 예측한다'는 문장도 지나치게 매 문장마다 반복된다고 생각되면 중간에 몇 번 정도는 '이 일은' 정도로 축약해 보거나 '앞날의 사회 변화를 예견'과 같은 다른 동의어로 바꾸어 표현해 보자.

마지막으로 첨삭은 문장 단위로 맞춤법이나 구조 등을 평가해 보고 보다 나은 문장으로 개선시키는 측면도 분명히 있으나 대체적으로는 문맥 안에서 검토되는 것이 좋다. 모든 문장이 천편일률적으로 숨 막히게 의미로 꽉 메워진 문장일 필요는 없다. 문맥 안에서는 때로 주어가 생략될 수도 있고 숨을 고르는 쉼 같은 문장이 포함되어 문맥을 부드럽게 만들 수 있다. 따라서 첨삭을 진행할 때는 문장 단위보다는 단락 즉, 글의 구성방식과 문장 하나하나도 검토할 수 있는 만만한 의미 단위인 단락 정도가 그 용감한 시작을 위해 추천할 만하다.

동료 첨삭

동료 첨삭이 필수요건은 아니지만 동료들과 서로의 글을 나누어 보고 첨삭해 보는 과정은 매우 유익한 과정이다. 이 과정을 통해 글을 다듬는 방식도 배울 수 있고 자기의 글을 어떻게 계획하고 구성해야 하는지도 간접 학습할 수 있다. 오류를 수정하면서 자신의 문장을 뜯어보는 주도면밀함이 생겨나기 때문이고 글의 구성에 대한 통찰이나 문장 감각도 생기기 때문이다.

사실 첨삭만큼 실제적인 학습은 없다. 실제 동료가 쓴 글을 대상으로 글쓰기를 배우는 것이라고 생각을 해 보자. 기대가 크고 마음이 두근두근하지 않겠는가. 첨삭을 할 때는 글의 전체 수준에서 단락 수준으로, 단락 수준에서 문장 수준으로 축소해 가면서 글의 모든 면들을 차근차근 점검하고 코멘트하는 작업을 해 보자. 다음의 표를 활용해 팀별로 첨삭해 보는 것을 추천한다.

글의 주제가 글 전체에서 잘 드러나는가?
▸ 주제를 한 문장으로 써 보십시오. ▸
▸ 글의 주제가 전체 글에서 면면히 흐르는가? ▸
2. 글의 제목이 글 전체 내용을 잘 드러내는가?
▸ 글의 제목을 평가해 보십시오. ▸
▸ 글에 보다 어울리는 제목을 추천해 보십시오. ▸

서론[문제제기, 이슈의 배경, 논의 필요성, 흥미 유발, 주제 암시 등]
▸ 서론의 기능 중 어떤 점이 드러났는가? ▸
▸ 서론의 역할을 잘 드러냈는가? 읽고 싶어지는 글인가? ▸
2. 본론
▸ 본론의 구조는 체계적인가? ▸
▸ 본론의 내용은 논리적이며 제기된 문제를 충분히 논의하였는가? ▸
3. 결론(요약, 전망, 제안, 추후 연구 등)
▸ 결론의 기능을 잘 전달하였는가? ▸

(본론) 단락
▸ 통일성 ▸
▸ 일관성(완결성) ▸
▸ 긴밀성(응집성) ▸

문장
▸ 문장 쓰기:
▸ 평가:
▸ 고쳐 쓰기:
▸ 문장 쓰기:
▸ 평가:
▸ 고쳐 쓰기:
▸ 문장 쓰기:
▸ 평가:
▸ 고쳐 쓰기:

내 평가를 들여다보며

'나는 어떤 글을 잘 쓴 글로 평가하는가'를 가끔 스스로 질문한다. 학생들의 글을 읽을 때 가장 먼저 생각하는 것은 이 학생이 글쓰기를 어떻게 생각하는가이다. 늘 지적해 왔지만 자신이 쓴 글을 자기 자신처럼 소중히 여기는 학생이 많지는 않다. 하지만 있기는 있다. 그들은 글쓰기 센터를 여러 번 방문하고 제대로 배우고 싶어서 다양한 곳을 기웃거린다. 자신이 쓴 글을 부끄러워하지 않고 불쑥 내밀어 피드백을 받는 모습이 사뭇 진지하다. 그런 학생들에게 해 주는 나의 코멘트는 또 그 학생의 평가를 받아 내게 돌아온다. '선생님의 코멘트는 이런 점에서 좋고 이런 점에서 나쁘다'라는 평가를 돌려준다. 글쓰기에 이력이 좀 붙었나 생각해 본다.

그럼 질문을 돌려서 이렇게 해 보자. 글쓰기에 진지한 학생들의 특징에는 무엇이 있을까.

글쓰기에 진지한 학생들은 최소한의 원칙을 지킨다. 주제를 선정하고 자료를 모으고, 단락을 나누고 맞춤법을 지킨다. 단 한 명도 예외는 없다. 구두로 질문만 해 봐도 단숨에 알 수 있다. '자네가 생각하는 자네 글의 주제는 무엇인가?' 글의 내용과 상관없이 이상한 질문을 던진다고 생각할지 모른다. 그러나 절대 그렇지 않다. 주제를 말하지 못한다면 그 학생은 주제를 선정하는 작업도 거치지 않고 글을 쓴 것이다. 만약 주제를 지루한 스토리텔링으로 시작한다면 나는 딱 한 문장으로 이야기하라고 요구한다. 그것을 할 수 있어야 글쓰기의 제대로 된 과정을 밟은 것이다.

단락을 나누지 않은 글은 초입부터 선입견이 생긴다. 단락이 구분되지 않았다는 것은 켜켜이 쌓인 생각의 더미 속에서 잃어버린 양말을 찾는 것과 같다. 단락이 구분되어 있다는 것은 생각이 분절이 되어 있고 그 분절된 명제에 점차 살이 붙어 하고 싶은 이야기를 체계적으로 구현했다는 것을 의미한다. 맞춤법이나 띄어쓰기에 신경을 쓰지 않고 제출한 글은 말 그대로 '성의 없음'의 의미를 지닌다.

왜 '내용'을 평가하지 않느냐고 질문할지 모른다. 물론 내용과 형식 평가는 분리해서 합산하여 최종 평가를 내린다.

그러나 경험상 내용은 좋은데 형식이 형편없다는 그런 글들은 많이 만나 보지 못하였다. 내용이 좋으면 형식도 훌륭해서 전달이 잘된 것이라 볼 수 있기 때문이다. 내용은 작가의 내면에 담겨 있는 어떠한 것인데 꺼내놓고 전달하기 전에는 그것이 좋은 것인지 나쁜 것인지 판단할 길이 없다. 형식과 내용은 동전의 양면처럼 붙어 있고 서로가 서로를 지지한다.

반대로 형식은 뛰어난데 내용은 형편없는 경우도 있는가, 슬며시 의문이 들 것이다. 그런 경우는 아주 많다. 글의 형식은 어느 정도 훈련으로 틀이 잡히기 마련인데 그 내용에 들어갈 탄탄한 지식이 마련되어 있지 않은 상태에서 허우대만 과시하려고 한다면 다 읽고 나서도 머릿속에 남는 것이 없는 허무한 구조물이 될 것이다.

그러므로 평가할 때 어떤 순서가 잡힐 것이다. 나의 경우 먼저 형식을 본다. 주제가 선명한지 학생 자신이 주제를 정하고 그 확정된 주제의 의미를 구현하기 위하여 통일성 있게 글을 끌고 가고 있는지, 단락 구분이 선명하고 적정한지, 단락 구성 원리를 이해하고 있는지, 서론-본론-결론의 단계에 대한 인식이 있는지, 맞춤법이나 띄어쓰기에 최종적인 손을 보았는지에 대해서 말이다. 형식이 괜찮으면 일단은 합격점이다. '글을 좀 쓸 줄 안다'의 평균점을 넘은 것이다. 이때부터 글의 내부를 더 깊이 살피면 된다. 반대로 형식이 뒤죽박죽이면 위에서 언급한 것처럼 거의 대부분 내용은 더 엉망이다. 아니 내용이 좋은지 나쁜지 알 길이 없다.

따라서 장르에 대한 형식교육은 반드시 필요하다. 같은 값이면 다홍치마. 이런 표현이 그저 '좋은 게 좋은 거지'라는 의미만은 아니었을 것이다. 형식을 잘 가다듬는 사람이라면 이미 내용을 신중하게 검토하고 전달을 위해 표현을 정제하고 또 정제했으리라는 예상을 충분히 해 볼 수 있다. 겉으로 드러난 것이 전부는 아니지만 겉은 안을 밖으로 꺼내 보여 주는 유일한 통로다. 내용과 형식에 대한 유기적 관계는 아무리 강조해도 지나치지 않다.

글의 길이도 중요하다. 어떤 보고서를 1장 분량으로 요약해 오라고 하거나 5장, 20장 내로 논의해 오라고 제한을 주는 것에는 특별한 의미가 있다. 어떤 차이가 있겠는가. 1장짜리 요약은 핵심을 읽었는지에 대한 요구이다. 독해를 잘한다고 하는 것은 핵심을 파악했느냐에 초점이 놓이기 때문이다. 20장에 자신의 견해를 써 오라고 한다면 그것은 자료수집과 선정, 그리고 자신의 생각을 잘 논의할 수 있는가에 대한 총체적인 역량을 요구하는 것이다.

1장짜리로 요약해 오라고 했을 때 반 장을 쓴 사람과 10장을 쓴 사람은 정성의 차이를 드러낸 것이 아니고 둘 다 낙제점이다. 요약이 부실하거나 요약을 아예 못 한 것이다. 길이에 대한 요구를 우습게 생각해서는 안 된다. 마찬가지로 20장에 맞춰 논의해 오라고 했을 때 10장을 쓰는 것도 낙제점이다. 자신이 의무적으로 기술해야 할 논지를 축약하거나 이를 충분히 논의하지 않았을 것이기 때문이다.

따라서 과제를 받으면 길이에 대한 제한을 반드시 먼저 숙지하고 그 길이의 제한 안에서 내가 주제를 어떤 깊이의 수준에서 결정하고 독서는 어느 정도 해야 하며 글의 구조는 어떻게 정해야 하는지가 다 결정되어야 맞다. 이것도 일종의 형식의 일부이다. 형식이 내용을 규정하는 경우도 있는 것이다.

평가는 다방면에서 이루어진다. 내용이냐 형식이냐 자꾸 한쪽 편을 들려고 할 것이 아니다. 내용과 형식 모두에 관심을 두고 글을 쓰고 충실하게 첨삭하라. 알찬 글은 천재보다는 노력하는 이가 이룰 수 있는 것이므로 우리 모두에게 기회일 수 있다.

첨삭 그 이후

첨삭을 마치고 글을 떠나보내려는 순간 아쉬움이 가득해진다. 더 시간이 있었더라면, 더 여유가 있었더라면 더 나은 글을 쓸 수 있었을 텐데. 여러 가지 핑계가, 이유가 머리를 맴돈다. 하지만 잘 떠나보내는 것도 중요하다. 적절한 순간이 오면 다소 불완전해 보이는 글이더라도 놓아 주자. 지금 이 순간 나의 선택처럼 '사랑한다면 날개를 꺾어 옆에 두려고 하지 말자'.

종일 지친 날개를
쉬고 다시 날아갈
힘을 줄 수 있어야 하리라.[53]

이것만은!

1. 첨삭은 글을 쓰는 전 과정을 통해서 일어나는 글쓰기 그 자체이다.
2. 첨삭은 글 전체의 주제와 구성, 단락 구성, 문장 순으로, 전체에서 부분의 순서를 따라 진행한다.
3. 첨삭은 자신이 쓴 글을 돌아보는 과정으로서 먼 훗날 수행할 수도 있으나 어휘, 문장 단위로 즉시 돌아볼 수도 있다.

토론 문제

1. 자신이 써 둔 글 한 단락을 놓고 위와 같이 첨삭해 보자.
2. 첨삭을 할 때 어떤 것을 주로 보는지 이야기해 보자. 그것이 자신의 문체나 글 쓰는 방식과 상관관계가 있다.
3. 글을 쓰다 생각을 다시 정리할 필요가 있을 때 하는 활동들을 나누어 보자.

활동

다음의 글을 읽고 내용면, 형식면을 첨삭해 보자. 친구들과 자신이 이 글에 대해 느낀 점을 서로 비교해 보자.

> 홈은 우리가 흔히 말할 때 안식의 거처로서 가족의 정이 느껴지는 공간을 의미한다면 하우스는 건축물의 기능을 갖춘 공간으로서 집을 의미한다. 예컨대 고향집은 영원한 노스탤지어를 느끼는 곳으로 홈을 의미하지만 하우스를 의미하지 않는다. 반면 우리가 전세나 월세로 살면서 임시로 거주하는 집은 홈이라기보다는 하우스에 가깝다. 아파트는 집을 홈이 아니라 하우스의 기능으로 전락시킨 상징적인 구조물이라고 할 수 있다. 그러기에 그곳에는 기억이 축적될 수 없다. 그곳은 단순히 잠만 자는 그런 곳이다.[54]

제4부

그 외 전략들

글쓰기에는 다양한 요소들이 관여하고 있다. 글쓰기도 독자에게 공감과 동의를 요구하는 일종의 설득이라면 독자의 이해와 동조를 돕는 여러 장치의 개발과 적용은 필수적이다. 여기서는 스타일 개발과 글의 여러 양념적인 요소들을 제안한다. 이러한 장치들은 글쓰기 교육에서 글의 부수적인 요소들로 취급되어 왔으나 오늘날과 같이 시각적이고 감각적인 리터러시를 요구받는 시대에서는 이러한 장치들을 습득하고 적용하는 것이 글의 승패를 가르는 결정적인 화룡정점이 될 수도 있을 것이다.

1. 어떻게 자신에게 맞는 스타일을 개발할까

문체 개발에는 문체 분석이 최고의 연습이다. 그러나 글 쓰는 스타일을 분석한다는 것은 쉬운 일이 아니다. 분석을 할 때는 분석의 기준을 세워야 하는데 글이라는 것이 여러 가지 요소들의 복합체이고 그것을 생산하는 저자의 심리적이고 상황적인 것들을 고려해야 하는 영역이기 때문에 단선적으로 평가하기는 어렵다. 또 장르와도 상관관계가 깊기 때문에 문장 스타일의 개성을 명확하게 범주화한다는 것은 불가능하다. 일반적으로 간결체, 만연체, 우유체, 강건체, 화려체, 건조체 등으로 나눌 수 있지만 이러한 형식으로 폭넓은 스타일 전반을 설명하기에는 턱없이 부족하다.

일반 글쓰기 책을 들여다보면 개성적 문체를 개발하라고 안내하고 그러한 문체가 반영된 텍스트들을 몇 개 소개하고 있는데 개성적 문체를 포괄적으로 범주화해서 제시하는 경우는 별로 없다. 이것은 개별 문체가 굉장히 다양한 형태로 구현되며 이에 관여하는 요소가 많다는 것에 대한 반증이다.

여기서는 임의로 몇 개의 텍스트를 선택해서 글 쓰는 스타일을 살펴보고자 한다. 이러한 점검은 이후 자신의 글에 대비하여 적용함으로써 보다 나은 글쓰기에 도전할 수 있게 하고 종국에 자신만의 필체에 대한 인식과 개선을 가져오게 한다.

① 나는 빠리를 '보았다'기보다는 '발견했다'는 게 더 정확한 표현이리라. 그만큼 그것은 내게 전혀 새로운 세계였다. 아시아의 동쪽 끝 한반도, 그 동강 난 허리의 반쪽, 대한민국에서 삼십 년 넘게 아등바등 살아온 나. 지지고 볶는 우리 동네 말고 다른 세상이 있다니. 아, 이렇게 살 수도 있구나 싶었다… 물론 빠리에도 어두운 그늘이 있을 것이다. 나처럼 반짝 왔다 가는 여행자 눈에는 보이지 않는 어두운 구석이 있을 것이다… 초겨울의 햇살이 이마 위에서 따사롭게 부서지던 어느 날 오후 나는 쎄느 강변의 노천 까페에 앉아 신문을 읽고 있었다.[55]

위의 글은 최영미의 유럽여행기의 일부를 재구성한 것이다. 주로 박물관이나 관광지의 명소를 방문하여 소장 미술작품을 소개하는 작업을 하므로 일종의 붓 가는 대로 쓰는 수필, 기행문으로 볼 수 있다. 그래서인지 논증보다는 묘사나 설명이 주를 이루고 자신의 감상을 정서적 흐름에 따라 자연스럽게 표현하고 있다. 따스한 햇살이 이마 위에서 부서진다는 마지막 문장이 최영미의 낭만적이고 시적인 문체를 대표적으로 보여 준다. 묘사와 감상 중심의 이러한 문체는 그가 시인이며 미술사 전공이라는 사실과도 관련이 깊을 것이다.

위의 단락에서 소주제문 하나를 고르라고 하면 무엇을 고르겠는가? 논리적으로 구조화하지 않았어도 첫 번째 문장이라고 생각할 것이다. 파리를 '본 것이 아니라 발견한 것'이라는 그의 단언적 선언이 이 글의 전체 내용을 축약해서 보여 준다.

최영미의 글쓰기는 글을 미리 구조화하여 문장 하나하나와 논리 흐름에 심혈을 기울이기보다는 문장을 매우 단순하고 쉽게, 편하게 쓰는 필법을 가졌다. 어려운 어휘를 사용하거나 개념적인 접근을 하기보다는 일상생활에서 발견되는 작은 포스터 하나, 전화박스에서 기다리는 행위 하나하나에서 그 나라 사람들의 가치관을 읽어 내려는 노력이다. 문장 사이의 논리적 관계보다는 상술하거나 덧붙이는 방식으로 문장을 연결하면서 감상도 짧게 짧게 끊어 내고 다음 시공간으로 긴박하게 이동하는 글쓰기 방식을 가졌다.

내용면에서는 어떠한가. 이 글을 2020년대에 읽기에는 과도하게 파리의 낭만적 감상에 치중해 있다는 생각이 들 것이다. 이 단락 이후로 이어지는 "나는 이걸 '삶의 여유'라고밖에 달리 표현할 바를 모르겠다"와 같은 문장이 보여 주는 호들갑스러움이 조금 어색하게 느껴지다가도 "우리 같으면 어떻게 했을까"로 이어지는 문장들에서 독자는 느닷없는 한국과의 비교가 불편하게 느껴질 수도 있을 것이라 생각된다. 그러나 글이 쓰인 당시 해외여행 자유화가 이루어진 지 얼마 되지 않았고 해외여행으로 유럽을 간다는 것이 굉장히 특별한 경험에 해당했기 때문에 이러한 진술이 문화충격과 큰 동경의 어떤 감상으로 수용될 수 있다. 그러나 그의 문체가 다소 과장스러움을 견지하고 있음을 알 수 있고 이는 파리라는 지역이 주는 낭만성과도 어색하지 않게 조우하고 있음을 알 수 있다.

우리가 이 글을 통해서 깨닫는 것은 시인이 수필이나 기행문을 쓰면 시다운 문체가 나온다는 것이다. 우유체, 화려체 등이 그의 문장 성격으로 인식되며 문장 사이도 그때그때 감상의 흐름에 따라 징검다리를 건너뛰듯 큰 보폭으로 연결되어 있어 그 거리가 멀게 체감된다. 물 흐르듯 흐르는 감상적 글쓰기가 필자의 문체적 특성임을 알게 해 준다. 개성적 문체를 가지고 있다는 것은 그 사람의 문체만 보아도 누구인지 알 수 있다는 것을 의미한다. 시인이 수필을 써도, 설명문이나 기사를 쓴다고 해도 자신의 시적 문체가 곳곳에 묻어난다.

② 포스트모더니즘에서 텍스트의 배후에 깔려 있는 대립된 텍스트가 폭로되면서 고정되고 분명한 의미가 해체되고 미적으로 패러디가 출현한다. 포스트모더니즘은 패러디를 통해 경직된 부르주아 주관성을 해방시키고자 한다. 포스트모더니즘에서 해방된 주관은 표류하고 횡단하는 주관성이다. 주관성은 현실에 대항하는 숭고하면서도 비극적인 주관성이다. 포스트모더니즘의 주관성은 파괴하고 도주하는 게릴라들처럼 텍스트들 사이를 표류하고 횡단하는 주관성이다. 이 주관성은 한편으로는 장난에 빠진 악동들처럼 유쾌하고 쾌활하다. 다른 한편으로는 바그너의 오페라에 나오는 방황하는 네덜란드인처럼 삶과 죽음의 경계 사이를 영원히 떠돌 뿐이다.[56)]

위의 텍스트는 한 철학자의 글을 임의로 편집한 한 문단의 글이다. 어떤 문체적 특징을 가진 것으로 판단되는가. 중수필이나 설명문 정도로 다룰 수 있는 이 글은 작가의 필체가 매우 추상적이고 관념적인 것을 알 수 있다. 철학교수이며 주로 예술 문화 등에 관한 평론을 다루어 온 작가임을 한눈에 알아볼 수 있지 않은가. 문장과 문장 사이는 긴밀한 논리적 관계라기보다 동어 반복적이고 매우 간격이 멀거나 혹은 매우 좁다. '패러디, 표류하는 주관성' 등의 동의어가 그대로 사념의 흐름을 따라 반복적으로 나열되고 있는 것을 보게 한다. 주관성이 악동들처럼 쾌활하거나 방황하는 네덜란드인처럼 떠돈다는 것이 '표류한다'라는 것에 대한 구체적 진술로 이해되기에 충분하고 설명적인가? 동어반복적인 진술이다. 동어반복적인 진술이지만 사용하는 이유가 있다. 문장 사이의 간격을 좁혀서 이 진중하고 포괄적인 철학 개념을 특별한 개념정의나 접속사 등에 의지하지 않고도 독자가 문맥을 통해 그 의미를 누적적으로 이해해 볼 수 있도록 하고 있다.

그러나 처음으로 철학이 알고 싶어 이 글을 택한 신입생들에게는 이 글이 난해하게 느껴질 수 있다. 그 이유는 친절히 개념에 대한 정의나 설명을 보여 주지 않고 독자가 이 분야의 담론을 익숙하게 알고 있으리라는 전제를 가지고 진술된 것처럼 느껴지기 때문이다. 이와 같이 이 글은 너도 알고 나도 아는 사실에 대하여 쓴 '사념적 설명문'이라고 이해해 볼 수 있으나 문장 사이의 간격을 좁히고 동어반복적인 진술을 사용해 신입들도 글을 이해하는 데 큰 문제가 없도록 하고 있다.

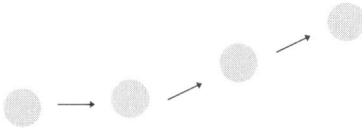

문장 사이의 관계들만 점검해 보면 첫 번째 글은 문장 사이가 성긴 형태로 간격이 띄엄띄엄 큰 보폭으로 진행되고 있음을 보여 준다. 어디로 튈지 모르는 감상의 단편적 흐름이 자유분방하게 글을 이끌어 나가고 있기 때문에 그러하다.

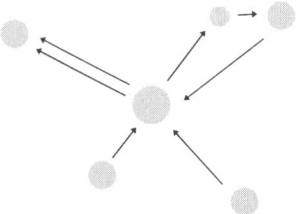

두 번째 글은 '모더니즘의 주관성은 확실성을 바탕으로 정돈된 것이지만 포스트모더니즘의 주관성은 목표가 불확실한 것'이라는 설명을

위해 모든 문장이 뒷받침하고 공헌하고는 있으나 문장 사이가 지나치게 촘촘하거나 성긴 관계로 그 관계도는 오른쪽과 같이 보인다. 즉 중심 주제는 있고 파악은 할 수 있으나 그것을 뒷받침하는 문장들 사이의 관계는 긴밀하고 구심적이기보다는 원심적이거나 재귀적이다.

같은 설명문이라도 아래의 글은 어떠한가.

③ 왜 운전자들은 옆 차선의 차량 속도를 과대평가하고 자기 차선이 더 느리다고 생각할까? 첫째, 심리적 요인 때문이다. 대부분의 운전자는 자기가 옆 차를 추월하는 경우보다는 추월당하는 경우 더 강한 심리반응을 보일 뿐 아니라 운전자의 시야가 주로 전방을 향하고 있기 때문에 자신이 추월한 차는 금방 시야에서 사라지지만 자기를 추월한 차는 더 오래 시야에 남아 있어 이런 착각을 일으킨다는 것이다. 또 물리적인 원인도 있다. 내 차선이 잘 빠지는 구간에서는 차 속도가 빠르기 때문에 빨리 통과해서 그 구간에 머무르는 시간이 짧지만 내 차선이 잘 안 빠지는 구간을 통과하는 데에는 더 많은 시간이 걸리므로 운전자는 늘 내 차선이 더 느리다고 느끼게 된다. 결국 똑같은 상황임에도 운전자들이 다른 반응을 보이게 되는 것이다.[57]

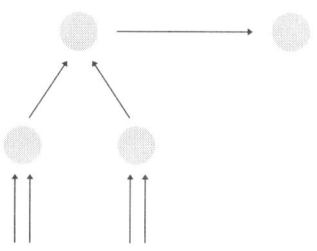

위의 글은 과학적인 원리를 설명하는 텍스트로 이 글을 쓰는 필자가 그 길이를 축소해 재구성한 것이다. 이 글은 일반적인 설명문의 양식을 따르고 있으면서 자신의 주관보다는 사실의 원리와 원인을 설명하는 것에 집중하고 있다. 어떤 새로운 설명할 내용이 있으면 질문을 던지면서 시작하는 것이 또 하나의 특징이다. 질문의 효과는 독자의 시선을 주목시키고 그 해답을 제시하기 전에 그 문제에 대하여 한번 미리 생각해 보고 읽을 수 있도록 도와줄 수 있다. 설명문에 적합한 문단 구조라 할 수 있다.

구조를 보아도 어떤 문제를 던지면 해답을 몇 가지로 나누어 진술하고 각각의 문장은 그 해답을 상술하는 문장이다. 상술하고 구체화하는 것에 전념하기 때문에 때로 문장이 만연체로 보인다. 사실이나 원리 설명적인 진술이기 때문에 군더더기가 없고 촘촘하며 비유나 자신의 감상을 기술하는 측면도 없는 것을 볼 수 있다. 문장 사이의 간격은 가깝고 일정하며 논리적으로 배열되어 있다. 독자가 따라가며 읽기에 어려움이 없도록 정돈된 문장들이다.

신입생들이 글쓰기를 연습하고자 한다면 세 번째 유형을 연습하기를 바란다. 지나친 수사여구나 감상으로 논지를 흐리는 일이 없도록 먼저 계획적으로 무슨 이야기를 할 것인지 구조화하고 어떤 사안에 대하여 독자가 잘 이해할 수 있도록 쉽고 간결하게 진술하는 방식을 연구하면 좋을 것이다. 그 이후에 글쓰기에 자신감이 붙으면 점차 자신의 해석과 주관을 어떻게 적절하게 덧붙여 서술할 수 있는지 연구하면 좋겠다.

자신에게 맞는 스타일을 개발하려면

자신에게 맞는 스타일의 문체를 개발하려면 우선 다양한 독서를 통해서 선호하는 필체 몇 가지를 선택하기 바란다. 자신의 마음에 들면서 읽기 쉬우며 자신이 도전해 보기에 적당하다고 생각되는 텍스트를 하나 결정하여 그것을 우선 모방해 보라. 시중에 글쓰기 연습서 중 '베껴 쓰기' 책들이 많이 나와 있는 이유는 남의 글을 베껴 쓰라고 나온 책이 아니라 오히려 베껴 쓰지 말라고 나온 책이라 할 수 있다. 여기서 베껴 쓰기 연습은 남의 글을 통해 배우고 자신만의 필체를 연습하라는 말이다. 그런데 가만히 있으면서 실력이 늘기만 바라거나 연습을 통해 자신의 어법을 개발하지 않으면 필체를 연습할 수가 없다. 이러한 때는 양질의 텍스트를 정하여 그것을 분석해 보고 통찰을 얻어야 한다. 문장 사이의 거리가 어떠한지, 주제문의 위치를 주로 어디에 놓고 쓰는지, 자주 활용하는 서술방식은 무엇인지 등에 대하여 관찰해 보라.

또 하나는 선호하는 필체를 가진 도서 중 자신의 전공과 관련되어 내용에 익숙한 텍스트를 하나 정해 보는 것이다. 그리고 그 도서의 어떤 부분의 첫 문장을 가지고 한 단락 정도는 글을 직접 써 보라. 서로의 것을 비교해 보고 저자의 문체와 나의 문체가 어떤 점이 다른지 생각해 보라. 누구의 것이 어떤 면에서 더 효과가 있는지 자꾸 생각해 보는 연습을 하라.

자신의 성향 알기

성격과 문체는 어떤 관련성을 가지고 있다. 어떤 사물이나 사건에 대해서 항상 풍부한 서술로 약간은 과장스럽게 묘사하는 어법을 가진 친구가 한두 명씩은 있지 않은가? 그러한 친구들의 얼굴은 항상 약간 상기되어 있고 다변적인 특성을 가지고 있지 않던가? 이러한 친구들은 반드시 글도 그러할 것이다. 자신이 무슨 생각을 하고 있는지 반드시 친구들에게 이야기해 주어야 하고 그래서 글도 발표하는 일에 전혀 심리적 어려움을 느끼지 않는다. 반대로 성마르고 빈틈없는 성향을 가진 친구들은 말수가 별로 없다. 마음에 썩 동의가 되지 않는 사실을 입에 떠올려 말하지 않는 성향이다. 이러한 친구들은 글이 어떠할 것 같은가. 문장은 짧고 묘사는 절제되어 있고 극단적인 서술을 피하고 중도적이다.

히포크라테스가 구분한 인간의 네 성향은 인간의 복합적인 면들을 모두 다 고려하지 못한 매우 단편적인 분류법이지만 꽤 일리가 있는 접근이다. 그가 구분한 다혈질, 점액질, 우울질, 담즙질 성향들의 사람들은 그들의 글에도 반드시 자신의 성향을 드러내게 되어 있다.

다혈질은 위에서도 서술했듯이 풍부한 서술과 과장된 감정 표현으로 연설문이나 감성적인 수필, 문예문 등에 적합한 필체를 소유했을 것이다. 사람 중심적인 성향으로 어떤 장르의 글을 써도 사람에 대한 관심과 존중이 따뜻한 시선으로 묘사될 것이다.

우울질이라면 성마르고 완벽주의적인 성향 때문에 무엇 하나 제대로 말하기를 꺼리겠지만 한번 말하기 시작하면 매우 상징적이고 고도의 수사법을 발휘한다. 그래서 네 성향 중 우울질에 대한 연구가 가장 적다. 우뇌가 발달한 성향으로 예술적인 감각을 지녔는데 과도한 표현을 꺼리기 때문에 늘 자신의 능력을 과소평가하는 성향이 있기 때문이다. 그들의 글은 성마르나 정확하고 넘치게 표현하는 법이 없어 오히려 신뢰가 가는 글이 되기 쉽다.

점액질은 성향 자체가 중용적이다. 화를 내는 법도 없고 중심을 잘 잡는 성향이기 때문에 글도 서글서글하고 읽는 데 무리가 없다. 논쟁이 벌어질만한 핫한 이슈를 다루기를 좋아하지 않는 온건한 가치관을 가지고 있어 이에 누구나 호감을 가지고 동의를 한다. 우유체가 일반적인 문체이다.

마지막으로 담즙질은 선동가나 사업가 등의 강건체를 유지하기가 쉽다. 잔인한 성향도 있으나 일을 처리하는 실용성과 추진력에 주된 관심사가 있는 사람들이기 때문에 글도 단도직입적이기 쉬우며 핵심부터 말하는 타입이라 두괄식 글의 강자다. 글에는 힘이 있고 설득적이며 독자를 조종하거나 자신의 논지에 가담시키려는 의지가 강할 것이다.

위에서 간단하게 나누어 본 네 타입이 허다하게 다양한 인간 군상을 모두 갈무리할 수는 없겠지만 자신의 성향을 잘 비추어 본다면 어딘가에 얼추 비슷한 자리가 있음을 발견하게 될 것이다. 창작 능력이 있다 할 때, 대부분은 정확한 표현을 지향하며 예술적인 성향이 있는 우울질을 떠올린다. 문예문의 경우에는 다혈질적인 사람들도 많이 포함되어 있다. 그러나 담즙질들은 논리적인 글쓰기에 관심을 가지기 쉽고, 점액질은 조사 보고서나 설명문 등 담담하게 사실을 서술하는 일에 집중할 것이다.

이런 식으로 자신의 성향을 자세히 들여다보고 자신의 글과 비추어 사고해 본 적이 있는가? 한 번쯤은 관심을 가져 보기 바란다. 자신이 어떤 성격의 사람이며 어떤 글에 소질이 있고 어떤 글을 가장 잘 쓸 수 있는지 생각을 정돈해 보기 바란다. 같은 보고서를 써도 기질에 따라 다른 성향의 접근과 다른 표현 기술이 출현할 수 있기 때문에 매우 흥미로운 접근이 될 것이라 생각한다.

자신의 문체 분석하기

마지막으로 자신의 문체를 분석해 보면 좋다. 나는 어떤 스타일로 글을 쓰는가. 다음의 기준을 통해 살펴보자.

1. 내가 자주 쓰는 문장 서술 방식은 무엇인가?
2. 내가 선호하는 소주제문 위치는 어디인가?
3. 내 단락의 길이나 호흡은 긴 편인가, 짧은 편인가?
3. 나는 만연체인가, 간결체인가?
4. 나는 건조체와 화려체 중 어떤 문체를 선호하는가?
5. 내가 좋아하는 문장구조는 무엇인가?
6. 내가 반복하는 조사나 접속사가 있는가?
7. 내가 서론을 시작하는 방식은 주로 무엇인가?
8. 내가 결론을 맺는 방식은 주로 무엇인가?
9. 내가 자주 들여다보는 텍스트는 어떠한 것인가?
10. 나는 직설적인 진술과 우회적인 진술 중 어떠한 것을 자주 쓰는가?

    자신이 자주 쓰는 문장 서술 방식이 '상술'인지 '부연'인지 '예시'인지 몇 편 정도는 살펴보는 것이 좋다. 만일 상술을 자주 쓰고 있다면 자신의 제한된 서술 양식을 좀 더 확장하고 다양화해 연습해 봄으로써 성장할 수 있다.
    자신이 선호하는 소주제문 위치가 있는가? 미괄식으로만 쓰고 있거나 소주제문을 특별히 상정하지 않고 쓰는 관습을 가지고 있다면 미리 개요를 짜는 연습, 두괄식으로 써 보는 연습 등을 강화해 볼 수 있다.
    단락 측면에서도 검토해 보라. 단락의 길이가 너무 길면 호흡이 길어서 독자가 따라가기 힘들고 너무 짧으면 글이 자꾸 끊어진다. 혹시 단락에 대한 인식 없이 쓰고 있다면 그것은 계획적으로 글을 쓰지 않거나 하나 생각의 시작과 종지부를 정확하게 해 주지 않고 쓰기 때문이다. 단락을 '하나의 생각 단위'로 구분하는 연습을 하자. One idea, One paragraph의 원칙을 항상 염두에 두자. 내 단락의 대체적인 길이가 독자의 읽기를 방해하는지 돕는지 지금 즉시 확인해 보자.

그러나 문체의 측면에서 단락은 주관적인 생각의 단위라 할 수 있으므로 단락의 호흡을 길게 늘여 쓰는 것 자체가 틀린 것은 아니다. 하나의 생각에 대한 디테일이 많아져서 단락 길이가 늘어나는 것도 글을 자세하게 서술하는 하나의 문체적 유형이라고 할 수 있다. 다만 이런 경우 소주제문과 뒷받침 문장들 간의 관계를 하나하나 규명하면서 문장 쓰기를 진행하다 보면 단락이 다소 길어져도 구조가 탄탄할 수 있다.

문장 사이의 관계 검토하기

단락 안에서 문장 사이를 규명하는 연습은 말하자면 이 문장이 소주제문과 어떤 관계인지를 매 문장마다 검토해 보는 연습이다.

> B.F. 스키너는 두 가지 중요한 면에서 로저스의 심리학과 다르다. 로저스는 다른 사람들의 영향으로부터 환자를 자유롭게 하여 자신의 타고난 선을 실현하려고 노력한다. 반면, 스키너는 자유와 도덕적 선함은 신화에 불과하다고 믿는다. 실제로 스키너는 우리의 행동은 스스로 선택할 수 있는 것이 아니라 외부적 혹은 유전적 조건에 좌우된다고 말한다. 자유는 환상이다. 게다가 윤리적 행동은 자유로운 선택을 요구하기 때문에 결정론적 행동들은 윤리적 측면에서 설명할 수 없다.[58]

위의 단락을 들여다보자. 소주제문의 위치가 어떠한가. 소주제문은 첫 문장이라는 데에 이견이 없을 것이다. 그러면 로저스의 심리학과 스키너의 심리학을 비교하기 위해 이 단락이 사용되었다고 이야기할 수 있을 것이다. 먼저 이 단락의 앞뒤에는 어떤 설명이 위치해 있을 것으로 생각되는가? 첫 문장이 스키너의 심리학을 로저스의 그것과 비기면서 시작하고 있는데 필자는 독자가 이미 로저스의 심리학에 대해서 잘 알고 있다는 전제하에 쓴 것으로 판단되지 않는가? 그렇다면 바로 앞 단락에서는 로저스의 심리학에 대한 설명이 있었을 것이다. 그리고 이미 주어진 사전 지식에다가 스키너의 심리학을 빗대고 비교하면서 스키너의 심리학 쪽으로 무게를 주어 내용을 전개할 양상으로 보인다.

이러한 이야기를 하는 것은 이러한 우리의 예측이 맞는지 확인해 보기 위해서다. 두 번째 문장을 보면 이미 독자가 잘 알고 있는 로저스의 이론적 경향성을 서술하였고 '반면'으로 시작하는 세 번째 문장은 이것과 반대인 스키너의 입장을 설명하는 데에 할애하고 있다. 따라서 두 심리학을 서로 비기고자 한다는 우리의 예상이 어느 정도 맞아떨어졌다고 보인다. '실제로'라는 부사는 일종의 부연이나 상술 성격의 부사이다. 정말 그러한지 아닌지 구체적으로 살펴보고자 할 때 이 부사어를 사용한다.

스키너 이야기로 굳어지고 있다. 다음 문장들을 보자. '반면'으로 시작되었던 세 번째 문장에서 '자유'와 '도덕적 선함'을 이야기했기에 이제 하나하나 풀어 주어야 할 단계가 아닌가. 작가는 자유를 잊지 않았다. 네 번째, 다섯 번째 문장은 모두 스키너가 가졌던 '자유'에 대한 개념을 어떻게든 설명해 보고자 하였다. 마지막 '게다가'로 이어지는 문장은 '하나 더 부연'이라는 접속사의 성격에서 예측해 볼 수 있듯이 '도덕적 선함'에 대해서 이야기해 볼 차례이다.

정리를 해 보자.

소주제문 - 근거1 - 근거2 - 근거2에 대한 상술 - 근거2에 대한 상술 - 근거2에 대한 상술.

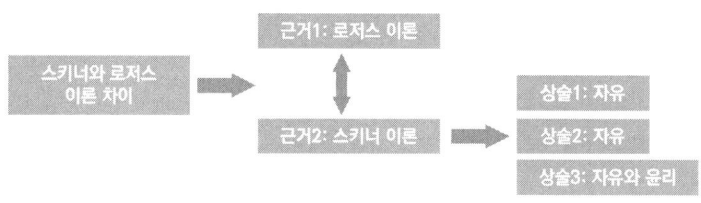

필자는 자신이 하고자 하는 이야기를 효과적으로 전개하기 위하여 소주제문의 논지를 따라 근거를 차례로 두 가지 제시한 후 두 번째 이론에 대한 상술을 세 가지 제시하면서 '차이'라고 하는 논지를 완성해 나갔다. 매 문장은 겉돌거나 혼자 따로 구석진 곳에 있지 않는다. 모두 하나하나 생동감 있게 자신의 역할을 다하면서 제 위치에 서 있는 것이다. 운동회에서 전체 학생이 모자이크 그림을 완성하는 카드를 하나씩 들고 전체적인 글자모양이나 그림을 그리는 퍼포먼스를 한 적이 있는가? 한 사람이라도 나 하나 빠지는 게 어떤가 하며 카드를 들지 않는다면 전체 글자나 그림은 형편없이 일그러질 것이다. 그와 같이 매 문장의 역할은 실로 중요하고 위대하다.

그리고 그 논리의 흐름도 일정한 방향성을 가지고 있다. 스키너와 로저스의 설명 순서만 바꾸어 보자. 이 논지가 효율적으로 전개되었겠는가. 이러한 글쓰기의 문장 순서를 의식적으로든 무의식적으로든 필자는 머릿속에 그리고, 한 문장 한 문장 정갈하게 배열하기에 힘을 썼을 것이다.

나는 처음부터 글쓰기는 단락부터 훈련하는 것이 가장 알맞은 단위라고 주장해 왔다. 그 이유는 단락 단위가 문장 하나하나의 연결과 글 전체의 구성을 배우는 데에 가장 효율적인 단위라고 생각하기 때문이다. 이 구성이 꼭 단락에만 적용되는 것이 아니다. 글 전체의 구성에서도 이와 같이 도식화가 가능하다. 각 문장이나 단락이 제 역할을 다 하면서 배열된다면 그것이 잘 구조화된 글이라고 평가할 수 있다.

만연체인가 간결체인가

이는 만연체, 간결체의 성격에도 동일하게 적용된다. 간결체로 쓰는 연습은 글쓰기를 시작하는 사람에게 권고하는 가장 기초적인 방식이다. 글쓰기 신입들은 글을 쓸 때 매번 문장을 정돈하고 퇴고하는 연습이 되지 않았기 때문에 생각을 그저 말하듯이 풀어 놓다 보면 문장이 필요 이상 길어지는 것이다. 이런 경우에 비문이 발생하기 때문에 가능하면 비문의 용량을 줄이고 무슨 이야기를 하는지 독자에게 분명하게 전달할 수 있는 간결체로 쓰라고 권고하는 것이 합리적이다.

그러나 글을 오래 쓰다 보면 자신의 문체가 생긴다. 그런 경우 만연체의 문체를 가진 사람이라도 비문을 스스로 방지하며 문장을 맺는 자신만의 공식과 비법을 소유하게 되기 마련이다. 그런 경우 억지로 문장을 가지치기하라고만 요구하는 것은 문체의 개성을 없애는 결과를 낳는다. 따라서 자신의 문체를 어느 정도 견지하면서 문장의 호응이나 조사 등의 적절한 사용으로 문장을 정확히 쓰는 연습을 한다면 오히려 만연체에서 개성이 발휘되기 쉽다. 단, 조건은 만연체의 문체를 가지고 있다고 하여 모든 문장을 길게 쓰려고 고집하거나 문장의 명료성을 위해 과감히 문장을 정리하는 노력을 게을리해서는 안 된다는 것이다. 늘 쓰고 다시 돌아보기를 실천하고, 문장이 부정확해진다고 판단했을 때는 언제든지 문장을 변경하거나 잘라내는 데 인색해지지 말아야 한다.

선호하는 부사와 조사

자신이 선호하는 접속사, 부사나 조사가 있는가? '무엇보다', '왜냐하면', '심지어', '이런 경우', '이처럼' 등의 접속어를 습관처럼 반복하는 사람들이 있는데 자기가 주의 깊게 글을 되돌아보지 않으면 잘 발견하기가 어렵다. 이런 경우 부사어를 다양화하는 방식을 연구하자.

아래의 여러 담화 표지어들은 우리가 이미 잘 알고 있는 것임에도 불구하고 몇 가지만 자주 쓰는 경향이 있으니 다양하게 바꾸어 쓰도록 의식하고 글을 쓰자. 조사, 담화 표지어 등은 그 자체로 대단한 뜻을 소유하고 있지는 않으나 글의 양념과 같은 요소들이기 때문에 적절히 사용할 경우 글이 체계적이라는 인상을 주기도 하고 독자의 예측을 도와 이해도를 높인다. 담화 표지어의 다양한 활용은 그 필자의 어휘 수준을 보여 주는 것이기도 하다.

순서의 병렬	먼저, 우선, 첫째, 둘째… 마지막으로, 다음은, 두 번째로 생각해 볼 것은, 끝으로 등
첨가와 덧붙임	또, 그리고, 나아가, 게다가, 또한, 하나 더 말하면, 그 다음에, 추가로, 덧붙여, 심지어 등
양보와 역접	그럼에도 불구하고, 그럴지라도, 그러나, 하지만, 그렇지만, 물론, 예외를 살펴보자면 등
설명의 구체화	즉, 다시 말해서, 이 뜻은, 그 의미를 구체화하자면, 그 의미는 다음과 같다 등

예시의 구체화	예를 들면, 그 예로, 한 사례로서, 예를 살펴보자면, 다음의 사례로 설명될 수 있다 등
인과관계	그래서, 그러므로, 따라서, 그 결과, 그 이유는, 그 원인으로서, 왜냐하면 _ 때문이다 등
종합과 맺음	요약하자면, 결과적으로, 종합해 볼 때, 이와 같이, 위의 사실을 생각해 볼 때 등

조사도 마찬가지이다. '만', '도', '조차' 등의 조사들은 보조사로서 일정한 뜻을 가지고 있어 문장에 많이 사용하면 글이 감칠맛 나기도 하지만 의미가 특정 방향으로 굳어질 수도 있다. 이러한 것도 문체를 결정하지만 기회가 있다면 자신이 쓰고 있는 글을 잘 검토해 보아 불필요한 조사는 제거하고 조사 유형이나 조사를 붙이는 위치를 다양화하여 글이 편협해 보이는 인상을 주지 않는 것도 중요하다.

1. 학습의 효과를 위한 정서적 특성에 있어 불안감만 필요한 것은 아니다.
2. 학습의 효과를 위한 정서적 특성에 있어 불안감이 불필요한 것만은 아니다.

위의 두 문장을 비교해 보면 동일한 의미는 아니지만 '만'이라고 하는 조사가 어디에 붙느냐에 따라 의미를 일정 분량 변동시키는 효과가 있음을 알 수 있다. '불안감이 필요한 것은 아니다'와 '불안감만 필요한 것은 아니다'의 차이도 있으려니와 '불안감이 불필요한 것은 아니다'와 '불안감이 불필요한 것만은 아니다'에는 뉘앙스의 차이가 있다. 이런 뉘앙스의 차이를 잘 활용하는 것도 필자의 글을 맛깔나게 만드는 문체적 특질 중 하나이다. 조사 사용의 감칠맛 나는 의미 변화를 자신의 글에 적용해 자주 쓰다 보면 길이 드는 측면이 있으니 처음 연습할 때에 조사를 이렇게도 저렇게도 실험적으로 사용해 보자.

  조사와 더불어 문장 내 어순도 글의 의미를 강조하거나 의미를 변형하는 데 매우 유의미하다.

1. 학습의 효과, 그것에 있어 불안감만 필요한 것은 아니다.
2. 필요한 것이 불안감만은 아닐 것이다. 학습 효과에서 말이다.
3. 불안감이 학습의 효과에 꼭 필요한 것은 아니다.
4. 불안감이, 그 불안감이 필수일까? 학습 효과에서는 꼭 그렇지만은 않다.

  위의 문장들은 순서대로 두 문장씩 의미하는 바가 서로 같다. 그러나 각 문장의 뉘앙스는 모두 다르다. 서양 화법에서 중요한 문장 요소는 문장 맨 앞으로 빼는 관습이 있다. 첫 문장에서 '학습의 효과'라는 화두가 중요하고, 두 번째 문장에서는 '무엇이 필요한가'라는 답을 대는 데 목적이 있다. 마지막 문장에서는 '불안감'이라는 화두가 필자에게 매우 중요한 어휘로 관찰된다. 불안감에 대한 필자의 학습 효과 면에서의 의심이 강조되어 나타나기 때문이다.

  이처럼 문장의 어순을 조절함으로써 화자의 주제의식이나 특정 사안에 대한 의미 중심을 표출할 수 있다.

도입과 마무리 쓰기

  서론을 시작하는 방식에는 일화를 소개하기, 사회적 이슈를 언급하기, 격언이나 문호의 어구를 인용하기, 문제를 제기하기 등의 여러 가지 방식이 있다. 자신은 어떤 서론 쓰기 방식에 익숙한가? 처음 글을 쓰기 시작할 때는 여러 방식들을 시도해 보아 어떤 방식으로든 시작할 수 있는 역량을 갖추는 것도 필요하다.

그러나 서론 쓰기에도 위에서 언급한 쓰기 방식 말고도 자기만의 방식을 가지고 있어 글의 도입만 읽어도 필자가 누구인지 알 수 있는 방식 하나쯤 가지고 있으면 좋을 것이다. 이는 결론 쓰기도 마찬가지다.

이러한 것들은 자신이 잘 들여다보는 텍스트 유형과 매우 닮게 마련이다. 선호하는 작가나 특수 유형의 글을 많이 읽는 것이 보편적이고 그러다 보면 닮게 되는 것이 상식이다. 그러므로 자신이 닮고 싶은 글쓰기 유형이나 문체가 있는 텍스트들을 주변에 두고 자주 들여다보는 것은 자신의 문체 개발에 필수적이다.

문체의 범주화

논리적 문체 / 설명적 문체
묘사적 문체 / 비유적 문체
감상적 문체 / 구어적 문체

문체를 범주화하는 것이 어렵다고는 이야기했으나 기본적으로 필자의 성향이 글에도 유사하게 반영된다. 논리성을 중시하는 학문의 영역에서 공부하는 사람이라면 인과관계나 논리적 관계가 빈틈없이 탄탄한 글을 쓰는 경향성이 생길 것이다. 설명적 문체는 독자에게 어떤 내용을 자세히 이해시키려고 하는 교사로서의 다짐이 필요하다. 친절하게 서술하는 것을 중시하고 돌다리도 두들겨 보고 건너가는 유형의 필자가 주로 선택하는 문체일 것이다.

　묘사적 문체는 위의 첫 번째 텍스트 예시에서와 같이 미술품이나 장면을 그린 듯이 보여 주는 것을 중시하는 사람들의 문체이다. 문화 관련 직업계의 사람들이 주로 취하는 방식이다. 어떤 사물의 본질이나 성격을 규명하거나 분석하는 글쓰기보다는 겉으로 드러난 사실을 있는 그대로 보여 주는 것을 더 즐기는 감상 위주의 필자에게서 나타난다. 많은 부분을 독자의 해석에 맡기려는 경향성이 크다.

　비유를 즐겨 쓰는 문체는 문예문을 즐겨 쓰는 사람들의 것이겠지만 위에서 예시한 두 번째 텍스트에서처럼 철학서를 집필하면서도 단순하면서 본질을 꿰뚫는 비유를 통해서 독자의 머릿속을 시원하게 정리해 주는 것을 선호하는 필자의 문체이다. 구어적 문체는 요사이 나오는 도서에 상당히 많다. 연설이나 스토리텔링을 그대로 전사한 책들이 나오기도 하고 어려운 주제를 독자들이 쉽게 접근하고 친근하게 읽을 수 있도록 쓴 책들인데 말하기 어법이 글쓰기 문법보다 능한 사람들의 것이다.

　이와 같이 필자가 어떤 성향이냐에 따라 장르와는 무관하게 글의 문체를 형성할 수 있는 부분이 있다. 필자의 전공영역, 장르에 대한 이해, 선호하는 어휘나 문장구조, 글 쓰는 환경이나 상황 등이 독특한 문체를 형성하고 이것이 계속되면 개성적 문체가 된다. 그러나 이러한 문체 유형들은 서로 무관한 것이 아니다. 필자가 어떤 글을 쓸 때 이러한 문체들이 각기 속성들을 가진 채 퍼즐처럼 신기하게 조합되어 글 속에 더불어 나타나기도 한다.

문체 공부의 필요성

　필자 자신의 문체가 스스로 고정되어 있다고 생각하는 것도 발전을 지연시킨다. 어떤 텍스트를 읽다가 '아, 문체가 참 좋네.'라고 생각하는 부분이 있으면 관심 있게 읽어 자신의 문체의 일부로 수용할 수 있다. 문체는 발전한다.

문체에 관한 관심이라면 실제로 보고서나 논리적인 글을 쓰는 사람들은 깊이 고려하지 않는 부분들이 있다. 논리적인 글들은 작법이 아니라고 생각하기 쉽다. 그러나 다수의 논리적인 글들이 서로 같은 이야기를 해도 보다 독자 친화적인 글들이 있다. 분명하게 규명되기는 어려운 부분이 있으나 필자가 작법에도 남다른 관심을 가진 결과가 아닌가 생각한다. 전달 효과를 고려하여 약점은 극복하고 강점은 강화한 결과일 것이다.

다음 글은 전상국이 쓴 글쓰기에 관한 설명 중 한 토막이다. 소설 구성에 국한하여 이야기한 내용이지만 글쓰기 전반과 스타일에 관한 내용에도 도움이 되는 바 인용한다. 원문의 '소설'을 '텍스트'로 바꾸어 기술하였다.

구성은 꼭 필요하고 중요한 것이지만 그것이 글 쓰는 잔재주가 되어서는 곤란하다. 구태의연한 생각과 그 방법을 잔재주를 부려 감출 생각이면 아예 구성이고 뭐고 생각하지 않는 게 좋다. 남들이 다 써먹은 낡은 방법을 벗어나야 한다 (…) 새로운 것, 독창적 구성법을 찾기 위해 부단히 실험할 일이다. 당신이 어렵게 쓰는 그 습작 하나하나가 모두 새로움을 찾아 떠나는 실험의 여행이 되어야 한다.[59]

이것만은!

1. 개성적 문체를 개발하고 싶다면 좋은 글의 작법과 스타일을 분석하고 관찰하라.
2. 개성적 문체를 개발하고 싶다면 자신의 스타일을 유심히 관찰하고 분석하라.
3. 약점은 극복하고 강점은 강화하라.
4. 문체도 노력을 통해 개발하는 것이고 계속적으로 성장하는 것이다.

토론 문제

1. 자신이 좋아하는 문체의 작가가 있다면 소개해 보자. 어떤 점에서 그러한지 말해 보자.
2. 자신의 문체적 특징을 서로 이야기해 보라. 서로의 문체에 대해 조언해 주라.
3. 개성적 문체를 구성하는 추가적 요인과 범주, 방법 등이 있다면 이야기해 보라.

활동

다음 글의 문체적 특징을 거론해 보자. 장점과 단점을 각각 말해 보자.

1562년 12월 여왕은 녹스를 홀리루드 궁전으로 소환했다. 이번에는 녹스가 그의 10월 만성절 전후에 홀리루드 궁전에서 여왕이 개최한 파티를 강하게 비판했기 때문이다. 녹스는 이 파티가 프랑스에서 벌어지고 있는 개신교 탄압의 성과를 축하하는 행위였을 뿐 아니라 왕실에 만연한 도덕적 해이의 증거라고 비판했다. 여왕은 녹스의 말을 군주를 비난하고 백성들을 선동했으며 종교지도자의 권한을 남용한 범죄라고 말했다.

하지만 녹스는 전혀 주눅 들지 않았다. 도리어 여왕에게 차근차근 주일 설교의 개요를 개요하고 자신에게는 신앙의 회복 이외에 그 어떤 정치적 의도도 없었다고 설명했다. 실제로 녹스의 말에는 여왕에 대해서는 어떤 직접적인 언급도 없었다. 할 말이 없어진 여왕은 녹스에게 그래도 할 말이 있으면 오해가 되지 않도록 자신에게 찾아와 직접 조용히 충고해 달라고 말했다.

녹스는 이에 대해 이렇게 대답했다. "종교지도자는 공적 의식에서 말씀을 전하도록 부름받은 것이지 권력자의 귀에 은밀히 속삭이는 직무를 맡은 것이 아닙니다." 그리고 이어서 이렇게 충언했다. "필요하시다면 여왕께서 직접 세인트자일스 교회에 참석하여 교인 가운데 한 사람으로서 말씀을 들으소서." 여왕은 녹스의 당당한 태도에 분노하여 치를 떨었다. 그러나 법적으로나 정치적으로나 시민들이 많은 지지를 받고 있는 녹스에게 어떤 처벌도 내릴 수 없었다.[60]

2. 어떻게 자신의 글을 돋보이게 할까

제목 정하기

제목, 글의 얼굴

글의 제목은 곧 글의 얼굴이다. 첫인상이 이후 관계의 많은 부분을 결정하듯이 좋은 제목이 글에 대한 흥미와 기대감을 갖게 하여 글의 이해에도 도움을 준다. 신문의 기사제목들이 독자들의 눈을 사로잡기 위해 경쟁하듯 우리 글의 제목도 다양한 선택지들을 통해 여러 차례 정제하는 것이 타당하다.

글쓰기의 영역도 범주가 상당히 넓다. 그러므로 장르마다 각각 살펴보는 것이 현명하겠지만 이 글은 대학에서 쓰는 글쓰기 장르 위주로 살펴보고 있으므로 크게 학술적 글쓰기와 그 외의 글쓰기로 나누어 제목 정하는 방식에 대해 살펴보고자 한다.

학술적 글쓰기의 제목 정하기

우선 학술적 글의 제목을 살펴보고자 하는데 이는 논리적, 설명적 글쓰기 등의 보고서, 즉 대학 글쓰기 대부분을 포괄한다고 생각하면 되겠다. 보고서는 대부분 주제나 키워드가 주어진 채 작성하는 경우가 대부분이므로 이미 주어진 주제를 자신의 보고서가 다룰 수 있는 범위의 내용으로 좁히거나 구체화하는 것이 관건이다.

예를 들어 보자. '영화'에 관한 조사보고서를 작성해 오라는 과제를 받았다고 하자. '영화'의 무엇을 내 보고서가 다루어야 할지 먼저 검색해 보아야 할 것이다. 도서자료를 찾아보고 신문기사, 논문 등의 자료들을 검색해 내가 잘 알고 있거나 알고 싶은 주제 등을 정하는 작업을 하자. 주제를 정하였다면 제목을 적절히 제시해 본다. 보고서의 제목을 정할 때 주의할 것은 **보고서의 내용은 제목의 범위와 일치해야 한다**는 것이다. 그렇다면 어떤 작업을 해야 하겠는가. '영화'의 주제를 점차 세부화해 나가면서 내 보고서가 커버할 수 있는 적정선의 제목에서 stop 하는 것이다.

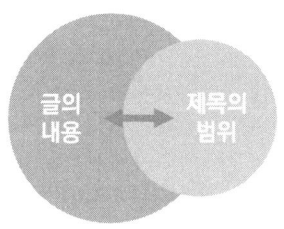

영화
한국의 액션영화
한국의 액션영화와 헐리웃의 액션영화 비교
2000년 이후 한국과 헐리웃의 액션영화 스토리라인 비교

위와 같이 글의 내용과 제목 사이의 거리를 점차 좁혀 가는 작업이다. 종국에는 글의 내용과 제목의 범위가 정확히 겹쳐지는 지점에서 제

목이 정해진다. 제목은 구체화될수록 글을 보다 심화된 내용으로 알차게 채울 수 있다. 제목이 너무 거창하면 내용은 수박 겉핥기식으로 되어서 독자가 다 읽고 난 후 실망할 수 있다. 따라서 내 글의 수준과 범위에 적합한 제목을 선정하기 위하여 논의의 폭을 정교하게 한정하는 것이 필요하다. 이러한 과정을 거쳐 마지막 단계로 보이는 '2000년 이후 한국과 헐리웃의 액션영화 스토리라인 비교'라는 제목을 선정하였다. 그렇다 할지라도 내 5장짜리 보고서와 완전히 중첩되지 않는 범위를 보일 수 있다. 그런 경우는 부제를 달아 한 번 더 범위를 한정한다.

2000년 이후 한국과 헐리웃의 액션영화 스토리라인 비교
– 메인 캐릭터의 활동양상 중심으로 –

세부적인 제목을 만드는 이유는 독자의 글에 대한 기대와 예측을 가능하게 하기 위한 것이며 읽기 자료 선택의 단서를 주는 것이다. 다음의 사항에 주의하라.

글의 내용에 없는 것은 제목에서 언급하지 말 것
글의 내용 중에 제목의 범위를 벗어난 진술이 없을 것

예를 들어 위의 제목의 글에서 메인 캐릭터가 아닌 부수적 캐릭터의 활동양상을 다룬다거나 액션영화가 아닌 장르나 타국의 영화에 대하여 다루는 일이 없어야 할 것이다. 만일 주제를 뒷받침하기 위해서 그러한 내용도 제시하였고 또 이를 중요하게 다루었다면 부제를 더 고쳐야 할 것이다.

2000년 이후 한국과 헐리웃의 액션영화 스토리라인 비교
- 판타지영화 메인 캐릭터 활동양상과의 차이점을 중심으로 -

제목의 수정 가능성

제목은 첨삭과 제출의 마지막 순간까지 지속적으로 수정할 수 있다. 따라서 처음에 제목을 정하고 절대 수정해서는 안 된다는 편견을 버리라. 이것은 주객이 전도된 것이다. 제목은 필자가 결정한 것이기 때문에 글을 써 나가면서 그 내용의 변화 방향에 따라 지속적인 수정이 가능하다. 이것이 순환적이며 회귀적인 글쓰기이다. 이 과정은 글을 쓰다 보면 자료가 추가적으로 더해짐에 따라 글의 방향성이 예상과 다르게 틀어지기도 하고 더 좋은 아이디어가 생겨나기도 하기 때문에 그러한 통찰을 존중하는 의미에서 이루어진다. 처음에 한 번, 마지막 퇴고 후 한 번, 최소한 두 번 이상 수정한다.

창의적인 제목 정하기

창의적인 제목을 창안해 내는 것은 학생들의 특권인 만큼 글의 핵심을 비유나 상징으로 짚어 내는 방식도 고려해 볼 수 있다. 이러한 제목이 가지는 의미의 모호함은 부제를 통해 보충할 수 있다. 가장 중요한 것은 제목에서 글의 내용을 어느 정도 예측할 수 있어야 한다는 것이다.

홍길동과 배트맨이 동일 공간에 존재하는 양식: 공존과 갈등
- 한국과 헐리웃 액션영화의 스토리라인 비교 -

다른 장르에서의 제목 정하기

이제 학술적인 글 이외의 텍스트에 제목 붙이는 것을 살펴보자. 문예문, 수필, 기행문, 방문보고서, 독후보고서 등이라면 다음과 같은 방식이 좋을 듯하다.

힘겨운 방황의 끝에 찾아든 너의 해답에 부쳐
- 〈데미안〉을 읽고 -

고진감래: 역경 후에 찾아든 삶의 의미 자각
- 윤선도의 보길도에 다녀와서 -

위의 두 제목을 비교해 보면 전자는 독자의 감상을 편지글처럼 제시하려는 의도가 보이는 독후감상문이고 후자는 자기 글의 주제의식을 제목화한 기행문으로 보인다. 이 두 제목의 공통점은 글이 커버하는 범위를 점차 좁혀 나가는 방식보다는 직관에 의존하여 글의 본질을 짚어내는 방식을 선택한 점이다. 글의 내용이나 주제, 필자의 집필 의도를 단순한 어휘나 어구의 상징을 활용해 표현한다.

제목을 달 때 다음의 사항들을 참고할 수 있다.

1. 배경이 되는 어휘: <동백꽃>, <삼포 가는 길>
2. 주제가 되는 어휘: <인연>, <금시조>
3. 주인공 이름: <봉순이 언니>, <우리 동네 황씨>
4. 관련 있는 사물이나 콘텐츠에 관한 어휘: <한계령>, <은장도와 트럼펫>

5. 주제의 직설적 진술: <너는 눈부시지만 나는 눈물겹다>, <가을에는 기도하게 하소서>
6. 주제의 암시적 진술: <별을 보여드립니다>, <난장이가 쏘아올린 작은 공>

배경은 글에서 분위기를 결정하거나 주제를 암시한다. 모든 문예문에서 배경이 동일한 무게로 주제와 깊이 관련되는 것은 아니지만 어떤 문예문은 배경 자체가 주제를 형상화하는 데 절대적으로 중요한 경우가 있다. 이런 경우 배경을 주제어로 잡는 경우가 있는데 <동백꽃>이나 <삼포 가는 길> <메밀꽃 필 무렵>과 같은 경우가 그러하다. 이 배경들은 향토적 정취를 강하게 공급해 주기 때문에 대다수 시골에 대한 향수나 그때 그 시절에 대한 그리움이 있는 성인들에게 어필하는 제목이 될 수 있다.

주제가 되는 글의 핵심어를 제목으로 내세우기도 하지만 주인공 이름도 자주 쓰인다. 공지영의 <봉순이 언니>라는 제목은 우리에게 예전에 한번 만나 봤음직한 친근함을 주지 않는가? 철수와 영희와 같이 상투적이거나 시시하지도 않으면서 우리 주변에 한번은 있었을 평범하고 포근한 느낌을 주는 이름이다. 벌써 제목 자체에서 글 내용의 암시를 받게 되지 않는가? 이 외에 주제를 직설적으로 한 문장 나타내는 방법도 있고 암시적이거나 상징적으로 드러내는 방법도 있다.

다양한 방법이 있겠지만 어떤 방법보다 중요한 것은 독자가 그 텍스트를 선택하거나 읽기 전에 기대감을 갖게 하고 연상을 불러일으키는 것이다. 다 읽고 나면 왜 그 글의 제목이 그러했는지 고개가 끄덕여지는, 수용 가능한 함축적 의미와 의의가 있어야 할 것이다.

도서 제목 살펴보기

이러한 제목 짓기 방식을 참조하면서 시중에 나와 있는 도서들의 이름도 살펴보면 좋다.

허무한 아름다움
- 현대 영화의 렌즈를 통해 본 전도서 -

시대의 우울
- ○○○의 유럽여행기 -

생각은 어떻게 글이 되는가
- 정확하고 설득력 있는 글을 쓰고 싶은 사람들을 위한 -

이것은 글쓰기가 아니다
- 글쓰기를 처음 시작하는 이들에게 -

행동하는 예술
- 샬롬을 회복하는 예술의 실천적 본질 -

집은 그리움이다
- 인문학자와 한옥 건축가의 살고 싶은 집 이야기 -

니고데모의 안경
- 쉽게 풀어 쓴 세계관 이야기 -

먼저 〈허무한 아름다움〉이라는 도서는 어떤 느낌을 주는가? 우리가 아름다움이라고 하면 화려하고 의미심장한 가치만을 떠올리지만 우리 주변의 문화에서 허무함이 가져다주는 아름다움도 있다는 주제의식을 전달하고 있지 않은가. 부제를 읽어 보면 이것이 더 명확해진다. 전도서는 성경 중에서 인생살이의 허무함을 강조하고 있는 파트이다. 현대 영화를 살펴보면서 전도서의 주제를 분석해 보겠다는 의지가 보인다. 제목의 역설성, 즉 아름다움과 허무성의 모순적 진술은 독자가 제목을 주목하게 만들고 자신이 예측한 내용을 서둘러 글을 통해 확인해 보고 싶은 마음이 들게 한다.

〈시대의 우울〉이라는 책은 부제에서 보이듯이 유럽여행기다. 특히 박물관 소장의 유명 미술품 감상에 관한 글로 유럽이 현대에 보여 주는 화려함 이면에 우리에겐 낯설지만 그들만의 굴곡진 역사와 우울한 시대적 어려움이 있었음을 보여 주겠다는 의지가 반영되어 있다. 각 시대의 산물이자 시대적 반영체인 예술품을 통해 이것을 서술해 보겠다는 뜻이 아니겠는가.

이번에는 글쓰기 책을 보자. 〈이것은 글쓰기가 아니다〉는 일반적인 제목과 다른 효과를 노린 점이 주목을 끈다. 〈이것이 바로 글쓰기다〉 정도가 우리가 주로 접하는 계발서 제목이 아닌가. 이 제목은 이것의 반어적 진술을 통해 우리가 일상적으로 가지고 있는 글쓰기에 대한 오해나 오류 등에 집중해 바람직한 글쓰기를 역으로 설명해 보이겠다는 의지를 보이고 있다. 신입들이 범하기 쉬운 오류일 것이니 주로 대학 신입생을 대상으로 했음을 알게 한다.

이와 반대로 〈생각은 어떻게 글이 되는가〉는 생각이 글로 풀려 나가는 인지적 과정을 따라 자기 생각이 곧 글의 의미가 되게 하는 전략 등을 서술해 보겠다는 의도를 보여 준다. 학술적 글쓰기를 하는 자들에게 적합하다는 것을 알게 한다. 두 글쓰기 책이 모두 한 '문장'으로 제목을 삼았으나 주 독자층이나 서술의 목표는 서로 다르다는 것이 드러난다.

〈행동하는 예술〉은 물론 예술에 관한 글이다. 일반적으로 우리가 가지고 있는 예술에 대한 이미지는 인간이 만들고 예술은 창조를 당하는 수동적인 어떤 결과물이다. 그런데 예술이 행동을 한다는 표현은 예술을 의인화해 사회 실천의 주체가 되어 보이게 하는 효과가 있다. 간과하기 쉬운 예술의 사회실천적 역할과 영향력을 강조하기 위한 의도적 장치다.

〈니고데모의 안경〉도 우리가 잘 아는 한 인물의 질문에 얽힌 에피소드를 바탕으로 세계관의 중요성과 거듭남의 의미를 안경이라고 하는 사물에 빗대어 표현한 제목이다.

자, 이제 멋진 제목을 지어 보자. 내 글의 핵심과 가치를 가장 요약적으로 드러내는 표현을 위해서 매일의 일상적 쓰기와 제목 달기가 그 연습이 되어 줄 것이다.

다른 사람들의 글을 인용하기

보고서를 쓸 때 우리는 다른 사람의 글을 인용한다. 이를 '자료 수집과 선정'이라는 과정으로 다룬다. 앞에서 이미 자료를 어떻게 모을 것인가, 어떻게 내 글에 적합한 자료를 선정할 것인가에 관한 이야기를 나누었으므로 여기서는 그러한 자료를 내 글에 인용하는 절차와 방법에 대한 이야기를 나누겠다.

어떻게 인용할까

인용하는 방법은 각주 형식으로 쓰는 경우와 문장 내에 덧붙여 쓰는 형식이 있다. 특별히 각주를 쓰라고 요구하지 않는 이상 각주로 출처를 표시하는 경우는 많지 않다. 만약 각주로 출처를 표시하라고 한다면 참고문헌 양식과 유사하게 각주 처리를 하고 해당 내용이 나타난 페이지를 추가로 기입하면 된다. 최근에는 출처를 위한 각주보다는 내용주, 즉 어떤 사실에 대한 필자의 견해를 추가로 더 기록하고 싶을 때 다는 각주를 권고하고 있다. 내용주는 그 성격상 어떤 사안에 대한 저자의 해석이나 생각이다. 텍스트 안에 기록할 수도 있으나 전체적인 논지의 흐름을 방해한다고 생각되면 부연의 형식으로 각주를 달아 줄 수 있다.

다른 자료의 인용은 어떤 인물의 소견이 내 논지와 어느 정도 일치할 때, 백과사전 등의 개념정의가 내 글의 견지와 일치할 때, 어떤 자료가 내 견해를 힘 있게 뒷받침해 줄 수 있다고 판단될 때 실시한다. 어떤 경우, 내 논지와 반대되는 자료를 가져오기도 하는데 이것은 내 논지를 더 강화하기 위한 중간 과정으로 그러하며 때에 따라서는 변증법적인 정반합의 대안을 제시하고자 할 때 인용할 수 있다. 이 외에도 어떤 이슈가 된 사건을 소개하는 기사문이나 통계 자료 등도 인용한다.

일치성	■ 자신의 논지 뒷받침: 소견논거, 사실논거 　- 직접적 뒷받침: 직접적 이유나 근거 　- 간접적 뒷받침: 보편명제나 화제가 된 사건, 특정 분야의 통계 등의 시의성 제시
부분 일치성	■ 조작적 정의: 여러 정의개념들을 비교 대조하여 자신의 논지에 적합한 수준과 범위로 좁히고자 할 때 개념정의들을 인용자신의 논지 부분 뒷받침: 소견논거, 사실논거 　- 자신의 논지와 일치하는 면과 그렇지 않은 면이 있는 논거를 제시하고 자신의 논지와 비교, 대조하며 자신의 견해가 보다 대안적임을 나타낼 때
모순성	■ 자신의 논지와 모순된 견해를 반박: 소견논거, 사실논거 자신의 논지와 모순된 견해와 자신의 의견을 결합하여 더 나은 대안을 제시하고자 함.

직접인용과 간접인용

　타인의 자료나 소견을 내 자료로 가져오는 방법에는 직접인용과 간접인용이 있다. 직접인용은 타인의 말을 그대로 토씨 하나 바꾸지 않고 가져와 제시하는 것인데 큰따옴표를 사용하므로 누구나 그것이 타인의 생각이라는 것을 바로 알 수 있다. 세 줄이 넘어가면 줄을 띄고 글자체나 크기를 바꾸어 블록 처리하여 제시한다. 어떤 경우에 직접인용을 하게 될까? 직접인용도 필자에 따라 선호도는 다르다. 절대 직접인용을 안 하는 사람도 있지만 어떤 사람의 평전을 쓰거나 중요한 서적을 비평하는 경우에는 글의 절반가량이 직접인용인 경우도 있다. 또 간접인용을 하고도 각주로 직접인용문을 적어 주기도 하는 등 사람마다 그 서식의 의존도는 다르다. 주로 자신이 그 말을 자신의 말로 바꾸어 쓰면 그 원래 내용의 어떤 부분을 훼파할 수 있다는 생각이 들 때, 원문 자체의 내용을 존중하기 위하여, 원문 자체의 말법이 중요한 경우, 표현 자체가 훌륭해서 그대로 옮겨 와야겠다는 생각이 들 때 사용한다.

대부분은 간접인용을 한다. 간접인용은 다른 사람의 글에서 서로 연결된 5개 단어 이상을 그대로 가지고 오지 않는 한도에서 자신의 말로 바꾸어 진술하는 것이 원칙이다. 이때 동의어를 활용한다든지 문장구조를 바꾼다든지 하여 인용한 원문의 내용과 가장 근접하게 표현하는 것이 좋다. 이를 바꿔쓰기(Paraphrasing) 한다고 하는데 다음과 같이 표현할 수 있다.

"유려한 문장으로 이름을 알린 이태준이 이른바 암울한 일제 강점기를 견딜 수 있었던 힘은 자신의 문장 세계를 건축하는 데 있었다."[61]

⇒ 조영복은 이태준이 역사적 암흑기인 일제 강점기를 살아가면서 그 무력감을 극복할 수 있었던 힘을 그의 '유려한 문장'과 자신만의 문장 세계 건축에서 찾고 있다.

"직관적으로 사고하는 사람은 때로 올바른 해답을 얻을 수도 있지만, 때로 나중에 자기 자신이나 다른 사람이 점검해 본 결과 그 해답이 그릇된 것으로 판명될 수도 있다. 그러므로 직관적 생각을 하는 데는 문제해결 과정에서 정직한 잘못을 저지를 용기가 있어야 한다. 용기와 자신감이 없는 사람은 기꺼이 이런 모험을 감행하려고 하지 않을 것이다."[62]

⇒ 직관적 사고는 객관적 사고에 비하여 정확성이 부족하기 때문에 검증의 전 단계인 문제해결 과정에서 잘못된 결과를 일시적으로 얻을 수 있는 모험이 필요하다는 브루너의 견해는 절반짜리 정답이다.

바꿔쓰기를 할 때 우리가 가진 편견 몇 가지를 지적해 보자.

1. 바꿔쓰기를 할 때 원문이 가진 어휘를 전혀 사용해서는 안 된다.
2. 여러 개의 문장을 지나치게 간추려서는 안 된다.
3. 인용을 위한 바꿔쓰기를 할 때 내 의견이 함께 나타나게 해서는 안 된다.
4. 저자의 이름이 문장 가운데 꼭 포함되어야 한다.

먼저 첫 번째 명제는 틀렸다. 원 저자가 사용하고 있는 어휘 중 매우 표현이 옳다고 판단되는 어휘, 핵심어는 바꾸지 않고 가져올 수 있다. 핵심어인 경우는 따옴표를 사용해 강조해 보이는 경우도 있다. 동의어를 고민해 보았는데 기존 문장의 의미와 크게 다르지 않거나 오히려 더 문장의 의미를 빛내 주는 어휘가 있다면 물론 가져오는 것이 바람직하다. 그러나 그를 대체함으로써 문장의 의미가 퇴색한다고 생각된 경우 2-3 어휘 수준에서 내 문장에 담을 수 있다.

둘째 명제도 보자. 바꿔쓰기는 한 문장당 한 개씩이 아니다. 여러 개 문장에서 글 전체까지 요약적으로 진술해 줄 수 있다. 이러한 진술은 물론 원문에 대한 정확한 독해에서 비롯된 것이다. 짧고 간결하게 핵심만 기술해 준다.

셋째 명제의 예외적 경우는 위의 두 번째 예문이 보여 준다. 어떤 자료의 견해를 소개하면서 그 견해에 대한 자신의 평가나 부가적 견해를 덧붙여 기술하는 예시이다. 이때 원문 저자의 견해와 내 생각이 달라지는 부분에서 인용 괄호를 표시해 주면 효과적이다.

마지막 명제도 살펴보자. 저자의 이름이 문장 내에 꼭 포함되지 않아도 인용을 할 수가 있다.

직관적 사고는 객관적 사고에 비하여 정확성이 부족하기 때문에 검증의 전 단계인 문제해결 과정에서 잘못된 결과를 일시적으로 얻을 수 있는 모험이 필요하다.

위와 같은 인용은 그 저자의 생각이 나의 논지의 흐름과 거의 일치한다고 판단될 때 활용할 수 있다. 이렇게 적는 경우는 저자명 명시가 글의 흐름을 방해한다고 생각할 때이다.

간접인용의 방법

인용하는 형식상의 방법에는 다음 세 가지가 있다고 생각된다.

Tribble(1996)은 글쓰기에 필요한 지식에 언어구조에 관한 지식, 과정지식, 맥락지식, 내용지식이 있다고 제시하였다.[63]

Tribble은 글쓰기에 필요한 지식에 언어구조에 관한 지식, 과정지식, 맥락지식, 내용지식이 있다고 제시하였다(Tribble, 1996).

글쓰기에 필요한 지식에는 언어구조에 관한 지식, 과정지식, 맥락지식, 내용지식이 있다(Tribble, 1996, p.109).

위의 세 가지 형식은 서로 바꾸어 써도 되는 양식이다. 첫 번째는 작가 이름 뒤에 바로 괄호를 열고 해당 책의 출판연도를 써 주는 것이다. 또 다른 방식으로는 두 번째 예문과 같이 문장 맨 뒤에 작가 이름과 출판연도를 함께 밝혀 주는 것이다. 출판연도는 그가 출판한 책이 여러 권임을 가정하고 어느 해에 출판된 책을 말하는지 밝혀 적는 것인데, 특히 내 글이 동일 해에 출판된 그의 책 2권 이상을 인용했을 경우 2018a, 2018b와 같이 구분해서 적는다. 위에서 지적했듯이 세 번째 형식도 가능하다. 이런 방식은 인용하는 자료가 공인된 자료이며 저자가 공신력이 있어 내 글에 어떤 대전제처럼 활용될 때 가능하다. 또 그 문장이 그대로 자신의 생각과 같다고 판단될 경우에도 세 번째 방식이 활용된다.

> 한국의 교육제도가 추구해야 할 가장 중요한 목표 중 하나는 수월성(秀越性)이다. (윤정일 1989)

위의 문장을 보자. 한국의 교육제도가 추구해야 할 가장 중요한 목표로 수월성을 생각하는 사람은 많다. 필자는 어떤 자료를 참고하지 않고 자신의 이야기를 적었을 수 있다. 누구나 가져 볼 수 있는 보편적인 견해이므로 큰 문제가 되지 않았을 것이다.

그럼에도 이처럼 어떤 소견논거로서의 출처를 활용한 데에는 몇 가지 이유가 있다고 생각된다. 첫째, 자신의 이 견해가 해당 전문 영역에서 활발하게 논의되고 있는 매우 중요한 논제 중 하나임을 보여 주기 위한 것이다. 어떤 경우는 인용의 출처를 3개 이상 길게 달아 주는 경우도 있는데 이때도 주어진 사안에 대한 '중요성 인식시키기'의 이유에서이다. 둘째, 저자가 그 분야에서 매우 권위 있는 대상이라 그의 견해에 의지하여 자신의 견해에 힘을 달아 주는 경우이다. 보통 이 진술 이후에 저자의 심화된 논의를 전개하게 된다.

표와 그림의 활용

글에 표와 그림을 활용하라는 조언은 처음 들어 보는 말일지 모르겠다. 여기서 말하는 '표'는 조사보고서나 실험보고서에서 수치화된 결과를 시각적으로 표시하는 그래프나 그림만을 의미하지 않는다. 이를 포함하여 자신의 논지나 이야기를 깔끔하게 정리해 보이는 도구 전반을 의미한다.

어떤 사안에 대해서 조사한 내용을 서술한 다음에는 그 내용의 핵심을 표로 간추려 제시하자. 이것은 자신의 이해나 정리를 위해서도 좋고 타인의 이해에도 도움이 된다. 글쓰기 교과목에서 작법의 탁월함을 증명해 보여야 하는 경우가 아니라면 대부분 어떤 지식이나 사안에 대한 생각이나 조사내용을 잘 이해하고 비판적으로 종합하였는가를 평가하는 경우가 많기 때문이다. 사실 학생들은 글쓰기를 배워 가는 과정 중에 있으므로 교수자가 학생 글에서 명확한 의미를 파악해 내는 것이 어려울 때가 많다. 이 경우 표나 그림은 큰 도움이 된다.

표나 어떤 이미지로서 자신이 읽고 기술해 온 내용을 자신의 해석과 범주화 과정을 통해 다시 한번 정리, 분류해 나타낸다면 독자인 평가자도 그 글의 내용을 잘 이해할 수 있게 된다. '아, 이것이 그런 내용이었구나.' 하고 말이다. 앞에서 서술해 온 글 솜씨와는 무관하게 좋은 점수를 부여할 수 있을 것이다. 표나 그래프는 요지를 한눈에 파악할 수 있게 하는 면이 있다. 또한 학생 자신에게도 정신없이 기술해 오던 작업을 내려놓고 쉼을 가지며 요지를 한번 추려 봄으로써 자신의 글을 다시 점검하며 수정할 수 있는 기회가 주어진다.

학술 보고서는 수치화된 통계나 자료의 분류, 내용의 정리와 요점 정리 등을 활용할 수 있으며 탐방보고서 등은 탐방한 장소를 소개하는 사진 및 이미지, 탐방한 사람들의 활동 자료 등도 활용할 수 있다. 독후보고서나 비평문의 경우는 읽은 책이나 문화콘텐츠의 이미지 자료 등을 텍스트와 함께 병기하여 이해에 도움을 주고 분위기를 환기시킨다.

그래프, 표나 그림을 활용한 글쓰기는 글만 서술하는 것에 비하여 시간과 공이 많이 들어가는 작업이지만 그러한 노력은 평가자도 알아본다.

표지와 참고문헌

매력적인 표지

서론보다 먼저 읽게 되는 것이 표지이다. 표지에 기록해야 할 내용은 **제목, 교과목명, 교수명, 학생명(학번), 제출날짜** 등이다. 표지에서도 '정성이 들어간 글'의 인상을 주게 되므로 글씨체나 글씨 크기 등을 최선의 것으로 조정하여 가독성을 높이고 기대감을 가지게 한다. 학교 로고 등을 사용하는 예들도 있으니 학교에서 규칙화한 어떤 표준을 존중하면 된다.

표지에서 가장 중요한 것은 제목이다. 제목에서 글에 대한 호감도와 궁금증이 생기므로 몇 개의 초이스를 적어 두고 가장 최선의 것을 최종 선택하라. 읽기에 거부감이 없는 글씨체로 상단 중앙에 부제와 아울러 편안하게 기록한다. 나머지 내용들은 표지 아래 부분에 하나씩 가지런히 기록한다.

어떤 교수자들은 표지가 없는 보고서나 과제를 요구하는 경우도 있다. 혹시 자신이 공부하는 교실에서 그러한 교수자들을 만나거든 그 교수는 군더더기 없는 깔끔한 글을 원한다는 것을 이해할 필요가 있다. 서론이 길거나 장황한 글을 좋아하지 않으며 요약도 한 페이지 이상 길어지지 말아야 한다고 요구할 가능성이 크다. 그러므로 **교수자가 독자**라는 것을 잊지 않는 것은 과제를 작성할 때 가장 기본이 되는 원칙이다.

공부량을 보여 주는 참고문헌

글의 마지막은 참고문헌으로 채워진다. 독후보고서나 요약문이더라도 그 책을 제외하고 참고한 타 도서나 백과사전, 인터넷 참고사이트 등이 있다면 기록해 준다. 교수자에 따라서 참고문헌의 양과 질을 평가의 근거로 삼는 경우가 많이 있으니 양질의 도서를 참고할 것이며 이는 반드시 글 마지막 부분에 기록한다. 제시순서는 단행본, 논문류, 그 외 신문기사나 인터넷 사이트 순으로 하되 한국어자료가 외국어자료보다 선행된다. 기록 순서는 저자 첫 글자 사전식이다. 알파벳 순서를 따르거나 자모의 순서를 따라 배열한다. 참고 자료에는 저자, 출판연도, 도서명, 출판지, 출판사, 페이지 등의 요소들이 필요하다. 이를 나열하는 순서는 학술지, 교수자에 따라 다르나 크게 제약조건이 없다면 다음의 순서대로 기록하면 된다.

<단행본>

장순옥(2018), 글쓰기 지우고 줄이고 바꿔라, 서울: 북로드.
C. Tribble(1996), Writing, Oxford: Oxford University Press.

<논문류>

L. Flower and J. R. Haye(1981), "A Cognitive Process Theory of Writing", College Composition and Communication, Vol.32 No.4, pp.365-387.

지현배(2013), "대학생의 글쓰기 클리닉 사례를 통해 본 개요작성 지도모형", 교양교육연구 Vol.7 No.2, pp.449-490.

<그 외>

Harvard College Writing Center, https://writingcenter.fas.harvard.edu/pages/outlining.

주의해야 할 것은 해외 도서명과 학술지명은 이탤릭체로, 한국도서명은 겹낫표를 요구하는 경우도 있으니 요구되는 쓰기 방식을 적용해야 한다는 점이다. 논문에 페이지를 밝혀 적는 것은 해당 학술지에 여러 논문들이 함께 기재되어 있기 때문이다. 출처 인용을 할 때는 인용한 페이지만 밝히면 되지만 참고문헌에는 그 논문이 수록된 전체 페이지를 기록하게 되어 있다.

대학생들의 보고서에서 참고문헌 서식을 일정하게 정해 주는 일이 많지는 않으나 기록할 때 가장 중요한 것은 그 서식을 스스로 정하더라도 한번 정한 원칙을 끝까지 고수하여 보기 정갈한 모양새로 통일성 있게 제시해야 한다는 점이다.

이것만은!

1. 글의 제목은 글의 얼굴로서 내 보고서의 수준에 맞도록 구체화하고 범위를 한정하라.
2. 인용에는 텍스트를 그대로 가져오는 직접인용과 바꿔쓰기를 해 요약적으로 제시하는 간접인용이 있다. 자신의 논지를 효율적으로 뒷받침할 수 있는 방식을 택하라.
3. 기술한 내용을 종합하고 요약하는 표나 그래프를 적절히 활용하라.
4. 표지나 참고문헌 작성도 글쓰기의 중요한 일부임을 기억하라.

토론 문제

1. 논문이나 보고서의 제목 하나를 정하고 글과의 관계에서 보다 나은 선택은 없었는지 이야기해 보라.
2. 인용할 때 어떻게 할 줄 몰라 난감했던 일이 있다면 나누어 보고 자료 정리하는 팁에 대해서 서로 이야기해 보라.
3. 표나 그래프를 활용하면 필자와 독자에게 어떤 점이 좋겠는지 서로 나누어 보라.

활동

다음 글의 제목을 붙여 보자. 그리고 이 글을 효과적으로 제시하는 방법으로서 위에 나온 어떤 방법들을 활용할 수 있는지 인용, 참고문헌, 표나 그래프 등 다양한 측면에서 논의해 보자. 표나 그래프로 내용을 요약적으로 나타내 보고 그 효과에 대해서도 이야기해 보자.

음악을 통해 스토리텔링을 쓰는 작업이 서툰 단계에 있거나 학습자가 두려움을 느낀다면 다음의 방법들로 접근할 수 있다. 첫째, 알고 있는 노래의 특정 단어를 자신의 느낌을 잘 표현하는 단어로 교체해 보도록 한다. 둘째, 노래를 부른 후 공동이나 개인적 이슈를 토의하고 빈번히 나오는 단어를 사용해 가사를 재구성한다. 셋째, 가사를 삽입해 노래를 다시 부르며 새 가사가 노래에 적절한지 검토해 본다. 넷째, 가능하다면 곡조를 작곡해서 가사를 입힌다. 적절성을 함께 토의해 본다.

이처럼 음악과 함께 하는 글쓰기가 주는 치료적 효과는 글쓰기 자체의 치유적 성격 외에도 음악 자체가 가진 특성에서도 비롯되는데 그 특성들은 다음과 같다. 음악은 사람에게 상징성을 제공하며 만족감을 준다. 음악은 커뮤니케이션의 기능을 가지고 있으며 감정을 표출시킨다. 음악은 기억을 자극하고 내부적, 외부적 동기제로 기능한다. 음악은 개인을 그룹으로 통합시키며 미적 즐거움과 직접적으로 관련된다. 이러한 특성과 더불어 음악은 글쓰기와 같은 신체적 활동을 야기하거나 그 동력을 제공한다.

카타르시스의 감정 배설작용으로도 음악의 치유성을 설명할 수 있다. 카타르시스는 몸과 마음에 영향을 주는 해로운 정서를 몸 밖으로 배출시키거나 정화시키는 원리이다. 음악은 정화의 도구요 중재의 매개체로서 특히 클라이맥스로 전개되는 선율은 감정적 절정을 경험하게 해 주고 에너지 고조와 분출을 가능하게 한다. 절정 경험(peak experience)을 주어 신체, 감정, 정서적 균형과 최적 상태를 복원해 준다.[64]

나가는 글

 현재 대한민국은 글쓰기 열풍이 불고 있다. 소소한 일상을 담는 블로그 글쓰기도 대중의 인기를 얻으면 책으로 출판까지 해 주는 시점이 되었다. 화려한 유튜브와 영상 이미지들이 판을 치는 시기에도 문자 메시지들의 위상은 여전하다.
 한국은 예로부터 글을 숭상하는 민족이었다. 중국의 한자를 빌어 오랫동안 우리말을 표기했던 이유를 부정적인 이유에서도 찾을 수 있지만 글이라고 여겨지는 것들에 바치는 순정의 전통이 한글을 구어로 표현하게 된 근대에도 이중 언어체계와 국한문혼용체와 같은 이질적인 언어사용 현상을 고집하게 했다고 말할 수 있다. 글은 즉각적인 이미지가 줄 수 없는 우리의 사고력과 상상력을 신중하고 고매하게 실현시켜 줄 수 있는 유일한 표현체계인지도 모른다.
 대학 입학 이후로 글을 쓰는 것을 싫어하지 않는 이 현상만으로도 감사한 마음이 들었다. 글을 싫어하지 않고 쓰는 것을 즐겨 하는 사람에게 주어지는 상은 가시적이고 화려한 포상보다도 내재적이지만 감사 충만하고 멋진 것이다. 청운의 꿈을 안고 대학에 입학하는 신입생들이 가진 미래에 대한 포부와 꿈은 생각만 해도 설레고 기대되는 것이리라 생각한다. 글쓰기는 떠들썩한 토론이나 어떤 사람들의 이목을 집중시키는 퍼포먼스처럼 요란하지는 않지만 기초부터 탄탄히 다져 가는 내

실 있는 학업 성취감과 지속적인 성장을 가져다준다고 확신한다.

때마침 각 대학들마다 기초 글쓰기며 다양한 글쓰기 강좌가 신설되고 있는 현상은 단순히 미국 교육의 전철을 밟고 있는 것만은 아니다. 인터넷 강국이라는 과학 선도 기술의 나라이지만 또한 인성이나 학력의 기초를 닦는 일도 여타 응용학문 발전의 속도만큼이나 중요시해야 한다는 공감대가 형성되어서는 아닐까.

아직도 가야 할 길은 멀다. 언어교육이론에서 말의 '유창성'이 교육의 방향성을 야단스럽게 끌어당기는 시대가 되었어도 한쪽 측은 늘 꼬장꼬장 글의 '정확성'을 문제 삼는다. 문법에 맞추고 장르에 맞춘 글쓰기를 탈피해서 좋은 글쓰기를 할 수 없다는 경험에서 우러나오는 반성이다. 학교와 교사가 나서서 이 일을 지원해야 할 줄로 믿는다.

글쓰기 책 한 권을 시작할 때부터 탈고할 때까지 늘 머릿속을 어지럽혔던 생각은 '내가 글을 잘 쓰는 사람인가?' 하는 것이었다. '누가 글쓰기 책을 쓸 수 있는가?', '누가 글을 잘 쓰는 사람인가?' 이 질문에 대한 대답을 끝까지 유보하며 지금까지도 대답을 하지 않은 채 나는 묵묵히 이 책을 써 왔다. 아마도 앞으로도 나는 글을 쓰는 사람으로서의 정체성을 계속 유지하면서 already가 아닌 not yet의 자세로 이 순례의 여정을 계속하고자 한다. 끝까지 믿어 주시며 이 여정에 함께해 주시는 분께 감사드린다.

1) C. Tribble, Writing, Oxford University Press, 1996.
2) 이와 같은 읽기 방식은 틀린 읽기 방식이 아니라 읽기 전략 중 하나이다. 하향식 읽기모형에서는 독자가 글을 이해하는 주체가 되므로 자신의 배경지식을 바탕으로 이미 알고 있는 내용은 건너뛰어 읽고 새로운 내용이거나 주요 정보는 집중하여 읽기를 추천하고 있다.
3) 강원국, 『강원국의 글쓰기』, 메디치, 2018, p.207에서 재구성.
4) 류수열, 한창훈, 정소연, 김정우, 임경순, 한귀은, 서유경, 조하연, 이민희, 최지현, 김혜영, 오지혜, 황혜진, 『문학교육개론 2』, 역락, 2014, p.108에서 재구성.
5) 노명우, 「럭셔리라는 마법의 수수께끼」, 『세상 물정의 사회학』, 사계절, 2013, pp.35-41, 김성수, 진영복, 유광수, 김예림, 김현강, 『생각하고 소통하는 글쓰기』, 역락, 2018, p.135에서 재인용.
6) 김승종, 이연숙, 김병덕, 한용국, 김영범, 『나와 남을 위한 글쓰기와 말하기』, 한올, 2014, p.27.
7) 서영채, 『인문학 개념정원』, 문학동네, 2013, p.133.
8) 조사보고서의 연구방법론에는 양적 조사와 질적 조사가 있다. 설문지나 수치화된 정보를 활용하여 결론을 내는 전자의 방법은 학부생들에게 많이 요구되는 과제는 아니다. 학부생들이 주로 수행하는 간단한 인터뷰나 방문 조사, 설문을 통한 간단한 기술통계(평균값) 등을 제외하고는 대부분 문헌조사에 해당된다. 후자의 경우는 텍스트 질적 분석의 일부로 간주할 수 있다. 이는 주어진 텍스트들을 일종의 분석 대상으로 보고 그 텍스트들이 말하는 관점, 주제, 방법 등을 통합하여 자신의 관점으로 총합하고 범주화하여 그 심층적 의미를 정리하거나 어떤 의미 있는 새 이론을 제시하는 것이다.
9) 이란, "한국어교육에서 스토리텔링 활용의 연구동향", 한국콘텐츠학회논문지 Vol.22 No.2. pp337-348.
10) 안인희, 「데미안 해설」, 『데미안』, 문학동네, 2020. pp.226-227.
11) 김영무, 「고은의 시에 대하여」, 『내 조국의 별 아래』, 1991, p.147.
12) 윤진현, "살아있는 자는 살았으니 죽은 자의 죽음을 생각하자, '살아있는 자를 수선하기'" 한국증권신문(http://www.ksdaily.co.kr), 2021.6.28.
13) 황동규, 「즐거운 편지」, 『어떤 개인 날』, 중앙문화사, 1961.
14) 박목월, 조지훈, 「청노루」, 『청노루』, 숨쉬는행복, 2018.
15) 김동명, 「내 마음」, 『내 마음』, 문집간행회, 1964.
16) 백석, 「여승」, 『사슴』, 선광주식회사, 1936.
17) 정지용, 「유리창」, 『정지용 시집』, 시문학사, 1935.
18) 김소월, 「먼 후일」, 『김소월 시집』, 범우사, 2016.

19) 정호승, 「희망을 만드는 사람이 되어라」, 『흔들리지 않는 갈대』, 미래사, 2002.
20) 송기영, 「코끼리 접기」, 『.zip』, 민음사, 2013.
21) 한충자, 「무식한 시인」, 『봄꽃은 희망이고 가을꽃은 행복이다』, 예술의숲, 2008.
22) 피천득, 「인연」, 『인연』, 범우사, 2013.
23) 정호승, 「슬픔이 기쁨에게」, 『슬픔이 기쁨에게』, 창비, 2014.
24) 김소운, 「가난한 날의 행복」, 『가난한 날의 행복』, 범우사, 1995.
25) 양희은, 「내 나이 마흔 살에는」(작가 양희은/ 작곡 김영국), 『양희은』, 옹달샘, 1995.
26) 마루야마 무쿠, 『스토리텔링 7단계』, 토트, 2015.
27) 어니스트 헤밍웨이, 『노인과 바다』, 문학동네, 2019.
28) 알퐁스 도데, 『별』, 느낌이 있는 책, 2016, p.15.
29) 헤르만 헤세, 『데미안』, 문학동네, 2020. p.222.
30) 이문열, 「금시조」, 『오늘의 한국소설』, 1989, pp.290-292.
31) 장상용, 『스토리텔링 쓰기』, 해냄, 2016.
32) 이란, 현은자, 「미디어 환경과 사용에 관한 아동의 심성모형 질적 연구」, 한국콘텐츠학회논문지 Vol.16 No.6, 2016. pp.601-613.
33) 김대행, 윤여탁, 권순희, 정현선, 채새미, 『하이퍼텍스트의 언어문화교육』, 서울대학교출판부, 2006, pp.135-137에서 추출.
34) 남경태, 『개념어 사전』, 휴머니스트, 2012, p.169.
35) 하향식 독서란, 글의 문자에 매어 글의 의미를 이해하는 일에 중점을 두는 상향식 독서의 반대 개념이어다. 하향식이란 독자의 머릿속에 사전적으로 구조화되어 있는 지식 구조가 중심이 되어 독서활동을 이끄는, 독자가 의미 재구성의 주체가 되는 독서법을 의미한다.
36) 한국민족문화대백과사전 (https://100.daum.net/encyclopedia/view/14XXE0019725)
37) 류수열, 한창훈, 정소연, 김정우, 임경순, 한귀은, 서유경, 조하연, 이민희, 최지현, 김혜영, 오지혜, 황혜진, 『문학교육개론2』, 역락, 2014, p.19.
38) 박주용, 『생각은 어떻게 글이 되는가』, 쌤앤파커스, 2020, p.125.
39) R. Johnston, 『허무한 아름다움』, IVP, 2004, p.187.
40) D. J. Rubin, 『스토리텔링 바이블』, 블랙피쉬, 2020, p.199에서 재구성.
41) 정호승, 「희망을 만드는 사람이 되라」, 『흔들리지 않는 갈대』, 미래사, 1991.
42) 이란, 『기독교 세계관으로 하는 신나는 문학 수업』, 그리심, 2019, pp. 133-134에서 재구성.
43) 황현산, 「어려운 글 쉬운 글」, 『밤이 선생이다』, 난다, 2013, pp.273-275 에서 단락별 요약, 김성수, 진영복, 유광수, 김예림, 김현강, 『생각하고 소통하는 글쓰기』, 2018, p.76에서 재인용.
44) 박주용, 『생각은 어떻게 글이 되는가』, 쌤앤파커스, 2020, p.48에서 재구성.

45) 황동규, 「즐거운 편지」, 『어떤 개인 날』, 중앙문화사, 1961.
46) 김성수, 진영복, 유광수, 김예림, 김현강, 『생각하고 소통하는 글쓰기』, 삼인, 2018, p.191에서 재구성.
47) 강상진, 김재홍, 박승찬, 유원기, 조대호, 『서양고대철학2』, 2016, 길, p.222에서 재구성.
48) 정재승, 『열두 발자국』, 어크로스, 2018, p.54에서 재구성.
49) 조영복, 『이것은 글쓰기가 아니다』, 서울대학교출판문화원, 2016, p.17에서 재구성.
50) 하덕규, 「가시나무」(작가 하덕규/ 작곡 하덕규), 『하나 옴니버스1』, 옴니버스, 1992.
51) 조영복, 『이것은 글쓰기가 아니다』, 서울대학교출판문화원, 2016, p.14에서 재구성.
52) 국립국어원, 「면역력 강화에 좋은 식품—결혼이민자와 함께하는 한국어5」, 2012, 하우, p.63에서 재구성.
53) 서정윤, 「사랑한다는 것으로」, 『홀로서기』, 청하, 1987.
54) 최효찬, 『김장원 인문학자와 한옥 건축가의 살고 싶은 집 이야기』, 인물과 사상사, 2018, p.18.
55) 최영미, 『시대의 우울』, 창작과 비평사, 1997, pp.26-27에서 재구성.
56) 이병창, 『현대 철학 아는 척하기』, 팬덤북스, 2016, pp.371-372.
57) 정재승, 『과학콘서트』, 어크로스, 2019, pp.227-228.
58) S. Wilkinson & M. Sanford, 『은밀한 세계관』, 2013, p.221.
59) 전상국, 『소설쓰기 명강의』, 문학사상, 2017, pp.128-129.
60) 김요섭, 『존 녹스』, 익투스, 201, p.323에서 재구성.
61) 조영복, 『이것은 글쓰기가 아니다』, 서울대학교출판문화원, 2016, p.5.
62) J. S. Bruner, 『교육의 과정』, 배영사, 2017, p.150-151.
63) C. Tribble, Writing, Oxford University Press, 1996.
64) 이란, 「글쓰기 수업에서 음악과의 융합 가능성에 관한 탐색적 연구」, 한국콘텐츠학회논문지, 2020.8, p.91. 참고한 자료의 인용 부분은 임의로 생략하였음. 원문 참조 바람